Das Mosaik
Gemüsebuch

Karin Thomas

Das Mosaik
Gemüsebuch
mit über 300 Rezepten

Mosaik Verlag

© 1984 Mosaik Verlag GmbH, München,
und Octopus Books Limited, London/54321
Satz: Filmsatz Schröter GmbH, München
Druck und Bindung:
Mandarin Publishers Ltd., Hongkong
Printed in Hongkong · ISBN 3-570-01350-2

Inhalt

Einleitung

Die Auswahl der auf dem Markt erhältlichen Gemüsesorten ist überaus reichhaltig und die Natur sorgt dafür, daß das ganze Jahr über ein vielfältiges Angebot besteht – vom ersten jungen Frühlingsgemüse aus dem eigenen Garten bis zu den farbenfrohen Herbstsorten. Jede Jahreszeit hat ein spezielles Gemüse zu bieten. Und kaum eine Mahlzeit kommt ohne Gemüse aus – von der traditionellen Beilage zum Fleisch über knackig-frische Salate bis zur vegetarischen Gemüseplatte als Hauptgericht.

Nährwerte

Vom Standpunkt der gesunden Ernährung gesehen, gehört Gemüse zu jedem Gericht. Es ist nicht nur eine gute Eiweißquelle, sondern versorgt den Körper mit Kohlenhydraten, etwas Fett, vielen Vitaminen und reichlich Mineralien. Durch den Mangel an gewissen Aminosäuren wird dem pflanzlichen Eiweiß oft Unvollständigkeit nachgesagt. Das läßt sich leicht beheben, in dem man entsprechende andere Zutaten, wie zum Beispiel Reis, mit Gemüse kombiniert. Viele Cerealien bilden die ideale Proteinergänzung.

Jede Gemüsesorte hat ihren individuellen Nährwert, allen gemein ist jedoch der hohe Gehalt an Vitamin A, B_2 und C sowie an pflanzlichen Fasern, die wir als Ballaststoffe benötigen. Die meisten Sorten enthalten nur wenig Kalorien, bedingt durch den hohen Wasser- und niedrigen Fettgehalt. Gemüse ist daher ideal für Schlankheitskuren und für alle, die sich naturgemäß ernähren wollen. Den höchsten Gehalt an Vitamin C haben Paprikaschoten, Broccoli und Rosenkohl, dann folgen Blumenkohl, Spinat und Erbsen. Wurzelgemüse, besonders Möhren, enthalten sehr viel Vitamin A, und am meisten Ballaststoffe nehmen wir mit Erbsen und Bohnen auf. Hülsenfrüchte wiederum sind eine hervorragende Eiweißquelle.

Der jeweilige Nährwert schwankt jedoch erheblich mit dem Alter, den Lagerbedingungen und der Art der Zubereitung. Als Faustregel für den höchsten Nährwert gilt: junges, aber reifes Gemüse wählen, kühl und dunkel lagern und vor allem bei geringer Hitze schonend garen.

Qualitätsmerkmale

Der Wunsch nach gesunder Ernährung und das Bedürfnis nach mehr Abwechslung haben dazu geführt, daß heute mehr Gemüse gekauft und dafür öfter einmal auf Fleisch, Fisch oder Eier verzichtet wird. Das Marktangebot ist dementsprechend reichhaltig und umfaßt auch ungewöhnliche Sorten. Selbst Supermärkte bieten in ihren Obst- und Gemüseabteilungen Sorten an, die noch bis vor kurzem unbekannt waren, wie zum Beispiel Radicchio, Chayote, Topinambur usw.

Auch für den richtigen Einkauf gibt es ein paar goldene Regeln: Beurteilen Sie Frische und Qualität von Gemüse nach Aussehen und Geruch, kaufen Sie nach Möglichkeit jede Sorte während ihrer spezifischen Jahreszeit, dann ist sie preiswert und schmeckt am besten, und meiden Sie »erste Ernten« – diese sind meist unverhältnismäßig teuer und oft noch unreif gepflückt. Weitere Einzelheiten erfahren Sie aus dem alphabetischen Teil jedes Kapitels.

Gemüse sollte nicht zu lange im voraus zubereitet und nur kurz, aber gründlich

Marktangebot nach Saison

GEMÜSE	erhältlich *(Haupterntezeit)	GEMÜSE	erhältlich *(Haupterntezeit)
Artischocken	September–Mai	Grünkohl	November–April
Auberginen	das ganze Jahr; Juli–Oktober*	Gurken	das ganze Jahr; August–September*
Blumenkohl	das ganze Jahr; Mai–Juli*	Kardy	Oktober–Februar
Bohnen – dicke – grüne	Mai–Juli, Juni–Oktober	Karotten	das ganze Jahr; Juli–Oktober*
Bohnenkeime	das ganze Jahr	Kartoffeln	das ganze Jahr; September–Oktober*
Broccoli	Oktober–Mai	Knoblauch	das ganze Jahr; März und September*
Chayote	Dezember–März		
Chicoreé	das ganze Jahr; September–März*	Kohl- oder Steckrüben	Oktober–April
Chili/Peperoni	das ganze Jahr; Juni–September*	Kohlrabi	das ganze Jahr
Chinakohl	das ganze Jahr; September–November*	Kopfsalat	das ganze Jahr
Eisbergsalat	das ganze Jahr; August, September*	Kresse/ Wasserkresse	das ganze Jahr; Mai–Juli*
Endivie	September–Dezember	Kürbis	September–November
Erbsen (frisch)	Juni–August	Lauch	Mai–August November–März
Feldsalat	das ganze Jahr; Oktober–April*		
Fenchel	das ganze Jahr; August–Oktober*	Löwenzahn	März und April
Frühlingszwiebeln	das ganze Jahr; Juli–September*	Mais	August–September
Gemüsekürbis	Mai–September	Meerrettich	Oktober–Februar

gewaschen werden, so bleiben Nährstoffe am besten erhalten.

Nutzen Sie die Fülle des Angebots an frischen, tiefgefrorenen, konservierten und getrockneten Gemüsen und bereichern Sie damit Ihren Speiseplan. Sie finden eine große Auswahl in diesem Buch. Bei sorgfältiger Zubereitung und Verwendung von Kräutern und Gewürzen sind Gemüsegerichte nicht nur nahrhaft, sondern lecker und appetitlich.

Einfrieren

Schlechte Ernten oder eine zu kurze Saison haben dem Einfrieren als Konservierungsmethode zum Siegeszug verholfen. Die winterliche Gemüseauswahl von Kohl, Rosenkohl und Broccoli kann damit durch beliebte Sorten anderer Jahreszeiten erweitert werden. Um erntefrische Gemüse richtig einzufrieren, sollten einige Regeln bei der Vorbereitung, Verpackung, Beschriftung und Lagerung beachtet werden:

○ Nur frische Ware in einwandfreiem Zustand einfrieren.
○ Gemüse so erntefrisch wie möglich und sofort nach der Vorbereitung einfrieren.
○ Nur soviel frische Ware ernten oder einkaufen, wie ohne Verzögerung verarbeitet werden kann.

○ Gemüse vor dem Einfrieren blanchieren (siehe Tiefkühlübersicht nächste Seite).
○ Heißes Gemüse vor dem Einfrieren schnell abkühlen.
○ Zum Verpacken spezielle Gefrierbeutel oder -behälter verwenden.
○ Größe der Verpackungen nach gewünschten Portionen zum späteren Verzehr richten.
○ Packungen sollten möglichst wenig Luft enthalten.
○ Packungen beschriften und Lagerkartei anlegen.
○ Packungen im Vorgefrierfach schnell auf kälteste Temperatur bringen.
○ Bedienungsanleitung des Gerätes beachten und zum Einfrieren immer auf die niedrigste Temperatur stellen.
○ In den meisten Fällen ist bei Gemüse zur späteren Verwendung kein Auftauen nötig.
○ Einmal aufgetaute Ware nicht roh, sondern höchstens gekocht wieder einfrieren.

Mit Ausnahme von einigen Blattsalaten lassen sich fast alle Gemüsesorten problemlos einfrieren. Die Vorbereitungen sind die gleichen wie beim Kochen. Nach dem Waschen und Putzen sorgt das Blanchieren dafür, daß die Ware im Tiefkühlgerät nichts von ihrer Qualität einbüßt. Die Wirkung der natürlichen Enzyme wird auf diese Weise verzögert und weder Geschmack noch Konsistenz oder Farbe werden beeinträchtigt.

Zum Blanchieren füllen Sie ein Spezialsieb mit bis zu 500 g geputztem Gemüse. Stellen Sie das Sieb in einen großen Topf mit mindestens 4 Litern sprudelnd kochendem Wasser. Schnell wieder zum Kochen bringen und vom Moment des erneuten Siedens an die Blanchierzeit genau einhalten.

Sieb sofort herausnehmen und für genau die gleiche Zeitspanne in Eiswasser stellen. Abtropfen lassen und verpacken. Das Blanchierwasser kann sechs- bis siebenmal verwendet werden.

Gemüse kann entweder als fester Block oder lose eingefroren werden. Frei rollendes Gefriergut wird zunächst auf einem mit Alufolie oder eingefettetem Papier ausgelegten Tablett ausgebreitet, so daß sich die einzelnen Stücke nicht berühren. Nach dem Gefrieren mit einem Spatel lösen, in Beutel oder Behälter verpacken und wieder ins Tiefkühlgerät legen.

Einlegen

Im Gegensatz zum Einfrieren ist das Einlegen eine altbewährte Methode,

GEMÜSE	erhältlich *(Haupterntezeit)
Morcheln	April–Juni
Okra	Juli–Oktober
Paprikaschoten	das ganze Jahr; Juli–September*
Pastinaken	September–Februar
Pilze – Steinpilze	August–Oktober
– Pfifferlinge	Juli–Oktober
– Zuchtchampignon	das ganze Jahr
– Wiesenchampignon	August–Oktober
Radicchio	September–April
Rettiche	das ganze Jahr; Juni–September*
Römischer Salat	das ganze Jahr; Oktober–Februar*
Rosenkohl	September–April
Rote Bete	das ganze Jahr; September–März*
Rotkohl	September–Mai
Sauerampfer	Juni–September
Schalotten	Juli
Schwarzwurzeln	Oktober–März
Sellerie	das ganze Jahr; Oktober–November*

GEMÜSE	erhältlich *(Haupterntezeit)
Spargel – weiß	Mai–Juni
– grün	Mai–Juli
Spinat	Mai–Juli und September–November
Spitzkohl	April–Mai
Stangensellerie	das ganze Jahr; September–April*
Süßkartoffeln	das ganze Jahr; November–April*
Tomaten	das ganze Jahr; Juli–August
Topinambur	Oktober–November
Weiße Rübchen	Oktober–Dezember
Weißkohl – frühe Sorte	August–September
– späte Sorte	Oktober–Februar
Wirsing	September–Mai
Zwiebeln	das ganze Jahr
Zucchini	das ganze Jahr; Juli–Oktober*

EINFRIERTABELLE

(Hier nicht aufgeführte Gemüsesorten eignen sich nicht gut zum Einfrieren)

Gemüse	Beim Einkauf beachten	Vorbereitung	Blanchierzeit	Lagerzeit
Artischocken	Kleine junge Artischocken wählen, die noch nicht ganz geöffnet sind.	Außenblätter entfernen, Stengelansatz zurückschneiden. Die ganzen Artischocken einfrieren oder nur die Artischockenböden (diese vor den Einfrieren garkochen).	ganze Artischocken: 5–7 Minuten Artischockenböden: –	12 Monate 6 Monate
Auberginen	Glatte reife, aber feste Früchte kaufen.	Nach dem Waschen ungeschält je nach Verwendung in Scheiben oder Würfel schneiden.	Scheiben: 3 Minuten Würfel: 4 Minuten	9 Monate
Blumenkohl	Auf weiße Röschen und frische Außenblätter achten.	Den Kohl in einzelne Röschen von ca. 5 cm Durchmesser teilen; diese gründlich waschen.	2–3 Minuten	6 Monate
Broccoli	Auf tiefgrüne, feste Röschen und zarte Stengel achten.	Nach dem Putzen in gleichmäßige Röschen teilen.	2–4 Minuten	12 Monate
Chicorée	Fest geschlossene Stangen mit gelben Blattspitzen wählen.	Den bitteren Strunk kegelförmig herausschneiden, unansehnliche Außenblätter entfernen.	4 Minuten	5 Monate
Erbsen	Auf frische, möglichst flache Hülsen ohne Flecken achten.	Erbsen aus der Hülse palen (Zuckererbsenschoten putzen).	½–1 Minute	12 Monate
Fenchel	Feste weiße Knollen mit frischem Blattgrün wählen.	Stengel entfernen, die Knollen in Viertel schneiden und waschen.	3–5 Minuten	6 Monate
Gemüsekürbis	Nicht zu große, frische Exemplare kaufen.	Die Frucht schälen, entkernen und das Fruchtfleisch in 2,5 cm große Würfel schneiden.	2 Minuten	6 Monate
Grüne Bohnen	Zarte kleine Bohnen mit maximaler Länge von 10 cm wählen.	Eventuelle Fäden entfernen, lange Bohnen in Stücke teilen.	im Ganzen: 3 Minuten zerkleinert: 2 Minuten	12 Monate
Grünkohl	Auf tiefgrüne Blätter mit nicht zu dicken Rippen achten.	Die Blätter von den Stengeln streifen, waschen und grob hacken.	3 Minuten	12 Monate
Karotten	Junge, gleichmäßig geformte Wurzeln wählen.	Blattansatz entfernen und nach dem Waschen dünn schälen oder abschaben. Kleine Wurzeln ganz lassen, größere in Scheiben schneiden.	3 Minuten	12 Monate
Kartoffeln	–	Nur fertig zubereitete Kartoffelgerichte einfrieren.	–	3–6 Monate
Kohl- oder Steckrüben / Weiße Rübchen	Möglichst kleine Rüben, die keine holzigen Stellen vermuten lassen, und eine glatte Schale besitzen, auswählen.	Den Blattansatz entfernen, die Wurzel abschneiden und nach dem Schälen je nach Verwendung in Scheiben oder Würfel schneiden.	2–3 Minuten	12 Monate
Kohlrabi	Nicht zu große Knollen mit frischen Blättern wählen.	Blattgrün und Stengel entfernen, Knollen dünn abschälen und in Scheiben schneiden.	2 Minuten	12 Monate
Kohlsorten (Weiß-, Rot- und Spitzkohl, Wirsing)	Feste, nicht zu große Köpfe mit frischen Farben wählen.	Die äußeren Blätter entfernen. Den Kohl in Viertel schneiden, Strunk entfernen, und grob schneiden oder hobeln.	1 Minute	12 Monate
Kürbis	Nur reife, unbeschädigte Früchte wählen.	Kürbis schälen, entkernen, das Fruchtfleisch würfeln und in Wasser garen. Anschließend abtropfen lassen und pürieren. In Gefrierbehälter füllen, dabei einen 2-cm-Luftraum vorsehen.	–	12 Monate
Lauch	Nicht zu dicke Stangen mit grünen Blättern wählen.	Wurzel und die grünen Blätter entfernen. Stangen gründlich waschen und im Ganzen lassen oder in Scheiben schneiden.	3–4 Minuten	6 Monate

Gemüse	Beim Einkauf beachten	Vorbereitung	Blanchierzeit	Lagerzeit
Mais	Unverletzte, erntefrische Kolben mit frischen Blatthüllen wählen.	Die Außenblätter und Fäden entfernen. Die Körner mit einem spitzen Messer vom Strunk ablösen.	je nach Größe der Körner: 2–6 Minuten	12 Monate
Meerrettich	Junge Stangen ohne Beschädigung wählen.	Nach dem Waschen und Putzen fein reiben und mit Weißweinessig oder Zitronensaft besprenkeln. In kleine Gefrierbehälter füllen.	–	6 Monate
Okra	Nicht zu große Schoten mit kräftiger Farbe wählen.	Stielansatz herausschneiden, die Spitze etwas stutzen und gut waschen.	3 Minuten	12 Monate
Paprikaschoten	Nur Schoten mit kräftiger Farbe und glatter Haut wählen.	Schoten vierteln, entkernen, Scheidewände herausschneiden und nach dem Waschen in Stücke schneiden. (Bei nur 6monatiger Lagerzeit ist das Blanchieren unnötig.)	3 Minuten	12 Monate
Pastinaken	Junge kleine Wurzeln mit möglichst glatter Schale wählen.	Nach dem Putzen und Waschen dünn schälen und in Scheiben oder Würfel schneiden.	4 Minuten	12 Monate
Pilze	Bei allen Sorten auf unbeschädigte frische Ware achten.	Pilze nur kurz abspülen oder abreiben. Roh einfrieren oder kurz in etwas Butter dünsten. Rohe Pilze einzeln (auf einem Tablett ausgebreitet) schockgefrieren, gedünstete in Gefrierbehälter füllen.	–	roh: 1 Monate gedünstet: 3 Monate
Rettiche (nur Wintersorte)	Gleichmäßig geformte, frische Exemplare wählen.	Nach dem Putzen und Waschen dünn schälen und grob raffeln oder in Scheiben schneiden.	2 Minuten	6 Monate
Rosenkohl	Auf nicht zu große, feste Röschen achten.	Nach dem Waschen unansehnliche Außenblätter und Strunkansätze entfernen.	1½–3 Minuten	12 Monate
Rote Bete	Möglichst kleine Knollen wählen.	Die Blätter entfernen, waschen und garkochen.	–	6 Monate
Schwarzwurzel	Junge, möglichst gleichmäßige Wurzeln wählen.	Blattansatz entfernen, die Wurzeln sauber bürsten, aber nicht schälen. Dann 2 Minuten Blanchieren, nun schälen und in längere Stücke schneiden.	–	6 Monate
Sellerie	Nicht zu große, frische feste Knollen wählen.	Nach dem Schälen und Waschen in Würfel, feine oder dicke Scheiben schneiden (je nach Verwendung).	(je nach Dicke) 1–2 Minuten	12 Monate
Spargel	Auf gleichmäßige Stangen mit frischer, saftiger Schnittfläche achten.	Die Stangen dünn abschälen und bündeln (dabei nach der Stärke sortieren).	2–4 Minuten	12 Monate
Spinat	Junge, tiefgrüne Blätter mit zarter Struktur wählen.	Den Stengel entfernen, die Blätter einzeln verlesen und gründlich waschen.	1 Minute	12 Monate
Stangensellerie	Auf frische, unbeschädigte Stangen mit lichtem Blattgrün achten.	Nach dem Waschen die einzelnen Stangen in Stücke von ca. 5 cm Länge schneiden.	3 Minuten	9 Monate
Tomaten	Nur frische, nicht überreife Tomaten von mittlerer Größe verwenden.	Am besten zu Püree verarbeiten und portionsweise in Gefrierbehälter füllen.	–	12 Monate
Topinambur	Auf frische, glatte Knollen achten.	Nach dem Waschen dünn schälen und in Scheiben oder Stücke schneiden.	2 Minuten	3 Monate
Wachsbohnen	Auf intensive Farbe und Frische achten.	Eventuelle Fäden abziehen, im Ganzen oder zerkleinert weiterverwenden.	im Ganzen: 3 Minuten zerkleinert: 2 Minuten	12 Monate
Zucchini	Möglichst kleine, feste Früchte wählen.	Den Fruchtansatz entfernen, waschen und ungeschält in Scheiben oder Würfel schneiden.	Scheiben: 1 Minute Würfel: 2 Minuten	9 Monate

Gemüse durch Essig haltbar zu machen. Die Säure verhindert das Wachstum von Mikroorganismen und wirkt so konservierend. Wichtig für den Aufguß ist guter Qualitätsessig mit mindestens 5% Säure.

Pikant eingelegte Gemüse werden oft vorher eingesalzen, um überschüssiges Wasser, das den Essig verdünnen würde, zu entziehen. Es gibt dafür zwei Methoden:

Trockenes Einsalzen. Es erfordert 1 Eßlöffel Salz auf 500 g vorbereitetes Gemüse. In einer Schüssel gut zudecken, beschweren und über Nacht stehen lassen. Geeignet für Weißkohl, Rotkohl und Gurken.

Einlegen in Salzlake. 50 g Salz in gut ½ l Wasser für 500 g Gemüse auflösen und das vorbereitete Gemüse in dieser Lösung zugedeckt über Nacht stehen lassen. In beiden Fällen das Gemüse am nächsten Tag gut mit kaltem Wasser abspülen und in heiß ausgespülte, saubere Gläser füllen.

Aus halb Essig und Wasser einen kochendheißen Aufguß bereiten, diesen über das Gemüse gießen und die Gläser gut verschließen (Twist-off-Deckel oder Einmachhaut). Eingelegtes Gemüse sollte vor dem Verzehr zwei bis drei Monate an einem kühlen, dunklen Ort reifen.

Eine weitere Gemüse-Konservierungsmethode ist zum Beispiel das Bereiten von Chutneys. Die gewünschte Gemüsemischung – es eignen sich dafür Tomaten, Paprikaschoten, Zwiebeln, Äpfel etc. – fein hacken, würfeln oder in Scheiben schneiden und mit Essig, Zucker, Gewürzen und Salz auf kleiner Flamme zu einem Brei einkochen. Der Chutney ist nach ein bis vier Stunden fertig, wenn alle Flüssigkeit verkocht ist. Zur Herstellung von Relish, ebenfalls eine pikante Gemüsemischung, werden die Zutaten grob gehackt und weniger lange gekocht, damit die Stücke ihre Form behalten. Mischungen in saubere, trockene, vorgewärmte Gläser füllen und gut verschließen. Zwei bis drei Monate reifen lassen.

Trocknen

Die meisten Gemüsesorten eignen sich am besten zum Einfrieren, Einlegen und Einsalzen. Aber es gibt einige Arten, die sich mit gutem Erfolg trocknen lassen, so Pilze, Erbsen, Zwiebeln und Bohnen. Vorbereitung genau wie beim Einfrieren, einschließlich Blanchieren. Auf einem Tuch vortrocknen und in einem mäßig warmen Backofen (ca. 50 Grad) bei geöffneter Türe hart werden lassen. Nach dem Abkühlen in luftdich-

te Blechdosen verpacken. Vor der Wiederverwendung zwölf Stunden wässern. Pilze kann man auch auf Fäden ziehen und in einem luftigen Schrank bei geöffneter Tür oder im Freien bei Wind, aber an einem schattigen Platz, trocknen lassen.

Garnieren mit Gemüse

Hübsche Garnierungen geben leckeren Gemüsegerichten noch eine zusätzliche, festliche Note. Die Garnituren sollten in Farbe und Geschmack nicht nur zum jeweiligen Gericht passen, sondern auch zum Geschirr und zur Tischdekoration. Die nachfolgenden Vorschläge geben Ihnen ein paar Anregungen.

ZWIEBELLOCKEN: Spitzen der langstieligen Frühlingszwiebeln abschneiden und Stengel bis zur Knolle in feine Streifen schneiden. In Eiswasser legen und warten, bis sich Locken geformt haben.

GEKRÄUSELTER STAUDENSELLERIE: Die Stengel in ca. 7 cm lange Stücke schneiden und längs bis fast ans Ende in feine

Streifen. Zum Kräuseln in Eiswasser legen.

FIGUREN AUS GEMÜSE: Möhren, Steckrüben oder Rote Bete in Scheiben schneiden und mit einem scharfen Messer Figuren formen, z. B. Blumen, Vögel, Herzen, Fische, Mond oder Sterne.

GURKENWELLEN: Gurken in dünne Scheiben schneiden und je einen Schnitt vom Rand bis zur Mitte machen. Dann offene Kanten gegeneinanderdrehen und aufstellen. Wenn gewünscht, einen Kräuterzweig durch die Mitte ziehen.

GURKENRÄDCHEN: Mit einem Buntmesser die Gurke der Länge nach in gleichmäßigen Abständen einkerben. In dünne, radähnliche Scheiben schneiden.

TOMATENROSEN: Tomate mit einem sehr scharfen Messer in einem Stück schälen. Schale zu einer Rose aufrollen und mit einem Spieß feststecken.

MÖHRENKRINGEL: Geschälte, rohe Möhren mit einem Kartoffelschäler

längs in hauchdünne Scheiben schneiden. Aufrollen, mit Cocktailspieß feststecken und zum Kräuseln in Eiswasser legen. Mit oder ohne Spieß verwenden.

CORNICHONFÄCHER: Cornichons längs halbieren und jede Hälfte wieder längs bis kurz vorm Ende einschneiden. Zum Fächer auseinanderdrücken.

RADIESCHENROSEN: Eine dünne Scheibe quer an der Spitze des Radieschens abschneiden und dann senkrecht an allen vier Seiten »Blütenblätter« einschneiden. Radieschen zum Öffnen in Eiswasser legen.

RADIESCHENLILIEN: 4 bis 8 kleine tiefe Einschnitte machen, die sich an der Spitze des Radieschens kreuzen, und zum Öffnen in Eiswasser legen.

GURKENSCHMETTERLINGE: Halbierte Gurkenscheiben vom Rand bis fast zur Mitte einschneiden und zur Schmetterlingsform öffnen.

KRÄUTERGARNIERUNGEN: Kleine Kräutersträußchen sehen sehr hübsch aus, wenn sie mit einem Zweig des gleichen oder mit einem kontrastierenden Kraut zusammengebunden werden. Besonders attraktiv wirken Fenchelgrün, Dill und Schnittlauch.

PAPRIKARINGE: Deckel von der Schote abschneiden und Samen und Häutchen entfernen. Dann quer in dünne Scheiben schneiden.

GEFÜLLTES GEMÜSE: Ausgehöhlte Tomaten oder Paprikaschoten sind ideal zum Füllen mit Kräutern oder pikanten Mischungen. Leere Kürbishälften können auch als Schale verwendet werden.

GURKENSCHLEIFEN: Am Stielende ein ca. 5 cm langes Stück abschneiden. Gurke in gleichmäßigen Abständen bis fast zum Ende einschneiden und jedes zweite Stück nach innen einschlagen.

PAPRIKAGITTER: Grüne, rote und gelbe Paprikaschoten in lange dünne Streifen schneiden und zu einem bunten Gitter arrangieren.

OLIVENSCHEIBEN: In Scheiben geschnittene, gefüllte Oliven sehen durch den rot-grün Kontrast sehr hübsch aus.

CHICORÉE-SONNE: Ganze gewaschene und getrocknete Chicoréeblätter sternförmig wie Radspeichen anordnen.

GEKERBTE ZUCCHINISCHEIBEN: Ungeschälte Zucchini mit einem Buntmesser längs in gleichen Abständen einkerben und dann in Scheiben schneiden.

BUNTE STRÄUSSE: Paprikaschote aushöhlen und in dünne Scheiben schneiden, so daß Ringe entstehen. Zum Zusammenhalten von Spargelstangen oder Bohnen geeignet.

GURKENKETTE: Ungeschälte Gurke in dicke Scheiben schneiden und mit einem scharfen Messer aushöhlen. Jede Scheibe einmal vom Rand her einschneiden und ineinanderstecken.

Die Rezepte dieses Buches sind, wenn nichts anderes erwähnt, für 4 Personen berechnet.

Blattgemüse

Leicht, knackig, aromatisch – Kennzeichen der meist grünen
Blattgemüse, die oft als Salatgemüse schlechthin bezeichnet
werden. Und das zu Recht, denn Kopfsalat, Chicorée, Kresse,
Löwenzahn, Endivie, Radicchio, Spinat, Sauerampfer und Weinblätter
können für eine große Anzahl von Salaten und Hors d'Œuvres verwendet
werden. Sie eignen sich aber genauso für leckere Suppen, leichte Gemüsegerichte oder als frische Hülle für pikante Füllungen. Blattgemüse sollte bei der
Zubereitung vorsichtig behandelt werden. Lange Lagerung, extreme Temperaturen und zu lange Kochzeiten beeinträchtigen Geschmack und Charakter.
Ganz kurz in wenig Flüssigkeit gegart bleiben Blattgemüse frisch und
aromatisch. Achten Sie beim Einkauf darauf, daß die Blätter jung und
zart sind. Altes Gemüse wird oft bitter und zäh und sollte nur noch für
Suppen, Eintöpfe und Schmorgerichte verwendet werden.

Chicorée

HERKUNFT: Chicorée – bot. *Cichorim intybus* – ist die kultivierte und stark veredelte Form der früher auch bei uns wildwachsenden Wegwarte oder Zichorie, deren Wurzel als Kaffee-Ersatz oder -zusatz verwendet wurde. Die veredelte Zichorie, also Chicorée, gilt als das Züchtungsgeheimnis des belgischen Gärtners Brézier, der durch Zufall dahinter gekommen ist, daß die im Dunkeln gelagerten Wurzeln der Zichorie während des Winters neue, zartgrüne Blattsprossen trieben.

Die maiskolbenförmigen Stangen des Chicorée bestehen aus dichtgewickelten weißen Blättern mit zartgelben bis zartgrünen Spitzen. Die Stangen sind bis zu 20 cm lang und haben ein Gewicht von 75 bis 200 g. Der Geschmack ist leicht bitter, ähnlich dem der Endivie, nur feiner, knackiger und sehr frisch.

ANBAU UND SAISON: Seit Mitte des 19. Jahrhunderts wird Chicorée in Belgien kultiviert und ist inzwischen immer wieder mit neuen Zuchtmethoden weiter verfeinert worden. Belgien ist noch heute das Hauptanbau- und Exportland, doch wird Chicorée seit 1875 auch in Frankreich und seit vielen Jahren ebenfalls in Holland angebaut. In diesen Ländern liebt man ihn vor allem als Gemüse, bei uns hat er sich bisher mehr als Salat durchgesetzt.

Chicorée ist ganzjährig auf dem Markt, besonders günstig aber in den Erntemonaten Dezember bis Februar zu bekommen.

EINKAUF: Chicorée wird nach Gewicht berechnet, man kann sich jedoch die Stangen in der benötigten Anzahl auswiegen lassen. Häufig wird er auch bereits abgepackt und ausgewogen angeboten.

ZUBEREITUNG: Chicorée waschen, abtropfen lassen, den bitteren Strunk am Ende der Stange und welke Außenblätter entfernen, dann in feine Ringe oder Streifen schneiden und in einer Marinade als Salat servieren. Man kann die Blätter aber auch einzeln und unzerteilt in Dips oder Saucen tunken. Wenn Chicorée als Gemüse verwendet wird, läßt man die Stangen ganz (entfernt nur den bitteren Strunk) und dünstet sie ca. 20 Minuten in Brühe oder schmort sie auf kleiner Flamme in Butter; anschließend kann man ihn auch überbacken.

Für Chicorée sollten keine eisernen Pfannen oder Töpfe benutzt werden, da er sich sonst verfärbt und dunkel wird. Chicorée muß bis zur Verwendung kühl und dunkel gelagert werden; im Gemüsefach des Kühlschranks hält er sich bis zu einer Woche.

NÄHRWERTE: Chicorée zählt mit zu den gesündesten Salat- bzw. Gemüsesorten und enthält viel Vitamin C, ist reich an Mineralien (Kalk und Phosphor), wirkt harntreibend und säurebindend, ist gut verdaulich und deshalb auch als Schonkost oder für Rekonvaleszenten geeignet. Chicorée hat 17 Kalorien / 71 Joule auf 100 g.

Kresse

HERKUNFT: Kresse – *bot. Lepidium sativum* – gehört zur Familie der Kreuzblütler; sie ist im Orient beheimatet und war bereits den berühmten griechischen Ärzten der Antike als Heilpflanze vertraut.

Es gibt drei große Gruppen von Kresse: *Gartenkresse, Kapuzinerkresse* und *Wasser-* oder *Brunnenkresse*. Kapuzinerkresse wird hierzulande fast ausschließlich als Blumenschmuck verwendet, obwohl ihre Blätter eßbar sind.

ANBAU UND SAISON: Gartenkresse ist sehr leicht selbst zu ziehen. Schon drei Tage nach der Aussaat erscheinen die ersten Keimlinge. Außerdem ist sie fast ganzjährig im Handel, meist importiert aus Holland oder Belgien. Wasserkresse dagegen kann nur in fließendem Wasser gezogen werden, sie ist sehr anspruchsvoll im Anbau; gelegentlich findet man sie auch noch wildwachsend.

EINKAUF: Gartenkresse wird in kleinen Kästchen mit der Erde angeboten und ist daher immer frisch bis zur Zubereitung. Beim Kauf von Wasser- oder Brunnenkresse sollte man auf tiefgrüne Blätter und frisches Aussehen achten; gelbe Blätter sind zu vermeiden. Wasserkresse wird bundweise angeboten und sollte nach dem Einkauf baldmöglichst verbraucht werden.

ZUBEREITUNG: Gartenkresse wird knapp über der Erde mit einer Schere

LÖWENZAHN

WASSERKRESSE

GARTENKRESSE

CHICORÉE

ENDIVIE

abgeschnitten, gewaschen, verlesen und als Würzmittel für Salate und Suppen verwendet. Auch Suppen, Saucen und Dips gibt sie ein feines Aroma und frisches Aussehen. Daneben ist Kresse eine beliebte Garnierung.

Wasserkresse ergibt einen exzellenten Salat. Man kann sie auch grobgehackt für Suppen verwenden sowie in Saucen, die vor allem zu Fisch gereicht werden.

NÄHRWERTE: Kresse ist bekannt für ihre A- und C-Vitamine sowie Kalcium und Eisen. 100 g Kresse haben 10 Kalorien / 43 Joule.

Löwenzahn

HERKUNFT: Löwenzahn – bot. *Taraxacum officinale* – gehört zur Familie der Korbblütler. Er ist den Hobbygärtnern und Rasenbesitzern als Unkraut eher ein Dorn im Auge, als gelber Blütenteppich im Frühjahr jedoch von vielen geliebt und von den Kindern als Pusteblume im Sommer bejubelt.

Als Nutzpflanze fristet Löwenzahn eher ein Schattendasein und wird vorwiegend als Hasenfutter verwendet. Dabei sind seine Blätter sehr schmackhaft und vor allem gesund.

ANBAU UND SAISON: Löwenzahn wächst wild in nahezu allen Gegenden auf Wiesen und an Wegrändern. Gelegentlich wird er heute im Frühjahr auch in Gemüsegeschäften und auf Märkten mit den Wurzelstöcken als lange Blätterstauden angeboten.

EINKAUF (in diesem Fall sammeln!): Kaum bitter und besonders wohlschmeckend sind die zarten Jungtriebe, die man bis Ende Mai sammeln kann. Ältere, ausgewachsene Blätter sind nicht mehr empfehlenswert, da ihr Geschmack zu bitter ist.

ZUBEREITUNG: Die gepflückten Löwenzahnblätter aussortieren, so daß nur junge übrig bleiben. Diese sorgfältig waschen und gut abgetropft weiter verwenden, große Blätter eventuell teilen.

Löwenzahnblätter sind mit einer einfachen Vinaigrette vermischt ein köstlicher Salat. Auch gemischten Salaten geben sie ein delikates Aroma. Eine sehr würzige Mischung ergeben z.B. Löwenzahnblätter und Wasserkresse mit knusprigen Speckwürfeln. Löwenzahnblätter lassen sich auch als Gemüse verwenden; dazu werden sie kurz in wenig Salzwasser blanchiert und dann wie Spinat in Butter gedünstet und mit Gewürzen und etwas Sahne verfeinert.

NÄHRWERTE: Löwenzahn ist reich an Vitamin A und C. Er wirkt vorbeugend gegen Karies, Ekzeme und Nachtblindheit, und ist harntreibend. 100 g Löwenzahn hat ca. 18 Kalorien / 77 Joule.

Endivie

HERKUNFT: Endivie – bot. *Cichorim endivia* – gehört zur Familie der Korbblütler. Sie ist eine veredelte Form der Zichorie und mit dem Chicorée verwandt. Wahrscheinlich wuchs sie ursprünglich wild im südlichen oder östlichen Europa. Bereits die alten Ägypter und Griechen kannten sie als Nutzpflanze. Seit dem späten Mittelalter wird sie auch bei uns angebaut.

Es gibt zwei Hauptsorten: die Winterendivie, gelegentlich unter dem Namen *Frisée-Endivie* angeboten, mit stark gekrausten Blättern, und die Sommerendivie, auch *Escoriol* genannt, mit breiten, glatten Blättern. Bei beiden Sorten werden die Blätter vor der Reife zusammengebunden und gebleicht. Auf diese Weise erhält man zarte, helle, knackige Innenblätter.

ANBAU UND SAISON: Endivie wird im Juni und Juli gepflanzt und ist dann von September bis November erhältlich, die Winterendivie wird im August gesät, und ist in den Wintermonaten auf dem Markt. Endivie wird in nahezu allen europäischen Ländern angebaut. Einen Teil unseres Bedarfs decken wir durch Importe aus den Beneluxländern.

EINKAUF: Endivie wird kopfweise verkauft und berechnet. Achten Sie auf frische, helle Blätter. Welk aussehende Köpfe haben bereits viel Aroma und Vitamine eingebüßt. Bis zum Verbrauch sollte Endivie in ein feuchtes Tuch eingeschlagen und im Gemüsefach des Kühlschranks aufbewahrt werden.

ZUBEREITUNG: Für Salate schneidet man die Endivie in sehr feine Streifen, dann wird sie gewaschen, man läßt sie gut abtropfen und mariniert sie in pikanten Saucen. Für Gemüsegerichte genügt es, die Endivie in Viertel oder grobe Streifen zu schneiden und diese dann in Salzwasser mit Zitronensaft ca. 12–15 Minuten zu garen; anschließend abtropfen lassen und kurz in Butter dünsten oder mit einer hellen Sauce übergießen.

NÄHRWERTE: Endivie besitzt viele Minerale, darunter große Mengen an Kalzium, Natrium, Phosphor sowie Vitamin A und etwas Vitamin C. Außerdem hilft sie bei Appetitlosigkeit und Gallenbeschwerden und ist wasser- und harntreibend. 100 g Endivie enthält 13 Kalorien / 54 Joule.

Kopfsalat

HERKUNFT: Kopfsalat – bot. *Lactuca sativa* var. *capitata* – auch *Grüner Salat* genannt, gehört zu den Korbblütlern und ist eine kultivierte Form des wildwachsenden Lattichs, der im Süden des Kaukasus beheimatet war. Bereits im Altertum schätzte man den Kopfsalat in fast allen Mittelmeerländern.

Bei uns wurde Kopfsalat erst im Mittelalter eingeführt. Zu der Zeit kannte man ihn nur als hochschießende Blattpflanzen, und er wurde nur gekocht gegessen. Erst seit man die kopfbildenden Salatstauden anbaut, wird Kopfsalat vorwiegend als vitaminreicher Salat zubereitet. Inzwischen gibt es bei uns auch neue Züchtungen, z.B. den Batativa-Salat, der leicht rötliche, knackige Blätter hat.

ANBAU UND SAISON: Obwohl Kopfsalat in großen Mengen in Deutschland als Freiland- und Treibhauskultur angebaut wird, importieren wir zusätzlich aus Holland und Italien. Er ist ganzjährig und regelmäßig zu kaufen.

EINKAUF: Kopfsalat wird immer pro Stück berechnet; deshalb ist es wichtig, auf große, dicht gefüllte Köpfe zu achten und Stauden mit welken Blättern zu meiden, da sie nicht nur aromalos schmecken, sondern auch kaum mehr Vitamine enthalten.

ZUBEREITUNG: Die äußeren welken Blätter des Kopfsalats entfernen und die zarten, knackigen behutsam abtrennen (die Herzen unzerteilt lassen), dann sorgfältig waschen und über einem Sieb gut abtropfen lassen bzw. trockenschleudern. Die Salatblätter nie im Wasser liegen lassen, da sie sehr schnell an Vitaminen verlieren. Angewelkte Salatköpfe kann man jedoch mit der Schnittfläche in eine Schale Wasser stellen, um sie wieder frisch zu bekommen. Da die zarten Blätter rasch zusammenfallen, sollte die Sauce oder Marinade erst ganz kurz vor dem Servieren daruntergemischt werden.

Kopfsalat läßt sich mit vielen unterschiedlichen Saucen bereiten. Auch gemischt mit anderen Salaten, als dekorative Unterlagen, zum Auskleiden von Schüsseln und als wohlschmeckende Garnitur für Sandwiches wird er vielfach verwendet. Aber auch gedünstet, kombiniert mit anderen Gemüsen und gefüllt als Kopfsalatrollen schmecken die Blätter des milden Salats.

NÄHRWERTE: Kopfsalat hat hohe Vitamin-A-Anteile, Phosphate sowie etwas Kalzium, Natrium und ein wenig Eisen. Er wirkt nervenberuhigend; frischgepreßter Saft soll am Abend getrunken als Einschlafmittel wirken. Er enthält 10 Kalorien / 42 Joule auf 100 g, und eignet sich daher hervorragend für Schlankheitsdiäten.

Römischer Salat

HERKUNFT: Römischer Salat – bot. *Lactuca sativa L.* var. *longifolia Lam.* – zählt zur Familie der Korbblütler. Er wird auch *Lattich*, *Bindesalat* und *Kochsalat* genannt und wurde bereits im alten Ägypten kultiviert und als Aphrodisiaka geschätzt: »Er mache Männer verliebt und die Frauen fruchtbar«. Auch in Deutschland war er schon mal unter dem Namen »Lattich« sehr verbreitet, geriet aber in Vergessenheit und ist erst seit wenigen Jahren wieder auf unseren Märkten zu haben. Den Namen Bindesalat erhielt er, weil einige Sorten des Römischen Salates durch Zusammenbinden der Blätter innen gebleicht werden und dadurch zarte Herzblätter entstehen. Die nicht gebundenen Sorten wirken weniger fein, sind dafür aber im Geschmack kräftiger und knackiger.

ANBAU UND SAISON: Römischer Salat wird in allen Mittelmeerländern und auch in geringen Mengen in Deutschland angebaut. Hauptimporte kommen aus Italien und Israel. Er ist von Anfang Oktober bis Anfang Februar erhältlich.

EINKAUF: Römischer Salat wird pro Stück berechnet. Größe und Gewicht sind unterschiedlich: bis zu 35 cm lange Blätter und zwischen 150 bis 600 g schwere Stauden. Bei der Auswahl auf sattgrüne Außenblätter achten.

RÖMISCHER SALAT

KOPFSALAT

ZUBEREITUNG: Römischer Salat kann wie fast alle grünen Salate mit Saucen, Marinaden oder einfach mit Essig und Öl zubereitet werden. Wurzel- bzw. Strunkreste entfernen und die Blätter in große Stücke oder Streifen schneiden, nach dem Waschen roh, mit Sauce oder Marinade beträufelt, essen. Römischer Salat schmeckt auch gekocht recht gut – kleinere Pflanzen kann man komplett, größere geviertelt in Salzwasser garen und mit Butter beträufelt servieren; auch überbacken ist Römischer Salat eine Delikatesse.

NÄHRWERTE: Römischer Salat enthält etwas Eiweiß, wenig Kohlenhydrate, viel Kalium und Kalzium. 100 g Römischer Salat hat ca. 12 Kalorien / 51 Joule.

Eisbergsalat

HERKUNFT: Eisbergsalat oder Eissalat – bot. *Lactuca sativa L.* var. *capitata L. nidus* – gehört zur Familie der Korbblütler; er ist in den USA beheimatet, wo er weit häufiger als irgendein anderer grüner Salat gegessen wird (dort heißt er Iceberg luttuce). Heute wird in nahezu allen europäischen Ländern kultiviert. Er verträgt viel Hitze, aber kaum Nässe, bei der er zu faulen beginnt. Eisbergsalat hat einen runden Kopf mit sehr dicht sitzenden, an den Enden krausen Blättern von lichtgrüner Farbe. Meist hat er die Größe eines kleinen Weißkohls (ca. 300 bis 500 g).

ANBAU UND SAISON: Hauptanbaugebiet

ist nach wie vor USA, vor allem Kalifornien und Arizona. Auch in Deutschland wird er in den letzten Jahren verstärkt kultiviert. Die Hauptimporte kommen aber aus USA, Israel, Spanien und Holland. Außerdem wird er nahezu das ganze Jahr angeboten, nur im Sommer nicht regelmäßig.

EINKAUF: Eisbergsalat wird stückweise, nicht nach Gewicht gehandelt. Achten Sie auf runde, wohlgeformte Köpfe und frische Außenblätter. Kaufen sie keine schweren, nassen Köpfe, da sie meist innen faulig sind und überlagert.

ZUBEREITUNG: Eisbergsalat ist sehr ergiebig; für vier Personen genügt ein Kopf, selbst dies ist manchmal zu reichlich. Das ist aber nicht problematisch, da sich Eisbergsalat leicht teilen oder vierteln und eine verbleibende Menge in Alufolie verpackt viele Tage, ja manchmal bis zu zwei Wochen im Kühlschrank lagern läßt. Somit ist Eisbergsalat ideal für den Zwei- oder Einpersonenhaushalt.
Eisbergsalat wird wie alle grünen Salate behandelt. Man entfernt die welken Außenblätter, löst die Blätter und zerzupft sie vorsichtig; man kann ihn aber auch in Viertel teilen und dann in grobe Stücke oder Streifen schneiden. Nach dem Waschen gut abgetropft weiterverwenden. Alle Salatsaucen, vor allem aber French-dressing, passen dazu.

NÄHRWERTE: Eisbergsalat enthält zahlreiche Vitamine, Mineralstoffe und 42 Kalorien / 176 Joule auf 100 g.

Feldsalat

HERKUNFT: Feldsalat – bot. *Valerianella locusta* – gehört zu den Baldriangewächsen und wird auch *Ackersalat, Rapunzel, Nißlsalat, Nüßlisalat* (Schweiz) und *Vogerlsalat* (Österreich) genannt. Er ist eine einheimische Wildpflanze, die bei uns erst im späten Mittelalter kultiviert wurde, bei den alten Römern aber bereits zur Kaiserzeit in den Gemüsegärten gedieh, wie einem Brief des Dichters Martial zu entnehmen ist.

ANBAU UND SAISON: Beim Feldsalat kennt man eine sogenannte Frühjahrs- und Herbstkultur, und bei günstigen Temperaturen kann dieser wohlschmeckende Salat den ganzen Winter über geerntet werden. Von Mitte Oktober bis Ende April ist er überall zu bekommen.

EINKAUF: Wählen Sie großblättrige Sorte mit tiefgrünen, sauberen Blättern, die weniger Arbeit beim Putzen machen. Feldsalat läßt sich auch einige Tage aufbewahren, sofern er trocken gelagert und keiner Zugluft ausgesetzt wird.

ZUBEREITUNG: Die aus mehreren Blättern bestehenden Pflänzchen kann man unzerteilt lassen. Höchstens faulende Blätter auslesen und Wurzelenden abschneiden; man wäscht sie, läßt sie über einem Sieb gut abtropfen und mariniert sie mit verschiedenen Saucen. Die mildwürzigen Feldsalatblätter schmecken gut mit Sauce Vinaigrette, mit Joghurt-, Sauerrahm- oder Knoblauchsauce an-

EISBERGSALAT

FELDSALAT

gemacht. Feldsalat kann man auch gut mit anderen Salaten oder mit Eiern und Früchten kombinieren.

NÄHRWERTE: Feldsalat gilt als einer der vitaminreichsten Salate; er bietet hohe Anteile an Vitamin A und C sowie reichlich Phosphor und Kalcium. Sehr empfohlen bei Vitaminmangel! 100 g enthalten 15 Kalorien / 63 Joule.

Radicchio

HERKUNFT: Radicchio – bot. *Cichorium intybus L.* – auch unter den Namen *Radicchio Rosso, Zichorie* und *Feldzichorie* bekannt, stammt aus der Gattung der Wegwarte. Sein Hauptanbaugebiet liegt in der italienischen Provinz Treviso, weshalb ihn viele Italiener auch Treviso-Salat nennen.
Radicchio ist ein kleiner fester, kugelrunder Salatkopf von tiefvioletter bis hellroter, oft fast rosenroter Farbe. Die Blätter zeigen weiße Rippen. Der Geschmack ist je nach Sorte zart, süßlichbitter bis strengbitter, aber sehr aromatisch. Das Gewicht liegt pro Köpfchen zwischen 90 bis 180 g.

ANBAU UND SAISON: Radicchio wird besonders in Südeuropa angebaut. Unsere Hauptimporte kommen aus Italien. Radicchio ist von Mitte September bis Anfang April regelmäßig, sonst nur vereinzelt im Handel.

EINKAUF: Radicchio wird nach Gewicht verkauft. Wählen Sie Salatköpfe mit frischen, kräftigfarbenen Blättern.

ZUBEREITUNG: Das Wurzelende, das extrem bitter ist, entfernen und die gewaschenen, gut abgetropften Radicchioblätter im Ganzen oder in Streifen geschnitten zu Salat verwenden. Gerade wegen der attraktiven Farbe ist Radicchio ein schöner Kontrast in gemischten Salaten. Um die Bitterkeit zu mildern, kann man die Blätter vor der Zubereitung ca. 20 Minuten in lauwarmes Wasser legen. Radicchio kann auch als Gemüse verwendet werden, z.B. gegrillt mit Olivenöl, gebacken und gefüllt.

NÄHRWERTE: Radicchio ist reich an Vitamin C. 100 g enthalten ca. 20 Kalorien / 86 Joule.

Sauerampfer

HERKUNFT: Sauerampfer – bot. *Rumex acetosa* – gehört zur Familie der Knöterichgewächse und ist ursprünglich in Europa und Asien zu Hause. Es gibt zwei Hauptarten: Wilden Sauerampfer und französischen Sauerampfer.
Die Pflanze wird bis zu 45 cm hoch und hat pfeilförmige, spinatähnliche Blätter, die Stengel sind ungenießbar.

SAISON: Sauerampfer wächst wild auf Wiesen, ist aber neuerdings auf Märkten und in Gemüsegeschäften in den Sommermonaten zu bekommen. Hauptimporteur ist Frankreich.

EINKAUF: Sofern Sie Sauerampfer nicht selbst sammeln, sollten Sie beim Einkauf auf dunkelgrüne Blätter mit frischen, saftigen Stengeln achten. Sauerampfer wird meist im Bund verkauft.

ZUBEREITUNG: Die ungenießbaren Stengel entfernen und die Blätter sorgfältig waschen und abtropfen lassen. Größere Blätter in Streifen schneiden oder grob zerrupfen. Sauerampfer kann roh als Salat zubereitet werden oder gekocht und püriert wie Spinat; außerdem gibt er Suppen, Saucen und Füllungen ein pikant säuerliches Aroma.

NÄHRWERTE: Sauerampfer enthält viel Vitamin C, Eisen und Phosphat. 100 g haben 20 Kalorien / 86 Joule.

Spinat und Mangold

HERKUNFT: Spinat – bot. *Spinacia oleracea* – und Mangold – bot. *Beta vulgaris* – gehören zu den Gänsefußgewächsen. Spinat ist im Orient beheimatet und wurde vermutlich von den Kreuzrittern mit nach Europa gebracht, wo er seit dem Mittelalter angebaut wird. Mangold war schon bei den alten Römern bekannt und ein beliebtes Essen der weniger begüterten Schichten.
Blattspinat gibt es von sehr feinen, glatten Blättern, bis zu großen, gekrausten, etwas harten Blättern, die dafür aber um so aromatischer sind. Auch der weniger verkaufte *Wurzelspinat* hat meist nicht so zarte Blätter, schmeckt aber dennoch würzig und gut.
Mangold hat größere, gerippte, leicht gekrauste Blätter.

SAISON: Spinat kommt heute in zwei Formen auf den Markt: als Blattspinat, wo nur einzelne Blätter angeboten werden und als Wurzelspinat, bei dem die Blätter als Bund und komplette Pflanze verkauft werden.
Frischen Spinat und Mangold aus deutscher Ernte gibt es regelmäßig von Mai bis Juli und September bis November, oft auch im April, die übrigen Monate vereinzelt als Treibhausspinat.

RADICCHIO

SAUERAMPFER

WEINBLÄTTER

MANGOLD

SPINATSORTEN

WILDER SPINAT

EINKAUF: Wählen Sie nur frischen Spinat oder Mangold ohne welke Blätter, da beide Sorten, sobald sie geerntet sind, fast stündlich an Vitaminen verlieren.

ZUBEREITUNG: Am gehaltvollsten und schmackhaftesten bleibt Spinat, wenn man ihn gut gewaschen und über einem Sieb abgetropft, lediglich einige Minuten (zwischen 7 bis 10) in Butter dünstet und mit Salz und Muskat abschmeckt. Spinat und Mangold vertragen sich sehr gut mit vielen Käsesorten, mit Champignons, Pinienkernen, Mandelblättern, mit Rahm, Muskat, Minze und Sardellen. Die Verwendungsmöglichkeiten, vor allem von Spinat, sind schier unerschöpflich, z. B. als Gemüse, Salat, Auflauf, Pudding und als Füllung. Spinat sollte niemals aufgewärmt werden, da sich bei diesem Vorgang das für die Blutgefäße schädliche Nitrit bildet!

NÄHRWERTE: Spinat und Mangold gelten nicht zu Unrecht als sehr gesunde Gemüse, wenn auch der Eisengehalt von Spinat durch einen Berechnungsfehler jahrzehntelang überschätzt wurde; sie bieten reiche Anteile an Vitamin C und B, viel Kalium, Kalzium und Magnesium, Eisen, Jod und Phospor. Spinat hilft bei Blutarmut und Vitaminmangel. 100 g enthalten 18 Kalorien / 74 Joule.

Weinblätter

HERKUNFT: Weinblätter – bot. *Vitus vinifera* – wurden ursprünglich nur in den Mittelmeerregionen als Gemüse verwendet. Heute kennt man sie weltweit, wenngleich sie nach wie vor in der griechischen, türkischen und orientalischen Küche bevorzugt werden.
Weinblätter gibt es nur frisch in den Anbaugebieten. Sie werden aber heute in fast jedem Delikatessengeschäft konserviert in Lake oder Öl bzw. vakuumverpackt angeboten.

EINKAUF: Bereits gefüllte Weinblätter werden auf Märkten einzeln angeboten. Wenn Sie Weinblätter selbst füllen, wählen Sie eine gute Qualität. Meist reicht eine Dose für 4 Personen.

ZUBEREITUNG: Dosenware vor der Weiterverarbeitung für ca. 20 Minuten in Wasser einweichen, dann mit süßsauren oder pikanten Füllungen als Vorspeise oder kleinen Imbiß reichen.

NÄHRWERTE: Ungefüllte Weinblätter haben pro 100 g 20 Kalorien / 86 Joule.

GEKÜHLTE WASSERKRESSESUPPE

2 Lauchstangen
1 kleine Zwiebel
250 g Kartoffel
25 g Butter
2 Bund Wasserkresse
gut ½ l Hühnerbrühe
Salz, Pfeffer
⅛ l Milch
Croûtons zum Garnieren

Lauch waschen und in feine Ringe schneiden, die Zwiebel fein hacken, die geschälten Kartoffeln in feine Scheiben schneiden. Nun die Butter in einem Topf schmelzen lassen und darin den Lauch und die Zwiebel andünsten, ohne zu bräunen. Nach fünf Minuten die Kartoffeln dazugeben und weitere zwei Minuten dünsten. Inzwischen die Stiele der Wasserkresse entfernen, die Blätter grob hacken und zusammen mit der Hühnerbrühe in den Topf geben. Die Suppe mit Salz und Pfeffer würzen und zugedeckt 25 bis 30 Minuten kochen. Anschließend im Mixer pürieren und in einer Schüssel mit der Milch verrühren. Die Suppe bis zum Servieren für einige Stunden in den Kühlschrank stellen. Die gut gekühlte Suppe mit knusprigen Croûtons anrichten.

SAUERAMPFERSUPPE

500 g Sauerampfer
1 EL Butter
¾ l Geflügelbrühe
2 Eigelb
⅛ l süße Sahne
1 Prise Muskat
1 Hauch Cayennepfeffer
Salz

Sauerampferblätter gut waschen, abtropfen lassen und fein hacken. In einem Topf Butter zerlassen, Sauerampfer kurz im Fett schwenken, Geflügelbrühe angießen und alles ca. 10–12 Minuten bei kleiner Flamme köcheln lassen. Eigelb mit Sahne verquirlen und die Suppe damit legieren; beim Hineinrühren darf die Suppe nicht mehr kochen. Mit Muskat, Cayennepfeffer und eventuell noch einer kleinen Prise Salz abschmecken.

LEGIERTE KRESSESUPPE

2 Kästen Kresse
20 g Butter
1 EL feingewürfelte Zwiebel
¾ l Fleischbrühe
1 Eigelb
1 EL Mayonnaise
1 Schuß Cognac
Cayennepfeffer
Salz

Kresse abschneiden, mit Wasser abbrausen und über einem Sieb gut abtropfen lassen. In einem Topf Butter erhitzen und die Zwiebel darin glasig braten. Kresse kurz im Fett schwenken. Fleischbrühe angießen und alles 5 Minuten auf kleiner Flamme kochen. Eigelb mit Mayonnaise und Cognac verrühren und mit einem Schneebesen in die vom Herd genommene, nun nicht mehr kochende Suppe mischen, gut durchschlagen. Nach Geschmack mit einem Hauch Cayennepfeffer und noch etwas Salz abschmecken. Die Suppe auf vorgewärmte Teller verteilen und sofort servieren.

CHICORÉESUPPE

2–3 Chicoréestangen
2 EL Butter
Salz, Pfeffer
1 TL Weinessig
¾ l Hühnerbrühe
⅛ l süße Sahne
1 EL feingehackte Petersilie

Chicoréestangen waschen, den bitteren Kern entfernen und in feine Ringe schneiden. Die Butter in einem Topf schmelzen lassen und darin den Chicorée kurz andünsten, dabei mit Salz, Pfeffer und Essig würzen. Nun die Hühnerbrühe angießen und die Suppe bei kleiner Flamme ca. 15 Minuten köcheln lassen. Vor dem Servieren mit Sahne verfeinern und mit Petersilie bestreut anrichten.

Gekühlte Wasserkressesuppe
Sauerampfersuppe
Chicoréesuppe

KALIFORNISCHER EISBERGSALAT

½ Eissalat
2 hartgekochte Eier
2 EL Kresse oder Petersilie
2 EL Mayonnaise
⅛ l saurer Sahne
einige gefüllte Oliven
1 EL Zwiebelwürfel
1 EL Chilisauce
Salz

Den Eissalat in 6–8 Stücke oder in große Streifen schneiden, mit gevierten Eiern und gehackter Kresse oder Petersilie vermischt in einer Schüssel anrichten. Aus Mayonnaise, saurer Sahne, in Scheibchen geschnittenen Oliven, Zwiebelwürfeln, Chilisauce und Salz eine Marinade rühren. Diese Marinade vorsichtig unter die Salatzutaten mischen und sofort auftragen.
Der Salat kann noch zusätzlich mit Tomatenachteln garniert werden.

CHICORÉESALAT MIT ROQUEFORT

2–3 Chicoréestangen
1–2 Stangen Staudensellerie
1 kleine Zwiebel
Dressing
1 Knoblauchzehe
3 EL Öl
Saft 1 Zitrone
1 TL Salz
1 TL Zucker
frisch gemahlener Pfeffer
50 g Roquefort
gehackte Kräuter zum Garnieren

Chicorée und Sellerie waschen, beim Chicorée den bitteren Kern entfernen, dann in Streifen schneiden; Sellerie würfeln. Beides in einer Schüssel mit der in Ringe geschnittenen Zwiebel mischen.
Für das Dressing die gehackte Knoblauchzehe und alle anderen Zutaten zu einer geschmeidigen Sauce verrühren und diese mit den Salatzutaten gut vermischen. Den Salat bis zum Servieren zugedeckt im Kühlschrank durchziehen lassen.

RÖMISCHER SALAT MIT JOGHURT-MARINADE

1 Römischer Salat
3–4 EL Joghurt
1 Zehe Knoblauch
1 TL Tomatenmark
1 TL Zucker
Salz
weißer Pfeffer

Den Römischen Salat waschen, abtropfen lassen und in grobe Stücke rupfen oder in Streifen schneiden. Aus Joghurt, ausgepreßter Knoblauchzehe, Tomatenmark, einem knappem Teelöffel Zucker, Salz und Pfeffer eine Marinade bereiten, diese über den Römischen Salat gießen und mit Salatlöffeln kräftig durchmischen. Den Salat sofort auftragen.

RADICCHIO-FISCH-SALAT »SYLVESTER«

300 g Fischfilet (Heilbutt, ersatzweise Rotbarsch)
¼ l Instantfleischbrühe
2 EL Mayonnaise
4 EL saure Sahne
2 EL Fischbrühe
1 Apfel
1 große Orange
1 Radicchio-Kopf
1 hartgekochtes Ei zum Garnieren

Das Fischfilet säubern und ca. 5–8 Minuten in der heißen Fleischbrühe auf kleiner Flamme garen (nicht kochen, da der Fisch sehr leicht zerfällt!). Das Fischfilet aus der Brühe nehmen und abkühlen lassen. In der Zwischenzeit aus Mayonnaise, saurer Sahne und Fischbrühe eine Marinade anrühren; den geschälten Apfel und die ebenfalls geschälte und filetierte Orange in Würfel schneiden. Den geputzten, gewaschenen und gut abgetropften Radicchio in feine Streifen schneiden. Nun in einer großen Schüssel den grob zerpflückten Fisch, die Früchtewürfel und die Radicchiostreifen vermischen, die Marinade darübergießen und alle Zutaten gut vermengen; dabei aber vorsichtig vorgehen, damit der Fisch nicht in zu feine Teilchen zerfällt. Den Salat zugedeckt für einige Stunden im Kühlschrank durchziehen lassen und mit Eischeiben garniert servieren.
Dieser dekorative Salat eignet sich als Vorspeise oder als Bestandteil eines kalten Buffets. Für diesen Zweck kann man ihn auch in ausgezackte Grapefruit- oder Orangenhälften füllen.

KRESSE-MAYONNAISE

2 Eigelb
je ½ TL Salz
frisch gemahlener Pfeffer
Senf
⅛ l Olivenöl
⅛ l Sonnenblumenöl
2 TL Weinessig
1 Bund gehackte Wasserkresse
2 große Bund gehackte Petersilie
3 EL Wasser
2 EL Sahne

Das Eigelb mit den Gewürzen und Senf in einer Schüssel gut verrühren. Dann unter ständigem Rühren beide Ölsorten tropfenweise dazugeben. Sobald die Emulsion dicklich wird, 1 Teelöffel Essig unterrühren und das restliche Öl in einem dünnen Strahl dazugeben. Den restlichen Essig einrühren und die Mayonnaise nochmal kräftig schlagen. Wasserkresse und Petersilie in einen kleinen Topf mit dem Wasser 5 Minuten kochen, dann abtropfen lassen und in einem Mörser zu Püree zerstoßen oder durch ein Haarsieb treiben. Nach dem Abkühlen das Kräuterpüree und die Sahne mit der Mayonnaise verrühren und gutgekühlt z. B. zu gekochten Eiern oder einem Eiersalat servieren. Diese pikante Mayonnaise paßt aber auch zu kaltem Braten oder delikaten Fischgerichten.

Chicoréesalat mit Roquefort
Radicchio-Fisch-Salat »Sylvester«
Kalifornischer Eisbergsalat

FELDSALAT MIT TOMATEN UND EIERN

150 g Feldsalat
1 Knoblauchzehe
½ gewürfelte Zwiebel
2 EL Weinessig
Salz, Pfeffer
1 Messerspitze Zucker
3 EL Öl
2–3 Tomaten
2 hartgekochte Eier
2–3 EL saure Sahne

Feldsalat putzen, waschen und gut abtropfen lassen. Mit der geschälten, halbierten Knoblauchzehe eine große Schüssel gut ausreiben. Feldsalat hineingeben. Aus Zwiebelwürfeln, Essig, Gewürzen und Öl eine Marinade bereiten und über die Feldsalatblätter gießen; alles kräftig vermengen. Tomaten und Eier in Scheiben schneiden, als Rand um die Salatblätter legen, mit Salz und Pfeffer würzen. Die Tomatenscheiben mit etwas saurer Sahne garnieren. Dieser delikate Salat paßt zu kurzgebratenem Fleisch. Anstelle von Feldsalat können Sie auch Wasserkresse verwenden.

EISBERGSALAT »MALIBU«

½ Eisbergsalat
2 EL entsteinte Datteln
1 Orange
⅛ l saure Sahne
1 EL Zitronensaft
Salz, weißer Pfeffer
1 Prise Zucker
1 Hauch Muskat

Den Eissalat in lange Streifen oder Portionsstücke zupfen, waschen, abtropfen lassen und in eine Schüssel geben. Mit entkernten, in Streifen geschnittenen Datteln und der geschälten, in Würfel geteilten Orange vermischen. Aus Sahne Zitronensaft und den Gewürzen eine herzhafte Marinade rühren und diese über den Eissalat gießen. Mit Salatlöffeln gut durchmischen, die Marinade ganz kurz einziehen lassen.
Eisbergsalat »Malibu« können Sie in Grapefruit-Hälften (bzw. ausgehöhlten Schalen) oder auf Salattellern als Vorspeise anrichten.

RADICCHIOSALAT MIT KNOBLAUCHSAUCE

1–2 Köpfe Radicchio
3 Knoblauchzehen
1 EL feingehacktes Basilikum (ersatzweise getrocknetes)
Salz, weißer Pfeffer
1 EL geriebener Parmesankäse
4–5 EL Olivenöl
1 EL Weißweinessig

Die Radicchio-Köpfe putzen, dabei die Wurzelenden abschneiden, dann waschen und in Einzelblätter zerlegen oder grob zerpflücken. Knoblauch schälen, fein hacken und zusammen mit Basilikum, Salz, Pfeffer, Parmesan, Öl und Essig zu einer Sauce verrühren, diese über den Radicchio gießen und nach dem Vermischen noch einige Minuten durchziehen lassen.
Dieser Salat eignet sich als Beilage zu Spaghettigerichten, zu Lammkoteletts vom Grill oder als Begleiter zu einem Käsefondue.

CHICORÉE-MANDARINEN-SALAT

2–3 Chicoréestangen
50 g gekochter Schinken
150 g frische Champignons
Zitronensaft
2 Mandarinen
1 Kästchen Kresse
1 EL gehackte Hasel- oder Walnüsse
Marinade
2 EL Crème fraîche
Saft 1 Orange
Salz
frisch gemahlener weißer Pfeffer

Die gewaschenen, vom bitteren Kern befreiten Chicoréestangen in feine Ringe schneiden, Schinken würfeln, die Champignons waschen, in dünne Scheiben schneiden und sofort mit Zitronensaft beträufeln. Die Mandarinen schälen und in Spalten teilen. Alle Zutaten mit der Hälfte der abgeschnittenen Kresse und den Nüssen in eine Schüssel geben und vermischen.
Die Zutaten für die Marinade verrühren, über den Salat gießen und kräftig vermengen. Mit der restlichen Kresse garniert servieren.
Dieser Salat ist eine erfrischende Vorspeise, kann aber auch zu gegrilltem Fleisch serviert werden.

Radicchiosalat mit Knoblauchsauce
Feldsalat mit Tomaten und Eiern
Chicorée-Mandarinen-Salat
Eisbergsalat »Malibu«

BUNTER FELDSALAT

100 g Feldsalat
2 Radicchioköpfe
1 Limone (ersatzweise ½ Zitrone)
½ Knoblauchzehe
1 EL gehackte Zwiebeln
1 Prise Zucker
Salz, Pfeffer
⅛ l saure Sahne

Feldsalat putzen, waschen und gut abtropfen lassen. Radicchio von den Wurzeln befreien, die Blätter waschen und abgetropft in grobe Streifen teilen. Beides in einer Schüssel vermischen.
Aus Limonen- bzw. Zitronensaft, der ausgepreßten Knoblauchzehe und den übrigen Zutaten eine Marinade herstellen. Diese etwas durchziehen lassen und dann über die Salatblätter gießen und kräftig untermischen.
Den Salat sofort servieren, z.B. als Beilage zu Fischgerichten.

RADICCHIO-ROSETTE

1 Radicchio
2–3 EL Italian Dressing (Fertigprodukt)
½ Fenchelknolle
etwas Zitronensaft
8–10 entkernte schwarze Oliven

Den Radicchio waschen, abtropfen lassen, das Wurzelende vorläufig jedoch nicht entfernen. Die Blätter vorsichtig mit den Fingern auseinanderspreizen, damit sie nicht abbrechen und eine vielstrahlige Rosette ergeben.
Den Radicchio jetzt am Wurzelende anfassen, die Blätter kräftig in Italian Dressing tauchen und mehrmals schwenken. Danach das Wurzelende abschneiden und die marinierte Rosette auf einen Teller oder eine Glasschale setzen. Mit feingeraffelter Fenchelknolle – diese mit Zitronensaft beträufeln, damit der Fenchel seine frische Farbe behält – und Oliven die Mitte der Radicchio-Rosette füllen. Sofort, z.B. als Vorspeise, servieren.

MARINIERTE SALATHERZEN

2 Stauden Römischer Salat
50 g feingewiegter Schinken
2 hartgekochte Eier
⅛ l süße Sahne
1 TL Kräutersenf
1 Spritzer Cognac
1 Hauch frisch gemahlener Pfeffer

Von den Salatstauden die Außenblätter entfernen und zusammen mit den geviertelten Salatherzen abbrausen und gut abtropfen lassen. Eine Salatschüssel mit den Außenblättern auskleiden, die Salatherzen darauflegen und mit der Hälfte des Schinkens und den kleingewürfelten Eiern bestreuen. Aus Sahne und den übrigen Zutaten eine pikante Sauce bereiten und diese über die Salatherzen gießen. Die restlichen Schinken- und Eiwürfel darüberstreuen und den Salat sofort servieren.

Rechts: *Chicoréesalat mit Kalbsleber; Marinierte Salatherzen*
Unten: *Radicchio-Rosette; Eisbergsalat mit Haselnüssen*

EISBERGSALAT MIT HASELNÜSSEN

1 kleiner Eisbergsalat
1 Karotte
2–3 EL grobgehackte Haselnüsse
3 EL Olivenöl
2 EL Zitronensaft
1 TL Senf
Salz, Pfeffer
4 EL Sahne

Eissalat in grobe Stücke oder Streifen schneiden, waschen, gut abtropfen lassen und mit der vorher geraspelten Karotte und den gehackten Haselnüssen in eine Schüssel geben. Aus Öl, Zitronensaft, Senf, Gewürzen und Sahne eine pikante Sauce rühren und diese über den Salat gießen. Mit zwei Löffeln alles gut vermischen; den Eissalat einige Minuten zugedeckt im Kühlschrank durchziehen lassen.

Den Salat eventuell wie abgebildet mit Avocado-Halbmonden oder ungeschälten Gurkenscheiben dekoriert auftragen.

CHICORÉESALAT MIT KALBSLEBER

125–150 g Kalbsleber
Butter
Salz, Pfeffer
2–3 Chicorée-Stangen
2 Orangen
½ Schlangengurke
3 EL Italien- oder Knoblauchdressing
(Fertigprodukt)
1 EL Zitronensaft
1 EL gemischte gehackte Kräuter

Die gesäuberte Leber ca. 8–10 Minuten von beiden Seiten in heißer Butter braten, dann leicht mit Salz und Pfeffer bestreuen und abkühlen lassen. Inzwischen die Chicorée-Stangen in feine Streifen, die geschälten Orangen in grobe Würfel schneiden. Die gewaschene, ungeschälte Schlangengurke in gleichmäßige Scheiben teilen und diese, schuppenförmig aneinandergereiht, als Innenrand in einer Salatschale anrichten. Die Chicorée-Streifen mit der ab-gekühlten, gewürfelten Leber und den Orangen vermischen und mit einer Mischung aus Italian oder Knoblauchdressing, Zitronensaft und feingehackten frischen Kräutern übergießen. Alles gut durchmischen und in die mit Gurkenscheiben dekorierte Salatschale füllen. Sofort servieren.

Dieser gesunde, leichte Salat kann als Zwischenimbiß oder als kleines Abendessen mit Stangenweißbrot gereicht werden.

FRISCHE KOPFSALATPLATTE

2 Köpfe Grüner Salat
250 g Tomaten
Salz, frisch gemahlener Pfeffer
¼ l saure Sahne
1 kleine Zwiebel
1 EL gehacktes frisches Basilikum
Basilikumblätter zum Garnieren

Die Außenblätter vom Salat entfernen, die Salatherzen vierteln, in ein Sieb geben und mit Wasser überbrausen, dann gut abtropfen lassen. Die Herzen auf einer Schale symmetrisch anordnen und mit einem Ring aus Tomatenscheiben umlegen. Die Tomaten mit Salz und Pfeffer bestreuen. Sahne mit Salz, sehr fein gewürfelter Zwiebel und gehacktem Basilikum verrühren und erst vor dem Servieren über die Salatherzen gießen.

Die Salatplatte mit Basilikumblätter garniert anrichten.

ENDIVIENSALAT KATALAN

1 Staude Endivie
1 Knoblauchzehe
½ TL Salz
2 EL Weinessig
5 EL Olivenöl
1 eingelegte Peperoni
1 EL geriebene Mandeln

Endiviensalat putzen und in feine Streifen schneiden. Diese kurz abbrausen und gut abtropfen lassen.

Für die Sauce die Knoblauchzehe mit Salz zerdrücken, dann mit Essig, Öl, der zerkleinerten Peperoni und den Mandeln vermischen. Alle Zutaten in einer Schüssel kräftig durchmischen und bis zum Servieren zugedeckt etwas durchziehen lassen, damit sich das Aroma der Zutaten gut entwickeln kann.

RADICCHIOSALAT SUPREME

1 Radicchio
3–4 mittelgroße Tomaten
100 g milder Camembert
Marinade
1 TL Senf
⅛ l süße Sahne
Salz, Pfeffer
½ EL feingewürfelte Zwiebeln
½ EL gehackte Petersilie

Das Wurzelende des Radicchio entfernen, die Deckblätter gründlich waschen, abtropfen lassen und einstweilen beiseite legen. Den verbleibenden Radicchio in grobe Stücke oder Streifen teilen und in einer Schüssel mit den geachtelten Tomaten und dem gewürfelten Camembert vermischen. Alle Zutaten für die Marinade verrühren und mit dem Salat vermengen; ein paar Minuten durchziehen lassen. Eine Salatschüssel mit den Radicchio-Deckblättern auslegen und den Salat so darauf verteilen, daß die Spitzen der Auslegeblätter noch hervorschauen.

Frische Kopfsalatplatte
Radicchiosalat Supreme
Endivien-Champignon-Salat
Eisbergsalat mit Champignons

EISBERGSALAT MIT CHAMPIGNONS

1 kleiner Eisbergsalat
150 g frische Champignons
1 Zitrone
1 Knoblauchzehe
1 Tomate
Salz
frisch gemahlener schwarzer Pfeffer
3 EL fertiges Italian Dressing
1 EL gehackte Petersilie

Den Eissalat in 6–8 keilförmige Stücke teilen, waschen und abtropfen lassen. Auf einer großen Schale oder in einer Schüssel symmetrisch anordnen. Champignons waschen, putzen und in sehr feine Scheiben schneiden, mit Zitronensaft beträufeln und mit frisch ausgepreßter Knoblauchzehe vermischen. Die Tomate in kleine Würfel schneiden und zu den rohen Champignons geben. Alles mit Salz und frisch gemahlenem schwarzen Pfeffer bestreuen. Dressing und gehackte Petersilie unter die Champignon-Tomaten-Mischung ziehen. Alles einige Minuten durchziehen lassen und dann gleichmäßig über die Eisbergstücke verteilen.

PIKANTER LÖWENZAHNSALAT

500 g Löwenzahnblätter
1 TL Butter
2 EL Speckwürfel
½ Zwiebel
2 hartgekochte Eier
frisch gemahlener schwarzer Pfeffer

Löwenzahnblätter von den Stengeln lösen, waschen und gut abtropfen lassen. In einer kleinen Pfanne die Butter schmelzen und darin die Speckwürfel leicht knusprig braten. Dann die Zwiebelwürfel darin anbraten, die gewürfelten Eier im Speckfett schwenken, etwas Pfeffer darübermahlen und die warme Eier-Speck-Sauce über die Löwenzahnblätter geben; sofort servieren. Er schmeckt ausgezeichnet zu Pilzgerichten oder rustikalen Grilladen.

ENDIVIEN-CHAMPIGNON-SALAT

1 Staude Endivie
150 g frische Champignon
1 EL Zitronensaft
Marinade
½ feingehackte Zwiebel
Salz
frisch gemahlener Pfeffer
1 Spritzer Tabasco
⅛ l saure Sahne

Endivie putzen, die Blätter in feine Streifen schneiden, waschen und gut abgetropft in eine Schüssel geben. Die gewaschenen Pilze in feine Scheiben schneiden, sofort mit Zitronensaft beträufeln und unter die Endivienstreifen mischen.
Alle Zutaten für die Marinade verrühren, über den Salat gießen und gut untermischen. Den Salat als Vorspeise oder als Beilage zu Kalbsschnitzeln servieren.

RADICCHIO-BOHNEN-SALAT

1 große Radicchiostaude
1 kleine Dose grüne Bohnen
1 Zwiebel
2 Knoblauchzehen
Salz
4–5 EL Olivenöl
2–3 Scheiben Kastenweißbrot

Den geputzten, gewaschenen und abgetropften Radicchio in grobe Stücke teilen und in einer Schüssel mit den abgetropften Bohnen (eventuell zerkleinern) und der in Ringe geschnittenen Zwiebel vermischen. Die durchgepreßten Knoblauchzehen mit Salz und Öl verrühren. Ein Drittel dieser Mischung in einer Pfanne erhitzen und darin das in

kleine Ecken geteilte Weißbrot von allen Seiten knusprig rösten.
Die restliche Marinade mit den Salatzutaten gut vermischen und die vorher auf Küchenkrepp entfetteten Brotwürfel vor dem Anrichten darauf verteilen.
Dieser Salat eignet sich als Vorspeise oder Beilage zu einem rustikalen Hauptgericht.

LÖWENZAHNSALAT IN SAHNESAUCE

350–400 g Löwenzahnblätter
½ Zwiebel
2 EL fertiggekauftes Italian Dressing
⅛ l süße Sahne
Salz, Pfeffer
2 hartgekochte Eier
eventuell etwas Kaviar zum Garnieren

Die Löwenzahnblätter von den Stengeln lösen, sorgfältig waschen und in einem Sieb abtropfen lassen. Die geschälte Zwiebel in ganz feine Würfel schneiden und mit Italian Dressing und der Sahne (nach Belieben kann man auch saure Sahne verwenden) vermischen und mit Salz und Pfeffer würzen.

Die Löwenzahnblätter in eine Schüssel geben, mit der Marinade übergießen und kräftig durchmischen. Die Löwenzahnblätter auf einer Platte anrichten, die in Scheiben geschnittenen Eier darauflegen, leicht mit Salz und Pfeffer bestreuen und in der Mitte mit Kaviar garnieren.

AMERIKANISCHER SPINATSALAT

250 g Blattspinat
100 g Frühstücksspeck (in Streifen)
2 hartgekochte Eier
Marinade
½ feingewürfelte Zwiebel
1 EL Kräuteressig
Salz
frisch gemahlener schwarzer Pfeffer
1 EL trockener Sherry
3 EL Öl

Den Blattspinat verlesen, von allen dikken und harten Stielen befreien, dann gründlich waschen und gut abtropfen lassen oder trockenschleudern. Die Speckstreifen grillen oder auf der Pfanne knusprig braten. Die Spinatblätter in eine große Schüssel geben und mit den Speckstreifen und den in Scheiben oder Würfeln geschnittenen Eiern mischen.

Alle Zutaten für die Marinade verrühren und diese über den Salat gießen und kurz durchziehen lassen.
Dieser Spinatsalat ist eine feine Vorspeise, z. B. vor einem leichten Fischhauptgericht.

RÖMISCHER SALAT »POCO«

1 kleiner Römischer Salat
1 Kästchen Kresse
1 Schalotte (ersatzweise eine kleine Zwiebel)
100 g gekochtes Hühnerfleisch
50 g Roquefortkäse
2 hartgekochte Eier zum Garnieren
Marinade
4 EL Olivenöl
2 EL Zitronensaft
1 ausgepreßte Knoblauchzehe
Salz
frisch gemahlener schwarzer Pfeffer
1 TL milder Senf
1 Spritzer Worcester-Sauce

Den gewaschenen, gut abgetropften Römischen Salat grob zerkleinern und in einer Schüssel mit der abgeschnittenen Kresse, der in feine Ringe geschnittenen Schalotte und dem gewürfelten Hühnerfleisch vermischen. Dann den zerkrümelten Roquefort darüberstreuen. Alle Zutaten für die Marinade kräf-

tig verquirlen. Die Sauce über den Salat gießen und gut vermischen. Den Salat auf einer Platte anrichten und mit geviertelten Eiern garniert servieren.
Dieser Salat kann als Vorspeise oder als kleines Abendessen – zusammen mit gebuttertem Stangenweißbrot und Rotwein – gereicht werden.

Löwenzahnsalat in Sahnesauce
Amerikanischer Spinatsalat
Römischer Salat »Poco«
Radicchio-Bohnen-Salat

CAESARS SALAT

2 Knoblauchzehen
6 EL Olivenöl
3 entrindete Weißbrotscheiben
2 EL Zitronensaft
Salz
frisch gemahlener Pfeffer
50 g Anchovisfilet
1 großer Römischer Salat
2 Eier (1 Minute gekocht)
4 EL geriebener Parmesan

Die geschälten Knoblauchzehen in einer Schüssel mit dem Öl übergossen 3–4 Stunden stehen lassen.

Das Brot in 5-mm-Würfel schneiden und in 4 Eßlöffel Knoblauchöl goldbraun rösten, dann auf Küchenpapier entfetten. Das restliche Öl mit Zitronensaft, Salz und Pfeffer verrühren und die feingehackten Anchovis dazugeben. Nun den gewaschenen und zerkleinerten Salat mit dem Dressing gut vermischen und die weichgekochten Eier in den Salat schlagen. Nochmal alles vermischen, dann den Käse und die Brotwürfel untermengen und sofort servieren.

KRESSE-EIER-SALAT

3 Kästchen Kresse oder 2 Bund Wasser-
kresse
⅛ l saure Sahne
1 Knoblauchzehe
1 EL gehackte Petersilie
2 Tomaten
4 hartgekochte Eier
Salz
frisch gemahlener Pfeffer

Die Kresse dicht über der Erde abschneiden, verlesen, kurz abbrausen und abtropfen lassen (Wasserkresse entsprechend vorbereiten). Die Sahne mit dem zerdrückten Knoblauch, Petersilie, einer gewürfelten Tomate und zwei ebenfalls gewürfelten Eiern vermischen und alles mit Salz und Pfeffer würzen. Die Kresse in einer Schale anrichten, darauf die Eier-Tomaten-Sauce verteilen und mit der zweiten geachtelten Tomate und den restlichen, in Scheiben geschnittenen Eiern garnieren.

Als erfrischende Vorspeise oder Beilage zu kurzgebratenem Fleisch reichen.

Kresse-Eier-Salat
Caesars Salat

Wasserkresse mit Orangen und Nüssen
Kopfsalat mit warmen Speckwürfeln

ENDIVIENSALAT MIT JOGHURTMARINADE

1 Endivienstaude
3 EL Mandarin-Orangen aus der Dose
Marinade
1 Knoblauchzehe
Salz
1 Becher Joghurt
2–3 EL Mandarinensaft
frisch gemahlener Pfeffer

Endivie putzen, waschen und gut abgetropft in Streifen schneiden und in einer Schüssel mit den abgetropften Mandarin-Orangen vermischen.
Für die Marinade die geschälte Knoblauchzehe mit Salz zerdrücken und mit den übrigen Zutaten verrühren. Die Marinade über den Salat gießen, diesen

kräftig durchmischen und bis zum Servieren einige Minuten durchziehen lassen.
Den Salat als Vorspeise reichen oder als Beilage zu chinesisch gewürzten Gerichten.

WASSERKRESSE MIT ORANGEN UND NÜSSEN

150 g Wasserkresse oder Feldsalat
1 große Orange
2 EL gehackte Haselnüsse
Marinade
1 Becher Joghurt
½ Knoblauchzehe
Salz
frisch gemahlener schwarzer Pfeffer
1 Prise Zucker
1 Bund feingehackte Petersilie

Kresse verlesen, gründlich waschen und gut abtropfen lassen. Die Orange schälen (das Weiße ebenfalls ablösen), filetieren und in Würfel geschnitten zur Kresse geben. Darüber die Nüsse streuen.
Den Joghurt mit der durchgepreßten Knoblauchzehe und allen übrigen Zutaten für die Marinade verrühren. Dann mit den Salatzutaten gut vermischen.

Bis zum Servieren ein paar Minuten durchziehen lassen.
Servieren Sie diesen pikanten Salat z. B. als Vorspeise in einer ausgehöhlten Orangen- oder Grapefruitschale.

KOPFSALAT MIT WARMEN SPECKWÜRFELN

1 großer Kopfsalat
2 EL feingewürfelter fetter Speck
Marinade
Saft 1 Zitrone
1 EL feingehackte Zwiebel
1 EL gehackte Petersilie
Salz, frisch gemahlener Pfeffer
1 Prise Zucker
1 EL Weinessig

Kopfsalat putzen, in einzelne Blätter teilen und nach dem Waschen gut abtropfen lassen. Alle Zutaten für die Marinade vermischen. Den Speck in einer Pfanne knusprig ausbraten. Zuerst den

Salat mit der Marinade vermischen, dann die Speckwürfel mit dem Speckfett darüber verteilen und sofort servieren.

KOPFSALAT-ROLLEN

1 großer grüner Salat
Salz
1 Knoblauchzehe
2 TL Butter
2 EL Semmelbrösel
6 Schweinsbratwürstchen
¼ l weiße Sauce (selbstgemacht oder
Fertigprodukt)
2 EL geriebener Parmesan

Die Salatstaude in einzelne Blätter zerlegen, waschen und in kochendem Salzwasser kurz blanchieren, dann gut abtropfen lassen. Die Knoblauchzehe mit Salz zerdrücken, Semmelbrösel in der Butter anrösten und dann mit der Bratwurstfülle und mit Knoblauch vermischen. Diese Füllung auf die etwas erkalteten Salatblätter verteilen, zu Rollen aufwickeln und in einer feuerfesten Form mit der weißen Sauce übergießen. Zum Schluß den Käse darüberstreuen und die Salatrollen im vorgeheizten Backrohr ca. 15 Minuten bei 220 Grad überbacken.

Dazu paßt Reis, Stangenweißbrot oder ein Kartoffelpüree.

GEDÜNSTETER SAUERAMPFER

800–1000 g Sauerampfer
1 EL Butter
Salz, Pfeffer
1 Prise Muskat
4 EL Fleischbrühe
1 EL süße Sahne
1 hartgekochtes Ei

Den Sauerampfer waschen, auf einem Sieb gut abtropfen lassen. Die Butter in einer Kasserolle zerlaufen lassen und darin den Sauerampfer bei kleiner Flamme ca. 5 Minuten dünsten; dabei mehrfach umrühren. Das Gemüse mit Salz, Pfeffer und Muskat würzen, die Fleischbrühe angießen und noch weitere 5 Minuten dünsten. Zum Schluß die Sahne unterziehen und den Sauerampfer mit grobgewürfeltem Ei sofort servieren.

Das Gemüse eignet sich als Beilage zu Kalbfleisch oder einem geschmorten Huhn.

SPINATSOUFFLÉ

1 EL Butter
1 Knoblauchzehe
1 kleine Zwiebel
400 g gehackter oder durchpassierter Spinat
Salz, Muskat
3 Eigelb
2 EL süße Sahne
1 EL geriebener Parmesan
3 Eiweiß
1 TL Zitronensaft

Die Butter in einer größeren Kasserolle zerlassen, die geschälte Knoblauchzehe darin goldbraun braten, dann aber wieder herausnehmen. Die feingewürfelte Zwiebel ins Fett geben und glasig werden lassen, nun den Spinat zugeben, mit Salz und Muskatpulver abschmecken. Das Eigelb mit der Sahne und dem Parmesan verquirlen und unter den Spinat rühren. Zum Schluß das mit Zitronensaft steifgeschlagene Eiweiß unterheben und die Soufflémasse in eine feuerfeste Form geben und sofort ins vorgeheizte Backrohr stellen. Das Spinatsoufflé ca. 30 Minuten bei 200 Grad garen lassen und anschließend sofort servieren.

Das Soufflé kann man als Beilage zu gedünstetem Fisch oder einem leichten Geflügelgericht reichen, aber auch als aparte Vorspeise.

Spinatsoufflé
Griechische Weinblätter mit pikanter Füllung

GRIECHISCHE WEINBLÄTTER MIT PIKANTER FÜLLUNG

1 kleine Dose Weinblätter
150 g Hackfleisch (gemischt)
1 große Zwiebel
¼ Fenchelknolle
2 Knoblauchzehen
5 EL Öl
150 g gekochter Langkornreis
1 EL gehackter Dill
1 TL getrocknetes Oregano
Salz, Pfeffer
¼ l Rotwein

Die Weinblätter abbrausen und über einem Sieb abtropfen lassen. Das Hackfleisch zerpflücken und mit der feingewürfelten Zwiebel, dem vorher geraspelten Fenchel und den zerdrückten Knoblauchzehen in einem Eßlöffel Öl kurz anschmoren. Anschließend den Reis und die Gewürze untermengen und diese Füllung gleichmäßig auf den Weinblättern verteilen. Die Weinblätter zuerst an beiden Seiten einschlagen, dann aufrollen. Das restliche Öl und den Rotwein in einem Topf mischen, die gefüllten Weinblätter dazugeben und bei kleiner Flamme ca. 20 Minuten zugedeckt garen.

Gefüllte Weinblätter sind eine köstliche Vorspeise, eine Bereicherung für jedes Buffet oder mit knusprigem Weißbrot ein leichtes Abendessen.

In Griechenland gibt es natürlich für die »Dolmas« noch eine Reihe von pikanten Füllungen. So kann man z. B. Korinthen, Pinienkerne und Reis mischen und das Hackfleisch weglassen.

CHICORÉE IN SENFSAUCE

4 Stangen Chicorée
Saft einer Zitrone
1 EL Butter oder Margarine
1 knapper EL Mehl
⅛ l Fleischbrühe
2–3 EL Kondensmilch oder süße Sahne
2 EL milder Senf
1 TL Zucker
1 EL gehackter Dill

Die Chicorée-Stangen vom Strunk befreien, waschen und unzerteilt in wenig Salzwasser, gemischt mit Zitronensaft, ca. 10 Minuten kochen. Butter oder Margarine in einem Pfännchen schmelzen, das Mehl hineinrühren und hellgelb anschwitzen lassen. Dann den abgegossenen Kochsud vom Chicorée und die heiße Fleischbrühe in die Mehlschwitze gießen, Kondensmilch oder Sahne und Senf sowie Zucker einrühren

und die Sauce unter kräftigem Schlagen mit dem Schneebesen kurz aufwallen lassen. Die knappgegarten Chicorée-Stangen jetzt in die Senfsauce geben und bei sehr geringer Hitze noch 8–10 Minuten dünsten. Zuletzt den Dill unter die Sauce ziehen und das Gemüse heiß servieren.

Das Gemüse paßt mit Salzkartoffeln oder Kräuterreis zu kurzgebratenem Fleisch oder pochiertem Fischfilet.

SPINAT-CRÊPES

600 g frischer Blattspinat
1 EL Butter
1 kleine Zwiebel
Salz
geriebene Muskatnuß
1 EL Mehl
2 Eier
ca. ¼ l Wasser
1 EL süße Sahne
1 Prise Salz
Öl zum Ausbacken
75 g geriebener Emmentaler

Den Blattspinat sorgfältig verlesen, waschen und abgetropft in heißer Butter mit der kleingewürfelten Zwiebel, Salz und Muskat ca. 12 Minuten bei kleiner Flamme dünsten. Inzwischen aus Mehl, Eiern, Wasser, Sahne und Salz einen glatten Teig schlagen.
In einer Pfanne Öl erhitzen und nacheinander aus dem Teig vier Crêpes backen (sie sollen hauchdünn und auf beiden Seiten goldgelb sein). Auf die fertigen Crêpes gleichmäßig den gedünste-

ten Spinat verteilen und zusammenklappen. Dann in eine feuerfeste, eingefettete Form nebeneinander legen, mit Käse bestreuen und bei 220 Grad im Ofen oder unter dem Grill überbacken, bis der Käse geschmolzen ist.
Die Spinat-Crêpes als leichtes Abendessen z. B. mit Tomatensalat servieren.

Chicorée in Senfsauce
Spinat-Crêpes
Blattspinat mit Mandeln

BLATTSPINAT MIT MANDELN

800–1000 g Blattspinat
25 g Butter
½ Zwiebel
Salz, Muskat
2 Eigelb
4 EL süßer Sahne
50 g Mandelblättchen
1 TL Butter

Den Blattspinat gründlich waschen und verlesen, dann über einem Sieb abtropfen lassen. Die Butter in einem großen Topf zerlassen, die feingewürfelte Zwiebel darin glasig werden lassen, dann nach und nach die Spinatblätter zugeben und unter gelegentlichem Umwenden und unter Zugabe von Salz und Muskat ca. 12 Minuten (eventuell je nach Blattstärke etwas länger) auf kleiner Flamme dünsten.

Inzwischen Eigelb mit Sahne verquirlen und unter den gegarten Spinat ziehen. Das Gemüse vom Herd nehmen und warmhalten.
Die Mandelblättchen kurz in heißer Butter schwenken und zum Schluß unter den Spinat mischen.
Dies ist eine vorzügliche Vorspeise oder Beilage zu Fischgerichten.

SPINAT-KARTOFFEL-RING

750 g Kartoffeln
Salz
750 g Spinat
2 EL Butter
geriebene Muskatnuß
⅛ l Milch
1 Eigelb
2 EL geriebener Parmesankäse

Die Kartoffeln schälen, halbieren und in Salzwasser (je nach Sorte) ca. 15–20 Minuten garen. Inzwischen den Spinat verlesen, waschen und grob gehackt in einem Eßlöffel Butter bei kleine Hitze ca. 10 Minuten dünsten und mit Salz und Muskat würzen. Die gegarten Kartoffeln abgießen und abdämpfen lassen und zusammen mit der restlichen Butter, der heißen Milch, etwas Muskat und Salz zu einem schaumigen Püree mit den Rührstäben aufschlagen. Zum

Schluß das Eigelb, Parmesan und den noch heißen Spinat unter das Püree rühren und die Masse in eine ausgefettete Ringform füllen. Im vorgeheizten Backofen bei 200 Grad ca. 20 Minuten backen und vor dem Servieren auf eine vorgewärmte Platte stürzen.
Servieren Sie den Spinat-Kartoffel-Ring zu gebratener Kalbsleber oder mit gedünsteten Pilzen als kleines vegetarisches Abendessen.

ENDIVIENGEMÜSE MIT WALNÜSSEN

1 Staude Endivie
Salz
Saft einer halben Zitrone
1 EL Butter
1 knapper EL Mehl
⅛ l süßer Sahne
Cayennepfeffer
2 EL gehackte Walnüsse

Endivie putzen, waschen und in grobe Stücke teilen. Diese in ½ Liter Wasser mit Salz und Zitronensaft ca. 10 Minuten bei kleiner Hitze garen. Inzwischen die Butter in einer Pfanne erhitzen, das Mehl darüberstäuben, leicht anschwitzen lassen, dann etwa ⅛ Liter von der Endivienbrühe und die Sahne angießen und die Sauce kräftig mit dem Schnee-besen durchschlagen. Zum Schluß mit Salz, etwas Cayennepfeffer würzen und die feingehackten Walnüsse unterziehen. Das gut abgetropfte Endiviengemüse in eine vorgewärmte Schüssel geben und mit der heißen Walnuß-Sauce übergießen.

Als Beilage zu Fisch- oder Wildgerichten reichen.

GRATINIERTER RÖMISCHER SALAT

1 Römischer Salat
Salz
50 g Butter
2 Tomaten
2–3 EL frisch geriebener Emmentaler

Den Römischen Salat (je nach Größe) im Ganzen oder in Stücke geschnitten in ½ Liter Salzwasser ca. 5 Minuten auf kleiner Flamme dünsten. Dann gut abgetropft in eine feuerfeste Form geben. Die Butter in einem Pfännchen erhitzen und über den Salat in der Form träufeln. Das Gemüse mit den geschälten, geachtelten Tomaten umlegen und mit geriebenem Käse bestreuen. Die Form in den vorgeheizten Backofen stellen und das Gemüse in 10–12 Minuten bei 220 Grad (oder unter dem Grill) gratinieren.

Eine vorzügliche Beilage zu kurzgebratenem Fleisch oder Frikadellen. Anstelle des Römischen Salats kann man dieses Rezept auch mit Radicchio zubereiten.

CHAMPIGNON-SPINAT

800–1000 g Blattspinat
200 g frische Champignons oder Egerlinge
1 EL Zitronensaft
50 g gewürfelter Speck
1 EL Butter
Salz, Muskat
1 Eigelb
etwas frisch gemahlener weißer Pfeffer

Den Spinat sorgfältig waschen, verlesen und gut abtropfen lassen. Die Pilze ebenfalls ganz kurz waschen, kleine Pilze ganz lassen, größere halbieren und sofort mit Zitronensaft beträufeln, damit sie sich nicht verfärben. Speckwürfel und Butter in einer Kasserolle erhitzen, den Spinat dazugeben, kurz durchrühren und mit Salz und Muskat würzen. Nun die Pilze zugeben und alles bei kleiner Hitze in ca. 15 Minuten unter gelegentlichem Umrühren dünsten. Zum Schluß das Gericht mit dem vorher verquirlten Eigelb legieren und mit Pfeffer abschmecken.

Eine würzige Vorspeise oder als Beilage geeignet zu Fisch- oder Geflügelgerichten.

ÜBERBACKENER CHICORÉE

4–6 kleine Stangen Chicorée
Saft von 2 Zitronen
4 EL Öl
Salz, Pfeffer
1 EL gehacktes Basilikum
4 EL süße Sahne
150 g Mozzarella-Käse

Die Chicorée-Stangen säubern (den bitteren Strunk mit einem spitzen Messer entfernen), waschen und in gleichmäßig dicke Ringe schneiden; sofort mit Zitronensaft beträufeln und einige Minuten ziehen lassen. Öl, Gewürze, Basilikum und Sahne miteinander verrühren. Die Chicoréeringe in einer feuerfesten Form mit der Sauce vermischen, dann mit dem in Scheiben geschnittenen Mozzarella belegen und im vorgeheizten Backofen bei 220 Grad in ca. 20 Minuten überbacken.

BLATTSPINAT MIT KÄSE

1000 g Blattspinat
40 g Butter
1 Knoblauchzehe
Salz
Muskat
1 Prise Cayennepfeffer
100 g Butterkäse (z. B. Bonbel, Pyrenäenkäse, Gouda oder Bel Paese)

Den Spinat gründlich waschen, verlesen und gut abtropfen lassen. Die Butter in einem hohen Topf zerlassen und darin die geschälte, halbierte Knoblauchzehe goldbraun braten, dann jedoch herausnehmen. Nun den Spinat in die Butter geben und unter mehrfachem Wenden ca. 15 Minuten bei geringer Hitze dünsten und mit Salz, Muskat und Cayennepfeffer würzen. Während der letzten 3 Minuten zwei Drittel des gewürfelten Käses unter den Spinat ziehen und schmelzen lassen. Den restlichen Käse vor dem Servieren darüberstreuen.

Gratinierter Römischer Salat
Champignon-Spinat
Überbackener Chicorée

Wurzel- und Knollengemüse

Lecker und sättigend – unsere nahrhaftesten Gemüsesorten bestehen aus Wurzeln und Knollen. Von den ersten zarten Möhren im Frühling über die knackigen Sommer-Radieschen bis zu den Herbst- und Wintersorten der Pastinaken, Kohlrüben und Weißen Rübchen gibt es Wurzel- und Knollengemüse zu jeder Jahreszeit. Kartoffeln können das ganze Jahr über in der vielfältigsten Zubereitung serviert werden: gebraten, gebacken oder als Püree, geröstet, geschmort oder als Herzoginkartoffeln – der Phantasie sind keine Grenzen gesetzt. Weniger bekannte Gewächse dieser Gemüsefamilie sind zum Beispiel Topinambur, die der Kartoffel ähnelt, die Weißen Rübchen oder Navets und die Süßkartoffel in der rötlichen Schale. Alle diese Sorten verdienen wegen ihres individuellen Geschmacks mehr Beachtung.

Topinambur

HERKUNFT: Topinambur – bot. *Helianthus tuberosus* –, auch *Erdbirne*, *Roßkartoffel* oder *Jerusalemartischocke* genannt, ist ein feines Knollengemüse, das bereits seit dem 17. Jahrhundert in Europa bekannt ist. In Südamerika, ihrer Heimat, ernähren sich heute noch viele Menschen von Topinambur, nicht nur die Indianerstämme Brasiliens, der sie ihren Namen verdankt. Es gibt weiße, gelbe, rote und rotviolette Sorten. Die Topinamburknollen ähneln in der Form oft Birnen, haben eine dünne Schale und schmecken herb-süßlich nach Nüssen.

ANBAU UND SAISON: Topinambur wird in Europa und Südamerika angebaut. In Norddeutschland verwendet man die Ernten teilweise als Viehfutter. Die winterharten Topinamburknollen kann man ab Anfang November bekommen, wenn die Ernte beginnt, die über den ganzen Winter dauert.

EINKAUF: Wählen Sie junge Knollen, die nicht zu groß und deshalb mild sind. Kaufen Sie nur die Menge, die Sie augenblicklich brauchen, denn die Knollen lassen sich nicht gut lagern.

ZUBEREITUNG: Topinambur nach dem Waschen dünn abschälen und in Scheiben oder Würfel schneiden. Sofort mit Zitronensaft beträufeln, damit sie sich nicht verfärben. Nun kocht man sie 20–30 Minuten in Salzwasser, dann kann man sie mit Butter und Kräutern verfeinern und als Gemüsebeilage anrichten. Auch Salate, überbackene Gerichte und Suppen lassen sich damit herstellen.

NÄHRWERT: Topinambur ist reich an Vitamin C und B und ein kalorienarmer Ersatz für Kartoffeln: 100 g haben nur 18 Kalorien / 78 Joule.

Rote Bete

HERKUNFT: Rote Bete – bot. *Beta vulgaris* var. *esculenta* – gehören zu den Gänsefußgewächsen. Sie sind im Mittelmeerraum zu Hause, und schon die alten Römer schätzten sie in Essig eingelegt. Die Knollen der Roten Bete haben eine braunrote Schale und tiefrotes bis purpurnes Fruchtfleisch.

ANBAU UND SAISON: Rote Bete werden in ganz Europa angebaut. Frische Rote Bete kann man fast das ganze Jahr über bekommen, obwohl ihre Hauptsaison vom Spätsommer bis Vorfrühling reicht.

EINKAUF: Rote Bete schmecken am besten, solange sie klein, jung und zart sind. Wählen Sie beim Einkauf Knollen, die frisch aussehen und fest und saftig wirken.

ZUBEREITUNG: Vor dem Kochen schneidet man die Blätter bis auf etwa 2 cm über den Knollen ab und kocht sie ungeschält 1–2 Stunden (je nach Größe) in Salzwasser. Dann schreckt man sie in kaltem Wasser ab, schneidet die Strünke und Wurzeln weg und zieht die Haut ab. Wenn man sich an diese Anweisung hält, geben die Knollen sehr wenig von ihrem roten, gesunden Saft an das Kochwasser ab. Nun schneidet man die Knollen je nach Verwendung in Scheiben, Würfel oder Streifen.
Rote Bete kann man als Gemüse in einer Sahnesauce reichen oder als Salat anmachen. Ein klassisches Rote-Bete-Gericht ist z. B. der russische Borschtsch.

NÄHRWERTE: Rote Bete enthalten viel Natrium, Kalzium und Phosphor, etwas Vitamin A und C. 100 g Rote Bete haben 44 Kalorien / 189 Joule.

Karotten

HERKUNFT: Die Karotte – bot. *Daucus carota* – gehört zu den Doldenblütlern. Sie wird außerdem noch *Möhre*, *Mohrrübe* oder *Gelbe Rübe* genannt.
Stammpflanze aller heute gezüchteten Sorten war eine weiße wildwachsende Möhre, die schon vor Urzeiten in Südostasien und Westasien gedieh. In Europa kennt man die Karotte seit dem 16. Jahrhundert; sie wurde erstmals in Holland gezüchtet.
Es gibt walzen- oder kegelförmige, schmale oder gedrungene, stumpf- oder spitzendige Karotten, von weißer, gelber bis tieforanger Farbe. Der Geschmack ist von der jeweiligen Sorte abhängig und kann sehr differieren.

GEKOCHTE ROTE BETE

TOPINAMBUR

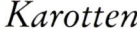

ROTE BETE

KAROTTEN

KNOLLENSELLERIE

ANBAU UND SAISON: Das deutsche Hauptanbaugebiet befindet sich in Norddeutschland in der Gegend von Husum. Außerdem beliefern uns Holland, Belgien, Italien und Frankreich mit den verschiedensten Sorten. Karotten sind ganzjährig erhältlich.

EINKAUF: In den Frühjahrsmonaten bekommt man junge Karotten gebündelt, die noch mit dem Kraut versehen sind. Wählen Sie beim Kauf nur Karotten mit einer frischen, kräftigen Farbe und einem nicht verfärbten Blattansatz. Sofern der Blattansatz sehr dunkel verfärbt ist, handelt es sich um alte, meist aromalose Ware.

ZUBEREITUNG: Sehr junge Karotten kann man ungeschält und ungeschabt verwenden. Man braucht sie also nur sauber zu waschen und zu bürsten. Ältere Karotten sollte man schaben oder dünn abschälen. Dann werden sie entweder im Ganzen bzw. in Scheiben, Würfel oder Julienne-Streifen geschnitten und zwischen 10–30 Minuten in Salzwasser gekocht. Anschließend kann man sie karamelisieren oder mit Butter, Gewürzen, geriebenem Käse und Kräutern verfeinern oder in einer Sahnesauce servieren. Karotten eignen sich außerdem für Rohkostsalate, für Püree, mit anderen Gemüsen kombiniert und für Gratins, Suppen und Kuchen.

NÄHRWERTE: Von allen Gemüsen besitzt die Karotte den höchsten Gehalt an Vitamin A, dazu gute Anteile an Sodium, Kalzium und Phosphor sowie das vielfach heilsame Karotin. 100 g Karotten haben 23 Kalorien / 98 Joule.

Knollensellerie

HERKUNFT: Der Knollensellerie – bot. *Apium graveolens* – gehört zu den Doldenblütlern. Seine Heimat liegt im Mittelmeerraum. In der Antike verwendete man ihn als Gemüse und Gewürz, aber auch als Kultpflanze. Die alten Römer schätzten ihn als Mittel gegen Depressionen. Im Mittelalter genoß er den Ruf eines Aphrodisiakums, und noch heute werden beim Genuß von Sellerie gern diesbezügliche Anspielungen gemacht. Knollensellerie hat, jung geerntet, kleine hellbraune oder sandfarbene Knollen, an denen noch zahlreiche weißlichgelbe Wurzelstränge sitzen, und über den Knollen dichte Stauden mit dunkelgrünem, kräftigen Blattwerk. Die spät geernteten Sorten sind größer, dunkler, haben eine dickere Schale um die runde Knolle und werden meist ohne Stauden und Blattwerk angeboten. Junger Knollensellerie schmeckt zartwürzig und mild, die großen Knollen kräftigwürzig, manchmal etwas streng.

ANBAU UND SAISON: Knollensellerie wird in den meisten europäischen Ländern angebaut. – Frischen Knollensellerie gibt es ganzjährig, besonders günstig von Ende Oktober bis Februar.

EINKAUF: Wählen Sie feste, frisch aussehende Knollen. Wenn er mit Blattwerk verkauft wird, achten Sie auf frische, knackige Blätter.

ZUBEREITUNG: Die jungen Blätter des Selleries kann man für herzhafte Suppen und rustikale Salate verwenden. Die Sellerieknolle wird nach dem Waschen halbiert oder geviertelt und geschält. Das weiße, markige Fruchtfleisch wird roh in feine Streifen geschnitten oder geraspelt für Salate oder gekocht für Gemüse und feine Suppen verwendet. Damit sich die helle Farbe des Selleries erhält, beträufelt man ihn mit etwas Zitronensaft. Sellerie kann man aber auch füllen, überbacken und kombiniert mit anderen Gemüsen in Eintöpfen reichen.

NÄHRWERT: Sellerie enthält große Anteile an Phosphor, Natrium, Kalzium und ätherischen Ölen; er liefert etwas Vitamin A, C und E. 100 g entsprechen nur 14 Kalorien / 59 Joule.

Meerrettich

HERKUNFT: Meerrettich – bot. *Amoracia lepathifolia* –, auch *Kree* oder *Kren* genannt, gehört zu den Kreuzblütlern. Seine ursprüngliche Heimat liegt in Südosteuropa und Asien. Hierzulande kennt man ihn seit dem 15. Jahrhundert. Er galt als ausgezeichnetes Mittel gegen Fieber und Verdauungsstörungen und – frisch gerieben auf die Wange gelegt – als Mittel gegen Zahnschmerzen.
Meerrettich besteht aus langen, hellschaligen Wurzeln mit dunklen Einkerbungen und weißem Fruchtfleisch, das sehr scharf schmeckt und einem beim Essen das Wasser in die Augen treibt.

ANBAU UND SAISON: Meerrettich wächst in ganz Europa. Die größten Anbaugebiete Deutschlands liegen in Bayern und in der Braunschweiger Gegend. Frischen Meerrettich gibt es von Oktober bis Ende Februar.

EINKAUF: Auf Märkten kann man frischen Meerrettich 100 g-weise kaufen, bekommt sogar halbe Stangen oder Stücke. Kaufen Sie aber nicht mehr als Sie gerade brauchen: einmal geschnitten verliert frischer Meerrettich sehr schnell seinen Geschmack.

ZUBEREITUNG: Frischen, gewaschenen Meerrettich reibt man möglichst bei geöffnetem Fenster und beträufelt ihn mit Zitronensaft, damit er seine weiße Farbe behält. Meerrettich soll niemals mitgekocht werden, weil sonst sein Aroma und seine Schärfe verlorengehen. Wer gern scharf ißt, wählt beim Einkauf kleine, dünne Stangen; die dicken, großen schmecken milder. Meerrettich eignet sich für pikante Saucen, für Dips, als Beilage (geraspelt) zu Fleisch oder Fisch und als Würze von Salatsaucen.

NÄHRWERT: Meerrettich ist reich an **Kalzium**, Phosphor, ätherischen Ölen **und Vitamin C**. 100 g entsprechen 59 Kalorien / 253 Joule.

Pastinake

HERKUNFT: Die Pastinake – bot. *Pastinaca sativa* –, auch *Hammelmöhre* genannt, gehört zur Familie der Doldenblütler. Sie ist ein uraltes Wurzelgemüse, das wahrscheinlich nordöstlich zwischen Kaukasus und Mittelmeer seine Heimat hat. Die weiße Wurzel der Pastinake sieht aus wie ein langer, schlanker, spitz zulaufender Rettich. Sie schmeckt apart nach Nüssen und riecht so ähnlich wie Sellerie.

ANBAU UND SAISON: Die Pastinake wird in ganz Europa angebaut. Sie ist ein typisches Wintergemüse und von September bis Februar erhältlich.

EINKAUF: Wählen Sie beim Einkauf feste, glatte und möglichst wohlgeformte Exemplare, die nicht allzu groß sind. Große Pastinaken sind oft zäh und schmecken bitter und holzig.

ZUBEREITUNG: Pastinaken werden wie Karotten zubereitet. Zuerst entfernt man die Wurzel und den Blattansatz, dann werden sie dünn geschält und in Scheiben oder Würfel geschnitten. Je nach Dicke die Pastinaken 20–25 Minuten in Salzwasser kochen. Nach dem Abtropfen kann man sie in Butter oder saurer Sahne schwenken und als Gemüsebeilage anrichten.

Pastinaken kann man aber auch wie Kartoffeln auf der Pfanne braten oder für Eintöpfe, Gratins und Suppen verwenden.

NÄHRWERTE: Pastinaken sind wegen ihres hohen Gehalts an Vitamin A und C sehr wertvoll. 100 g enthalten 49 Kalorien / 210 Joule.

Kartoffeln

HERKUNFT: Die Kartoffel – bot. *Solanum tuberosum* – gehört zu den Nachtschattengewächsen. Sie ist in Südamerika zuhause, genauer gesagt, auf den Hochebenen von Peru. Über ihre Entdeckung für Europa kursieren zahlreiche Geschichten. Kolumbus, aber auch Sir Francis Drake sollen sie nach Europa gebracht haben. Was Sir Francis Drake seiner Königin, Elisabeth I., von seinen Beutezügen wirklich mitbrachte, war aber eine Verwandte der Kartoffel, die »Batate«, eine Süßkartoffel, die hierzulande bis heute unpopulär geblieben ist. Und erst vor etwas über 300 Jahren, also ziemlich lange nach Kolumbus, führten spanische Eroberer die Kartoffel tatsächlich aus Südamerika in Europa ein. Friedrich der Große hat, auf der Suche nach einem billigen und doch nahrhaften Volksnahrungsmittel, dafür gesorgt, daß sich die Kartoffel rasch bei seinen deutschen Untertanen durchsetzte und in großem Stil angebaut wurde.

ANBAU: Kartoffeln werden in beinahe allen Ländern angebaut, besonders häufig jedoch in Holland und Italien, die beide als Hauptexporteure auftreten.

EINKAUF: Es sind heute ungefähr hundert Kartoffelsorten im Handel. Je nach Verwendung sollten Sie festkochende, vorwiegend festkochende oder mehlige Kartoffeln wählen. Nur keimfreie Kartoffeln ohne grüne Stellen kaufen! Ware in Plastikbeuteln meiden, da sie vor dem Öffnen oft nicht eingehend geprüft werden kann.

Kartoffeln niemals in Plastikbeuteln oder -säcken lagern, weil sie darin rasch verderben. Möglichst kühl und luftig aufbewahren.

ZUBEREITUNG: Man kann Kartoffeln auf vielerlei Weise zubereiten: Als Salat, Gemüse, Pommes frites oder Bratkartoffel (dazu nimmt man festkochende und speckige Sorten), als Püree und Klöße (mit mehlig kochenden Sorten).

MEERRETTICH

KARTOFFELN

PASTINAKE

Da Pellkartoffeln viel gesünder sind als alle anderen Kartoffelzubereitungen, empfiehlt es sich, gerade junge Kartoffeln so oft wie möglich in dieser Form zu servieren.

Geschälte Kartoffeln nie lange im Wasser liegen lassen, weil sie sonst viele Vitamine verlieren. – Pellkartoffeln kann man leichter schälen, wenn man sie nach dem Kochen mit kaltem Wasser abschreckt.

Weltberühmt wurden Kartoffeln als Pommes frites – ein Ruhm, der den Feinschmecker eher befremdet. In ihren Heimatländern Peru, Argentinien und Chile wird die Kartoffel in unzähligen Variationen zubereitet. In den USA liebt man sie als Baked Potatoes (in Folie gebacken), die mit einer Sauce aus Sauerrahm gereicht werden. Die schönsten Kartoffelgerichte verdanken wir den Franzosen. Als den gelungensten deutschen Beitrag darf man wohl Reibekuchen (Kartoffelpuffer) erwähnen, um deren Erfindung sich Russen und Holländer mitstreiten.

NÄHRWERT: Kartoffeln enthalten viel Stärke, Kohlenhydrate, Eiweiß, Kalzium, Eisen, Phosphor, Kalium sowie die Vitamine A_1, B_1 und B_2, reichlich Vitamin C, das aber wasserlöslich und hitzeempfindlich ist und deshalb bei Pellkartoffeln am besten erhalten bleibt. Kartoffeln sind, frisch zubereitet und ohne viel Fett, äußerst gesund und leicht verdaulich.

Das Kalorienproblem beginnt mit der Zubereitung. Da es unzählige Varianten gibt, hier nur einige Angaben für die bekanntesten Gerichte (je 100 g):
Salzkartoffeln: 76 Kalorien/324 Joule
Pellkartoffeln: 85 Kalorien/364 Joule
Bratkartoffeln: 157 Kalorien/662 Joule
Pommes frites: 253 Kalorien/1065 Joule
Kartoffelpüree: 119 Kalorien/499 Joule
Kartoffelklöße: 450 Kalorien/1866 Joule
Kartoffelpuffer: 533 Kalorien/2224 Joule

Rettiche und Radieschen

HERKUNFT: Rettiche und Radieschen – bot. *Raphanus sativus* – gehören zur Familie der Kreuzblütler. Die Heimat des Rettichs liegt vermutlich in Vorderasien. Er ist eine uralte Kulturpflanze, die die Ägypter schon 2600 v. Chr. zogen. Der von den Römern »radix« (= Wurzel) genannte Rettich heißt z.B. in Bayern kurz »Radi« und wird hier seit dem Mittelalter kultiviert.

Die Herkunft der Radieschen ist unbekannt. Sie sind zwar mit dem Rettich verwandt, stammen aber nicht von ihm ab.

Es gibt weiße, braune, violettrote, auch schwarze Rettiche, solche mit länglichen oder rundlich-gedrungenen Wurzeln. Bei den in Deutschland am häufigsten gehandelten weißen Rettichen unterscheidet man Mairettiche (sie gelten als die schärfsten), Sommer-, Herbst- und Winterrettiche. Milder, aber weniger würzig schmeckt der rote Rettich. Radieschen gibt es in vielen Sorten: runde, ovale, spindel- und zapfenförmige, rotweiß- und gelbschalige Arten.

ANBAU UND SAISON: Rettiche werden in großen Mengen in Nordeuropa angebaut. Freilandrettiche gibt es bei uns in den Frühlings- und Sommermonaten; Treibhausware fast das ganze Jahr.

EINKAUF: Rettiche werden fast immer stückweise gehandelt, Radieschen im Bund. Nur pralle Knollen ohne angeschlagene Stellen wählen, die mit frischen Blättern versehen sind.

ZUBEREITUNG: Rettiche und Radieschen werden vor dem Verzehr gründlich gewaschen, eventuell auch geschält. Es gibt viele Möglichkeiten, Rettiche zuzubereiten: z.B. gehobelt als Salat mit Sahne und Schnittlauch oder als Gemüse in einer Käsesauce. Die Kochzeit beträgt ca. 10 Minuten.

WEISSER RETTICH

RADIESCHEN

NEUE KARTOFFELN

SÜSSKARTOFFELN

SALSIFY   HAFERWURZEL

SCHWARZWURZEL

Radieschen ißt man vor allem als würzige Beilage zu einem kalten Imbiß.

NÄHRWERT: Rettiche und Radieschen enthalten viel Vitamin C. 100 g haben 15 Kalorien/62 Joule.

Schwarzwurzel/Haferwurzel

HERKUNFT: Schwarzwurzeln – bot. *Scorconera hispanica* – und Haferwurzeln – bot. *Tragapogon porrifolis* – gehören zur Familie der Korbblütler. Die Schwarzwurzel ist eine einheimische Wildpflanze, die schon viele Jahrhunderte lang als Gemüse- und Heilpflanze gesammelt wurde, ehe man sie ab der Mitte des 16. Jahrhunderts veredelte und kultivierte. Wie man ihrem botanischen Namen entnehmen kann, geschah dies zuerst in Spanien.
Schwarzwurzeln, in manchen Gegenden auch Winterspargel genannt, haben eine braunschwarze Schale, die verwandte Haferwurzel eine weiße Schale. Beide Sorten haben ein markiges weiches, weißes Fruchtfleisch. Der Geschmack erinnert an Spargel, ist aber viel würziger bzw. herbsäuerlich.

ANBAU UND SAISON: In Deutschland wird nur eine geringe Menge Schwarzwurzeln angebaut. Unsere Importe kommen vor allem aus Belgien und Holland. Frische Schwarzwurzeln erhält man von Ende September bis März.

EINKAUF: Die einzelnen Schwarz- oder Haferwurzeln dürfen nicht verletzt oder gebrochen sein, da sonst der Milchsaft ausgetreten ist und die Wurzeln erhebliche Geschmackseinbußen erleiden.

ZUBEREITUNG: Mit einem spitzen scharfen Messer oder Kartoffelschäler die Wurzeln dick schälen. Dabei tritt ein milchiger, leicht klebriger Saft aus, der unangenehme Flecken an den Händen macht, aber für den Geschmack der Wurzel wichtig ist. Die geschälten Wurzeln sofort in Essigwasser legen, damit sie schön weiß bleiben, und anschließend als ganze Stangen, wie Spargel, in Salzwasser, Essig und etwas Butter dünsten oder in gleichmäßige Stücke geschnitten als Gemüse in oder mit Sauce servieren. – Die Garzeit für Schwarz- oder Haferwurzeln beträgt je nach Stangendicke 30–35 Minuten.

NÄHRWERT: Beide Wurzelarten sind nicht besonders vitaminreich, bieten dafür aber große Anteile an Phosphor, Eisen und leicht verdaulichen Kohlenhydraten. 100 g haben 18 Kalorien/72 Joule.

Kohl- oder Steckrüben

HERKUNFT: Die Kohl- oder Steckrübe – bot. *Brassica napus* var. *napobrassica* – gehört zur Familie der Kreuzblütler. Sie ist seit dem Altertum bekannt und wurde besonders in Kriegszeiten ausgiebig gegessen.
Kohlrüben haben eine dicke, rauhe Schale und orangefarbenes Fruchtfleisch.

ANBAU UND SAISON: Kohlrüben werden in allen europäischen Ländern angebaut. Sie haben ihre Saison von Oktober bis April.

EINKAUF: Wählen Sie beim Einkauf junge und zarte Rüben, die sich fest anfassen und frisch aussehen.

ZUBEREITUNG: Man entfernt die Wurzel und den Blattansatz und schält die Rüben so dick, daß das gelbe Fruchtfleisch zum Vorschein kommt. Dann werden sie gewaschen, geviertelt und in Scheiben bzw. Würfel geschnitten. Je nach Größe kocht man sie 30–45 Minuten in Salzwasser.
Kohlrüben schmecken köstlich als Püree, das mit Butter, Sahne und geriebener Muskatnuß verfeinert wird. Man kann sie auch zusammen mit Fleisch, z.B. einem Schweinebraten, garen. Auch als Gemüsebeilage oder als Bestandteil von Aufläufen und Eintöpfen lassen sich Kohlrüben gut verwenden.

NÄHRWERTE: Kohlrüben sind wegen ihres hohen Gehalts an Kalzium, Vitamin B und C wertvoll. 100 g Kohlrüben enthalten nur 18 Kalorien/76 Joule.

Süßkartoffeln

HERKUNFT: Die Süßkartoffel – bot. *Impomoea batatas* –, auch unter dem

Namen *Batate*, *patate* bekannt, gehört zu den tropischen Windengewächsen. Niemand weiß genau, woher sie kommt, aber nach historischen Zeugnissen könnte Mexico oder Ostasien ihr Herkunftsland sein. Populär wurden Süßkartoffeln zuerst in Mittel- und Südamerika. Heute haben sie sich auch in Spanien und Italien eingebürgert. Süßkartoffeln sind längliche Knollen mit rötlicher oder sandfarbener Schale und orangefarbenem Fruchtfleisch. Die Knollenenden sind spitz und gekrümmt. Süßkartoffeln schmecken süß, zuweilen mit starkem Aroma, und sind etwas klebrig. Gekocht haben sie in der Regel eine mehligere Konsistenz als gebacken oder gebraten.

ANBAU: Süßkartoffeln werden in allen heißen tropischen Ländern der Erde angebaut, besonders aber auf dem amerikanischen Kontinent, von wo die meisten Importe kommen. Der USA-Staat Louisiana rühmt sich, die geschmackvollsten Süßkartoffeln zu produzieren.

EINKAUF: Wählen Sie beim Einkauf kleine oder mittelgroße Exemplare, die sich an beiden Enden verjüngen. Nehmen Sie feste, frisch aussehende Knollen mit einer glatten, jungen Schale.

ZUBEREITUNG: Süßkartoffeln lassen sich wie gewöhnliche Kartoffeln auf vielerlei Weise zubereiten. Die Garzeit für geschälte Süßkartoffeln beträgt 15–20 Minuten. Experten behaupten jedoch, Süßkartoffeln seien geschmackvoller, wenn man sie in der Schale kocht und erst kurz vor dem Essen schält.
Süßkartoffeln kann man fritieren, als Gemüse in einer Sahnesauce servieren, pürieren, karamelisieren oder auch als eine Art süßen Pudding zubereiten.

NÄHRWERTE: Süßkartoffeln beinhalten reichlich Kohlenhydrate, Vitamin A und C. 100 g enthalten 91 Kalorien/387 Joule.

Weiße Rüben

HERKUNFT: Die Weiße Rübe – bot. *Brassica rapa* – gehört zur Familie der Kreuzblütler. Sie war bereits bei den alten Römern ein beliebtes Gemüse und wird besonders in Frankreich häufig für Aufläufe und Eintöpfe verwendet.

ANBAU UND SAISON: Weiße Rüben werden in allen europäischen Ländern angebaut. In Deutschland schätzt man vor allem die *Teltower Rübchen*. Rüben aus der Sommerernte kann man von Juli bis Oktober kaufen, am besten sind sie jedoch im Herbst und Winter. Aus Frankreich importieren wir die sogenannten *Navets*.

EINKAUF: Man kann zwischen zwei Hauptsorten wählen: der runden Rübe mit cremig-weißer Schale und blaßweißem Fruchtfleisch, und der mit flachen Wurzeln und weißer bzw. scharlachbis purpurroter Schale.
Die Größe ist übrigens kein Maßstab für die Qualität. Wählen Sie junge und zarte Rüben.

ZUBEREITUNG: Vor dem Kochen entfernt man die Wurzeln und den Blattansatz und schält die Rüben ganz dünn ab. Nach dem Waschen werden sie in große Stücke geschnitten oder im Ganzen gelassen. Je nach Größe, Alter und Sorte kocht man die Rüben dann in Brühe oder Salzwasser 25–45 Minuten. Man serviert sie mit Butter und Kräutern verfeinert oder in einer Weißen Sauce (z. B. Teltower Rübchen); sie eignen sich als Beilage zu Gänse- oder Entenbraten oder zu Kurzgebratenem vom Schwein. Man kann sie auch karamelisieren, zu Püree verarbeiten oder für deftige Eintöpfe verwenden.

NÄHRWERTE: Weiße Rüben haben wenige wasserlösliche Vitamine und Mineralien. 100 g enthalten nur 14 Kalorien/60 Joule.

KOHL- ODER STECKRÜBE

LÄNGLICHE WEISSE RÜBE

RUNDE WEISSE RÜBE

PASTINAKEN-EINTOPF MIT LAMM

500 g Pastinaken
500 g Lammfleisch
2 EL Schweineschmalz
½ l Fleischbrühe
3 Tomaten
1 Zwiebel
1 Lorbeer
Salz
schwarzer Pfeffer
100 g durchwachsener Räucherspeck
2 EL süße Sahne
1 Bund Petersilie oder andere Kräuter

Die Pastinaken waschen, putzen und in gleich große Würfel schneiden, Hammelfleisch kurz waschen, trockentupfen und würfeln. Das Schweineschmalz in einem Topf erhitzen und die Fleischwürfel darin rundum kräftig anbraten, dann die Pastinakenstücke dazugeben. Nun die Fleischbrühe angießen, die in Achtel geschnittenen Tomaten und die gewürfelte Zwiebel sowie die Gewürze beifügen und den Eintopf auf kleiner Flamme 45–50 Minuten kochen. Während der letzten 10 Minuten den gewürfelten Räucherspeck untermischen und eventuell noch etwas heißes Wasser angießen. Vor dem Servieren den Eintopf mit Sahne abrunden und mit grob gehackten Kräutern anrichten.

GEMÜSE-BORSCHTSCH

500 g Rote Bete
1 große Karotte
2 Stangen Staudensellerie
250 g Weißkohl
1 Zwiebel
2 Knoblauchzehen
2 EL Öl
3 TL Salz
frisch gemahlener schwarzer Pfeffer
2 EL Tomatenmark
½ TL Zucker
1 EL Zitronensaft
1 EL gehackte Petersilie
gut ⅛ l saure Sahne

Rote Bete und Karotte schälen und in grobe Stücke teilen, Stangensellerie waschen und würfeln, den gewaschenen Weißkohl grob zerkleinern. Die geschälte Zwiebel und die Knoblauchzehen in Ringe bzw. feine Stücke schneiden. Das Öl in einem hohen Topf erhitzen, zuerst die Zwiebelringe ca. 5 Minuten darin andünsten, dann 1 ¾ Liter Wasser angießen und Rote Bete, Karotte und den Sellerie dazugeben. Mit Salz und Pfeffer würzen und die Suppe bei kleiner Flamme 30 Minuten kochen lassen. Dann den Weißkohl, Knoblauch, Tomatenmark und Zucker zufügen und alles weitere 20 Minuten köcheln.
Vor dem Servieren Zitronensaft und Petersilie unterrühren, den Gemüseborschtsch nochmals abschmecken und in einer vorgewärmten Terrine mit der leicht geschlagenen sauren Sahne anrichten.
Die Menge reicht für 8 Personen.

KAROTTENCREMESUPPE

2 EL Butter
1 Knoblauchzehe
½ Zwiebel
400 g Karotten
1 l Fleischbrühe
1 EL Tomatenmark
Salz
1 Prise Cayennepfeffer
¼ l süße Sahne
1 Bund gehackte Petersilie

Butter in einem Topf erhitzen, die geschälte Knoblauchzehe darin goldbraun braten und wieder herausnehmen. Fein gewürfelte Zwiebel im Fett glasig werden lassen, dann die geschälten, in Scheiben geschnittenen Karotten kurz im Fett schwenken. Fleischbrühe angießen und alles ca. 25 Minuten auf kleiner Flamme kochen lassen. Die Suppe durch ein Sieb gießen, Karotten und Zwiebel pürieren und in die Suppe zurückgeben. Tomatenmark und Gewürze zufügen und alles noch einmal aufkochen lassen. Die Sahne leicht schlagen, unter die nun vom Herd genommene Suppe ziehen und mit viel Petersilie bestreut servieren.

FRANZÖSISCHER MÖHRENEINTOPF

500 g Möhren
20 g Butter
150 g grob gewürfelter Räucherspeck
2 Zucchini
1 Glas weiße Bohnen
1 Knoblauchzehe
Salz, Pfeffer
1 Prise Thymian
1 Bund Petersilie

Möhren waschen, schälen und in feine Scheiben schneiden. Butter und Speck in einem Topf zerlassen und die Möhrenscheiben im Fett anschmoren; 3–4 Eßlöffel Wasser dazugeben und die Möhren ca. 15 Minuten auf kleiner Flamme dünsten. Nun die ungeschälten, in Scheiben geschnittenen Zucchini und die abgetropften weißen Bohnen in den Topf geben, die vorher mit Salz zerdrückte Knoblauchzehe beifügen und alles mit Salz, Pfeffer und Thymian würzen. Den Eintopf in 7–10 Minuten auf kleiner Flamme fertiggaren. Mit gehackter Petersilie bestreut servieren.

Gemüse-Borschtsch
Pastinaken-Eintopf mit Lamm
Französischer Möhreneintopf
Karottencremesuppe

SELLERIE-SCHINKEN-SUPPE

1 Sellerieknolle (mittelgroß)
1 EL Zitronensaft
1 EL Butter
2 EL Öl
1 gewürfelte Zwiebel
1 l Fleischbrühe
je 1 Prise Cayennepfeffer und Muskat
150 g gekochter Schinken
1 Eigelb
⅛ l süße Sahne
2 EL gehackte Petersilie

Die Sellerieknolle schälen, waschen, dann vierteln und auf einer Reibe grob raffeln; anschließend sofort mit Zitronensaft beträufeln, damit sich der Sellerie nicht verfärbt.

Butter und Öl in einem Topf erhitzen, die Zwiebelwürfel darin glasig andünsten und den geraffelten Sellerie unter ständigem Wenden darin kurz anschmoren. Die Fleischbrühe angießen, mit Cayenne und Muskat würzen, und

nun die Suppe ca. 8 Minuten köcheln lassen. Danach den in Streifen geschnittenen Schinken 3 Minuten in der Suppe mitziehen lassen. Inzwischen Eigelb und Sahne verquirlen und unter die nicht mehr kochende Suppe rühren. Die Suppe in eine Terrine oder in Teller füllen und mit Petersilie bestreut servieren.

SELLERIE-FRUCHT-SALAT

2–3 Äpfel
2 kleine Bananen
1 kleine Sellerieknolle
2 EL gehackte Walnüsse
Marinade
2 EL Zitronensaft
1 Prise Salz
1 Prise Piment
3–4 EL Crème fraîche

Die geschälten, entkernten Äpfel würfeln oder in Stifte schneiden, die Bananen in Scheiben, den geschälten Sellerie in feine Streifen. Alle Zutaten in einer Schüssel mit den Walnüssen vermischen. Aus den Zutaten für die Marinade eine Sauce rühren und diese mit dem Salat vermischen.

Servieren Sie diesen fruchtigen Salat als

leichte Sommervorspeise oder mit gebuttertem Vollkornbrot als leichtes Abendessen.

Rettichsalat
Sellerie mit Remoulade
Sellerie-Frucht-Salat
Rettich-Gurken-Salat

RETTICHSALAT

1 großer weißer Rettich
Salz
⅛ l saure Sahne
1 EL feingehackter Schnittlauch

Den Rettich waschen, dünn schälen und in feine Scheiben schneiden oder hobeln. Dann in einer Schüssel mit reichlich Salz bestreuen und gut 30 Minuten »weinen« lassen. Die entstandene Flüssigkeit abgießen, die Rettichscheiben ausdrücken, die saure Sahne und den Schnittlauch zufügen und alles gut durchmischen.

RETTICH-GURKEN-SALAT

1 weißer Rettich
½ Salatgurke
Salz
1 Bund gehackter Dill
1 EL Weißweinessig
3 EL Öl

Rettich und Gurke schälen und beide in dünne Scheiben schneiden oder hobeln. Dann in einer Schüssel mit Salz bestreuen, durchmischen und 10 Minuten ziehen lassen. Die entstandene Flüssigkeit abgießen. Essig, Öl und den Dill verrühren und mit dem Rettich-Gurken-Salat vermischen.
Ein erfrischender Sommersalat für eine Grillparty oder ein Picknick.

SELLERIE MIT REMOULADE

500 g Knollensellerie
2 EL Dijon-Senf
3 EL Mayonnaise
1 TL Zitronensaft
3 EL saure Sahne
1 Bund Petersilie

Die Sellerieknolle schälen und in feine Streifen (Julienne) schneiden. Dann in einen Topf mit kochendem Wasser geben, 1–2 Minuten blanchieren, abgießen, abtropfen und abkühlen lassen. In einer Schüssel Senf, Mayonnaise, Zitronensaft und saure Sahne gut verrühren, die Selleriestreifen dazugeben, alles gut vermischen und etwas durchziehen lassen. Vor dem Servieren mit gehackter Petersilie und einigen Petersiliensträußchen garnieren.

ROTER KARTOFFELSALAT MIT DILLMAYONNAISE

1000 g rote Salatkartoffeln (z. B. Rote Hörnchen)
Salz
½ Gemüsezwiebel
2 gehäufte EL Mayonnaise
4 EL süße Sahne
2 Bund gehackter Dill
1 Hauch Cayennepfeffer
Dillsträußchen und einige Radieschen zum Garnieren

Die gründlich gewaschenen, möglichst jungen Kartoffeln ca. 25 Minuten in Salzwasser kochen, dann abgießen, abkühlen lassen und ungeschält in Hälften oder Viertel schneiden. Aus sehr fein gehackter Zwiebel, Mayonnaise, Sahne, Dill und Cayennepfeffer eine Marinade bereiten und diese mit den Kartoffeln vermischen. Den Salat mindestens eine Stunde, möglichst aber länger, durchziehen lassen und mit Dillsträußchen und Radieschenrosetten garniert anrichten.

Dieser ausgefallene Salat eignet sich für Parties, für das kalte Buffet oder als Picknicksalat.

Bunter Rote Bete-Salat
Karotten-Diät-Salat
Roter Kartoffelsalat mit Dillmayonnaise
Bunte Salatplatte mit Radieschen

BUNTE SALATPLATTE MIT RADIESCHEN

1 grüner Salat
2 Bund Radieschen
125 g Camembert
1 Bund Schnittlauch
1 Schlangengurke
Salz
Saft einer Zitrone
½ Knoblauchzehe
schwarzer Pfeffer
4 EL Öl
1 Prise Zucker

Den Kopfsalat in einzelne Blätter zerlegen, waschen, gut abtropfen lassen und eine große Schale oder Platte damit auskleiden. Radieschen putzen, waschen, in Scheiben schneiden und mit in Streifen geteiltem Camembert und feingeschnittenem Schnittlauch vermischen. Gurke gründlich waschen und ungeschält in feine Scheiben schneiden, dann mit Salz bestreut einige Minuten ziehen lassen. Aus Zitronensaft, mit Salz zerdrückter Knoblauchzehe, Pfeffer, Öl und Zucker eine pikante Marinade herstellen. Durchgezogene Gurkenscheiben ringförmig auf den Salatblättern anrichten, in die Mitte den Radieschen-Käse-Salat geben und mit Marinade beträufelt auftragen.

KAROTTEN-DIÄT-SALAT

300 g junge Karotten
½ Chinakohl
1 kleiner Naturjoghurt
1 EL Zitronensaft
1 TL Tomatenmark
etwas Salz
1 Prise Zucker

Die gründlich gewaschenen und gebürsteten Karotten raspeln und mit dem in feine Streifen geschnittenen Chinakohl in einer Schüssel vermischen. Joghurt mit Zitronensaft, Tomatenmark, etwas Salz und Zucker zu einer Sauce verrühren und über den Salat verteilen. Den Salat vor dem Servieren gut durchmischen.

RADIESCHEN-SCHLANKHEITSBROTE

4 Scheiben Vollkornbrot
20 g Diätmargarine
2 Bund Radieschen
125 g Hüttenkäse
Salz
2 Scheiben Zwiebel
1 Bund Schnittlauch

Brotscheiben dünn mit Diätmargarine bestreichen. Radieschen waschen, putzen, in dicke Scheiben schneiden und mit Salz bestreut einige Minuten ziehen lassen. Den Hüttenkäse mit Salz, sehr feingewürfelter Zwiebel und feingehacktem Schnittlauch verrühren und auf die Brote streichen. Die durchgezogenen Radieschen nun in dichter Lage auf dem Kräuterkäse anrichten.

BUNTER ROTE BETE-SALAT

600–700 g Rote Bete
Salz
1 Fenchelknolle
1 Apfel
1 Zwiebel
2 hartgekochte Eier zum Garnieren
Marinade
1 Becher Joghurt
4 EL süße Sahne
1 TL Meerrettich
1 Prise Zucker
1 EL gehackte Haselnüsse

Rote Bete unter fließendem Wasser gründlich bürsten und in einem Topf mit Salzwasser bedeckt ca. 1 ½ Stunden garen. Dann mit kaltem Wasser abschrecken, schälen und leicht abgekühlt mit einem Bunt- oder normalen Messer in Scheiben schneiden. Die Fenchelknolle putzen und raspeln (Fenchelgrün zum Garnieren aufbewahren), den ungeschälten, entkernten Apfel und die geschälte Zwiebel würfeln und mit den Rote Bete-Scheiben vermischen. Die Zutaten für die Marinade verrühren und diese über die Salatzutaten gießen. Den Salat mit Eivierteln und Fenchelgrün garniert z. B. zu kaltem Roastbeef servieren.

SCHINKENSTEAKS MIT SÜSSKARTOFFELN

4 mittelgroße Süßkartoffeln
Salz
4 dicke Scheiben gekochter Schinken
2–3 EL Butter oder Margarine
1 feingehackte kleine Zwiebel
½ TL Anchovispaste
50 g Weißbrotkrumen
Petersilie zum Garnieren

Süßkartoffeln waschen und in Salzwasser ca. 25–30 Minuten garkochen. Anschließend kalt abschrecken und schälen. Die Schinkenscheiben mit der Hälfte der Butter bestreichen und für 4 bis 5 Minuten unter den vorgeheizten Grill schieben. Inzwischen die restliche Butter erhitzen, die Zwiebelwürfel goldgelb darin anbraten und dann mit Anchovispaste und Weißbrotkrumen vermischen. Nun auf die noch ungegrillte Seite der Schinkensteaks je zwei Kartoffelhälften legen, die Anchovis-Weißbrot-Zwiebel-Mischung darüber verteilen und die Steaks wieder unter den Grill schieben, bis sich die Brotkrumen goldbraun färben. Mit Petersiliensträußchen garniert anrichten.
Zu diesen aparten Steaks passen in Butter geschwenkter Blattspinat oder Broccoli.

SCHWARZWURZELN IN SCHINKENRAHMSAUCE

800 g Schwarzwurzeln
Salz
2–3 EL milder Weinessig
1 EL Butter
Sauce
1 EL Butter
1 EL Mehl
¼ l Schwarzwurzelsud
150 g gekochter Schinken
¼ l süße Sahne
1 EL gehackte Petersilie

Die Schwarzwurzeln waschen, nicht zu dünn schälen, in gleichgroße Stücke schneiden und sofort in Essigwasser legen, damit sie sich nicht verfärben (das Säubern der Wurzeln mit Gummihandschuhen erledigen). Nun ½ Liter Wasser mit Salz, Essig und Butter in einen Topf geben, die Schwarzwurzeln beifügen und ca. 30 Minuten garen.
Für die Sauce die Butter in einer Pfanne zerlassen, Mehl einrühren und durchschwitzen lassen. Den Sud angießen und dabei kräftig mit dem Schneebesen schlagen, damit sich keine Klümpchen bilden. Anschließend den in feine Streifen geschnittenen Schinken zugeben und alles bei kleiner Flamme zwei Minuten köcheln lassen. Zum Schluß die Sahne und Petersilie unter die Sauce ziehen und diese über die gegarten, abgetropften Schwarzwurzeln gießen. Mit Reis oder Salzkartoffeln servieren.

KALBSRAGOUT MIT KAROTTEN

750 g mageres Kalbfleisch
1 Zwiebel
2 EL Öl
Salz
frisch gemahlener Pfeffer
1 TL Paprika edelsüß
300–350 g Karotten
1 große Essiggurke
2 Tomaten
¼ l Fleischbrühe
1 EL gehackte Petersilie
1 Prise Cayennepfeffer

Kalbfleisch gleichmäßig würfeln und zusammen mit der feingehackten Zwiebel in heißem Öl anbraten, dabei mit Salz, Pfeffer und Paprika würzen und ca. 5 Minuten bei mittlerer Hitze schmoren lassen. Nun die geputzten, in feine Streifen geschnittenen Karotten, die in dickere Scheiben geschnittene Gurke und die geschälten, geachtelten Tomaten zum Fleisch geben, kurz mit anschmoren, dann die Fleischbrühe angießen. Alles bei kleiner Hitze zugedeckt ca. 1 Stunden schmoren; dabei gelegentlich umrühren und bei Bedarf etwas heißes Wasser nachgießen. Das fertige Ragout mit Petersilie bestreuen und mit Cayennepfeffer abschmecken. Reichen Sie dazu einen Kräuterreis oder Nudeln.

SCHWARZWURZELN IM CORNED BEEF-RING

750 g Schwarzwurzeln
Salz
2–3 EL Weißweinessig
ca. 400 g Corned Beef (aus der Dose)
1 entrindetes Brötchen
1 Zwiebel
2 Eier
2 TL geriebener Meerrettich
1 TL milder Senf
Butter für die Form
Sauce
¼ l Milch
125 g geriebener Emmentaler Käse
1 Prise Muskat
frischgemahlener weißer Pfeffer

Schwarzwurzeln waschen, schälen, in gleichgroße Stücke schneiden und sofort in einen Topf mit Essig-Salz-Wasser legen. Die Schwarzwurzeln darin in ca. 30 Minuten weichkochen. In der Zwischenzeit das Corned Beef fein zerzupfen oder durch den Fleischwolf drehen und mit dem in Würfel geschnittenen Brötchen, der gehackten Zwiebel, den verquirlten Eiern, Meerrettich und Senf zu einem pikanten Teig vermischen. Den Teig in eine ausgebutterte Springform streichen und den Ring im vorgeheizten Backofen bei 180 Grad 40–45 Minuten backen.

Für die Sauce die Milch erhitzen, den Käse unter Rühren darin auflösen, Muskat und Pfeffer dazugeben und nun die gegarten, abgetropften Schwarzwurzeln in der Sauce heiß halten.
Vor dem Servieren den Corned Beef-Ring auf eine vorgewärmte runde Platte stürzen und die Schwarzwurzeln mit der Sauce in die Mitte füllen.

Schinkensteaks mit Süßkartoffeln
Kalbsragout mit Karotten
Schwarzwurzeln in Schinkenrahmsauce

LACHSRÖLLCHEN MIT MEERRETTICHSCHAUM

2 EL Meerrettich (frisch gerieben oder
aus dem Glas)
⅛ l steifgeschlagene Sahne
1 Apfel
150–200 g Lachs in Scheiben

Meerrettich mit steifgeschlagener Sahne vorsichtig vermengen, damit die Sahne nicht zusammenfällt und die Masse schön schaumig bleibt. Apfel schälen, vierteln, entkernen, in ganz feine Würfelchen schneiden und unter den Meerrettichschaum heben. Auf jede Lachs-scheibe Meerrettich-Apfel-Schaum geben und aufrollen. Die Lachsröllchen nach Belieben mit Apfelscheiben und Kräutersträußchen garnieren.
Statt Lachs können Sie auch gekochte Schinken- oder Roastbeef-Scheiben mit Meerrettichschaum füllen.

HECHT MIT ROTE BETE-SAUCE

1 küchenfertiger Hecht (ca. 2 kg)
Zitronensaft
Salz
frisch gemahlener schwarzer Pfeffer
50 g fetter Speck in Scheibchen
1 Bouquet garni
Butterflöckchen
1 gekochte Rote Bete
4 EL trockener Rotwein
1 TL Zucker
1 EL Butter
Kräuter zum Garnieren

Den Fisch waschen, mit Haushaltspapier trockentupfen, innen und außen mit Zitronensaft beträufeln und einige Minuten marinieren lassen; dann mit Salz und Pfeffer bestreuen. Den Hecht nun an beiden Seiten in Abständen schräg einschneiden und in diese Einschnitte die Speckscheibchen stecken; den Kräuterbund in den Bauch legen. Den vorbereiteten Fisch in einen großen Bräter legen und mit Butterflöckchen bestreut 45–50 Minuten bei 200 Grad im vorgeheizten Ofen backen. Inzwischen die geschälte Rote Bete im Mixer zusammen mit dem Rotwein pürieren. Dieses Püree in einem kleinen Stielpfännchen langsam erhitzen, mit Zucker, Salz und Pfeffer würzen und zum Schluß die Butter einschwenken. Den Hecht auf einer Platte anrichten, mit Kräutern garnieren und mit der separat gereichten Sauce servieren.

TORTILLA JARDINERA

4 große Kartoffeln
8 EL Olivenöl
2 Gemüsezwiebeln
je 1 rote und grüne Paprikaschote
2 Zucchini
2 kleine Auberginen
2–3 Knoblauchzehen
2 Fleischtomaten
3 Eier
Salz

Die geschälten, gewürfelten oder in Scheiben geschnittenen Kartoffeln in einer Pfanne mit ca. 4–5 Eßlöffeln Öl unter häufigem Wenden ca. 25 Minuten auf kleiner Flamme braten. Während die Kartoffeln garen, das Gemüse vorbereiten. Zwiebeln schälen, Paprikaschoten putzen, waschen und entkernen, Zucchini und Auberginen putzen und waschen. Anschließend alles in kleine Würfel schneiden. Das restliche Öl in einer großen Teflonpfanne erhitzen und alle Gemüse unter gelegentlichem Wenden auf kleiner Flamme schmoren. Kurz vor Ende der Garzeit den Knoblauch darüberpressen oder feingehackt dazugeben, und die in Würfel geschnittenen Tomaten untermischen. Nun noch die Kartoffeln mit dem Gemüse vermengen, die vorher mit Salz verquirlten Eier darübergießen und solange bei kleiner Hitze stehen lassen, bis die Eier gestockt sind. Die fertige Tortilla auf eine vorgewärmte Platte gleiten lassen und mit einem erfrischenden Salat oder als Beilage für 6–8 Personen zu kurzgebratenem Fleisch servieren.

Wer auf seine Linie achten muß, kann die Kartoffeln auch in Salzwasser kochen statt braten und dann abgetropft zum Gemüse geben.

SELLERIE-TOMATEN-GEMÜSE

1 Sellerieknolle
300 g Tomaten
1 EL Butter
Salz, Pfeffer
getrocknetes Basilikum
⅛ l Fleischbrühe
Saft von 1 Zitrone
1 Eigelb
2 EL süße Sahne
frisches Basilikum zum Garnieren

Die Sellerieknolle und die Tomaten waschen, Sellerie vierteln und in grobe Würfel oder Streifen schneiden, die Tomaten achteln. Die Butter in einem Topf zerlassen, die Selleriewürfel darin andünsten, dann die Tomaten und Gewürze dazugeben. Fleischbrühe und Zitronensaft angießen und das Gemüse ca. 15 Minuten auf kleiner Flamme kochen lassen. Zum Schluß das Eigelb mit der Sahne verquirlen und unter das nicht mehr kochende Gemüse ziehen. Das Gemüse mit frischen Basilikumblättchen garnieren und zu Fischgerichten oder Steaks reichen.

Linke Seite: *Hecht mit Rote Bete-Sauce;*
Lachsröllchen mit Meerrettichschaum
Oben: *Tortilla Jardinera;*
Sellerie-Tomaten-Gemüse

GRATIN DAUPHINOIS

1000 g mehligkochende Kartoffeln
40 g Butter
2 Knoblauchzehen
¼ l Milch
4 EL süße Sahne
1 gestrichener TL Salz
1 Prise Muskat
frisch gemahlener weißer Pfeffer
100 g geriebener Käse (z. B. Emmentaler oder Schweizer Gruyère)

Die Kartoffeln (es müssen mehlige sein, da sie für die cremige Konsistenz des Gratins sorgen) schälen, waschen und in gleich dicke Scheiben schneiden. Eine feuerfeste Kasserolle leicht ausbuttern und die Kartoffelscheiben drei bis vier Zentimeter hoch hineinschichten (Perfektionisten legen sie aus optischen Gründen schuppenartig). Dann die Butter zerlassen und die geschälten, halbierten Knoblauchzehen darin goldbraun braten. Den Knoblauch aus der Butter entfernen und die Knoblauchbutter über die Kartoffelscheiben gießen. Nun Milch und Sahne in einem Topf erhitzen, mit Salz, Muskat und Pfeffer würzen und ebenfalls über die Kartoffeln gießen. Die Kasserolle mit Alufolie abdecken und bei 220 Grad für ca. 40 Minuten in den Backofen stellen. Danach die Folie entfernen, den geriebenen Käse über die Kartoffeln streuen und die Form nochmals für 20 Minuten in den Ofen geben. Der Gratin ist fertig, sobald sich oben eine goldbraune Kruste gebildet hat. Dann wird er sofort in der Kasserole aufgetragen. Gratin Dauphinois ist ein recht sättigendes Essen. Mit einem erfrischenden Salat ergibt er ein vollständiges, rustikales Mahl.

KAROTTENPÜREE

1000 g Karotten
Salz
1 Prise Muskat
40 g Butter
⅛ l warme Milch
1 Eigelb
1 EL Tomatenmark
Salz, weißer Pfeffer
1 EL feingehackter Schnittlauch

Die Karotten waschen, leicht schaben oder dünn schälen und in gleichmäßige Stücke schneiden. Wasser mit Salz und Muskat in einen Topf geben und darin die Karotten ca. 20–25 Minuten kochen. Dann abgießen und zusammen mit der Butter und Milch im Mixer pürieren, dabei das Eigelb, Tomatenmark, Salz und Pfeffer unterziehen. Das Karottenprüee in einem Topf heiß und trocken rühren, dann in eine Schüssel füllen und mit Schnittlauchröllchen bestreuen.
Dies ist eine feine Beilage zu Wild.

Topinambur in Eiersauce
Karottenpüree
Gratin Dauphinois

TOPINAMBUR IN EIERSAUCE

750–1000 g Topinambur
Salz
1 Prise Muskat
Petersilie zum Garnieren
Sauce
1 EL Butter
1 EL Mehl
Saft einer Zitrone
⅛ l Topinambursud
⅛ l süße Sahne
2 hartgekochte Eier
frisch gemahlener weißer Pfeffer

Die Topinamburknollen schälen, waschen und halbieren. 1 Liter Wasser, Salz und Muskat in einen Topf geben, die Topinamburhälften beifügen und ca. 25 Minuten bei kleiner Flamme kochen. Wenn sie gar sind, abgießen und dabei für die Sauce ⅛ Liter Sud aufbewahren.

Für die Sauce die Butter in einem Topf schmelzen, das Mehl darüberstäuben und den Zitronensaft und Gemüsesud angießen; dabei kräftig mit dem Schnee-

besen schlagen. Sobald die Sauce etwas eingedickt ist, den Topf vom Herd nehmen und nun die Sahne und die gewürfelten Eier untermischen. Die Sauce mit Salz und weißem Pfeffer abschmecken und über die in einer vorgewärmten Schüssel angerichteten Topinamburhälften gießen. Die gehackte Petersilie darüberstreuen.

Eine pikante Beilage zu gebratenen Koteletts.

SÜSSKARTOFFEL-APFEL-KASSEROLLE

8 mittelgroße Süßkartoffeln
4 kleine Äpfel
Fett für die Form
2–3 EL feiner Zucker
2 EL Pecan- oder Cashewnüsse
2 EL Butter
1 TL Salz
eine gute Prise Muskat

Die Süßkartoffeln ca. 15 Minuten in Wasser vorgaren, anschließend abschrecken, schälen und der Länge nach in Scheiben schneiden. Eine feuerfeste Form einfetten und nun abwechselnd eine Schicht Kartoffelscheiben und die in Ringe geschnittenen, ungeschälten Äpfel (das Kernhaus mit einem Ausstecher entfernen) einschichten und mit Zucker und grobgehackten Nüssen bestreuen.

In einer kleinen Pfanne die Butter schmelzen, mit Salz und Muskat würzen und die heiße Butter über die Kartoffel-Apfel-Scheiben gießen. Die Form in den vorgeheizten Backofen stellen und bei 200 Grad 25–30 Minuten backen.

Eine außergewöhnliche Beilage, z.B. zu einem knusprigen Schweinebraten, die Sie unbedingt probieren sollten.

WEISSE RÜBCHEN GRATINIERT

750–1000 g Weiße Rübchen
½ l Fleischbrühe
1 Schuß Essig
1 Prise Zucker
1 EL Butter
1 EL Mehl
4 EL süße Sahne
125 g Gruyère-Käse

Die Rübchen schälen, in Scheiben schneiden und in der Fleischbrühe, der Essig und Zucker beigegeben wird, 35–40 Minuten garen. Anschließend in einem Topf die Butter erhitzen, das Mehl darüberstäuben, leicht durchschwitzen lassen und mit einem Viertel Liter Rübensud auffüllen; dabei kräftig mit dem Schneebesen schlagen, damit sich keine Mehlklümpchen bilden. Zum Schluß die Sahne unterrühren. Nun die Rübchen abgießen und in eine leicht gefettete, feuerfeste Form geben, mit der Sauce überziehen und mit dem in Streifen geschnittenen Käse bedecken. Die Form in den vorgeheizten Backofen stellen und das Gemüse in 15–20 Minuten überbacken.

MEERRETTICH-RELISH

4 EL frisch geriebener Meerrettich
½ TL französischer Senf
½ TL brauner Zucker
Salz
frisch gemahlener schwarzer Pfeffer
1 EL Weißweinessig
gut ⅛ l süße Sahne

Meerrettich mit Senf, Zucker, Salz, Pfeffer und Essig verrühren. Die steifgeschlagene Sahne unter die Meerrettichmischung ziehen, nochmals abschmecken.
Das Relish zu kaltem Braten oder gekochten Artischocken servieren.

MEERRETTICH-APFEL-SAUCE

3 Äpfel (eine säuerliche Sorte)
1 EL Zitronensaft
2 TL Zucker
⅛ l Milch
etwas Salz
3 EL frischgeriebenen Meerrettich (ersatzweise aus dem Glas)
4 EL süße Sahne

Die Äpfel schälen, entkernen und vierteln. Anschließend in ⅛ Liter Wasser mit Zitronensaft und Zucker zum Kochen bringen und in ca. 10 Minuten garen. Die Apfelstücke mit der Flüssigkeit im Mixer pürieren. Die Masse wieder in einen Topf geben und zusammen mit der Milch unter ständigem Rühren zum Kochen bringen. Nach einmaligem Aufwallen die Sauce vom Herd nehmen, Meerrettich und Sahne unterziehen und dann sofort servieren.
Diese Sauce paßt hervorragend zu gekochtem Rindfleisch oder gebratenem Fischfilet.

MEERRETTICH-DIP MIT NÜSSEN

2 EL Salatmayonnaise
¼ l saure Sahne
1 ½ EL frisch geriebener Meerrettich (ersatzweise aus dem Glas)
1 EL gehackte Haselnüsse

Mayonnaise, saure Sahne und Meerrettich kräftig mit dem Schneebesen aufschlagen und dann die Nüsse unterziehen.
Eine schnelle Sauce, die gut gekühlt zu Fondue, gekochten Artischocken oder kaltem Braten schmeckt.

Meerrettich-Dip mit Nüssen
Glasierte Karotten
Weiße Rübchen gratiniert

GLASIERTE KAROTTEN

600–700 g Karotten
Salz
2 EL Dosenmilch
3 EL Farinzucker
2 EL Butter oder Margarine
1 EL feingehackte Haselnüsse

Die Karotten waschen und schaben; wenn Sie kugelige Karotten haben, brauchen Sie diese nicht zu zerteilen, längliche jedoch werden halbiert oder gedrittelt. ½ Liter Wasser, Salz und Dosenmilch in einen Topf geben und die Karotten darin garen, anschließend gut abtropfen lassen. Zucker und 2 Eßlöffel Wasser in einer Pfanne erhitzen, dann die Butter darin schmelzen lassen und alles erhitzen, bis sich der Zucker aufgelöst hat. Die Karotten dazugeben und ca. 10 Minuten in der schwach kochenden Glasur unter gelegentlichem Wenden glasieren. Das Gemüse mit Haselnüssen bestreut servieren.
Glasierte Karotten passen gut zu Rehsteaks oder zu gebackener Leber.

RETTICHGEMÜSE MIT KÄSESAUCE

3 große weiße Rettiche
Salz
1 EL Zitronensaft
1 Stich Butter
Sauce
1 EL Butter oder Margarine
2 TL Mehl
4 EL süße Sahne
50 g geriebener Parmesankäse
Muskat, Salz
1 Prise Cayennepfeffer

Die Rettiche gut waschen, anschließend abschälen und in Scheiben schneiden. ½ Liter Wasser, Salz, Zitronensaft und Butter in einen Topf geben, die Rettichscheiben beifügen und bei kleiner Flamme 10–15 Minuten kochen lassen. Anschließend abgießen, dabei aber für die Sauce die Hälfte des Rettichsuds auffangen. Für die Sauce die Butter in einem Topf schmelzen, das Mehl darüberstäuben, etwas anschwitzen lassen und nun den Sud angießen; dabei kräftig mit dem Schneebesen schlagen. Die Sahne und den Käse in die Sauce rühren, nochmal aufkochen, bis sich der Parmesan aufgelöst hat und nun die Rettichscheiben in die Sauce geben. Das Gemüse mit Muskat, Salz und Cayenne abschmecken und sofort servieren.
Rettichgemüse paßt zu Frikadellen oder herzhafter Bratwurst.

KARTOFFELN AMERIKANISCHE ART

4 große mehlige Kartoffel
200 g feingewiegter gekochter Schinken
3 EL feingehackte Kräuter (z. B. Schnittlauch, Petersilie, Dill)
Salz, schwarzer Pfeffer
Muskat
4 Eier (getrennt)

Die Kartoffeln waschen und ca. 45 Minuten in Salzwasser kochen oder in Alufolie wickeln und im Backofen bei 220 Grad ca. 60 Minuten backen. Anschließend werden sie halbiert und vorsichtig mit einem Löffel ausgehöhlt. Die Kartoffelmasse nun mit Schinken, Kräutern, den Gewürzen und dem Eigelb kräftig verrühren und zum Schluß das steifgeschlagene Eiweiß unterziehen. Die Masse in die ausgehöhlten Kartoffelhälften füllen und diese auf einem Backblech bei 200 Grad im Ofen ca. 10 Minuten überbacken.

FRANZÖSISCHE ZWIEBELKARTOFFELN

6 große Kartoffeln
2 große Gemüsezwiebeln (ersatzweise 6 Haushaltszwiebeln)
4 EL Schweineschmalz
Salz
schwarzer Pfeffer

Die Kartoffeln schälen, waschen und in gleichmäßig dicke Scheiben schneiden. Das Schweineschmalz in einer Pfanne erhitzen und die geschälten, in Ringe oder grobe Würfel geschnittenen Zwiebeln darin kurz andünsten. Eine feuerfeste Form abwechselnd mit Kartoffelscheiben und Zwiebeln lagenweise füllen, über jede Lage Salz und Pfeffer streuen. Die letzte Schicht sollen Schmalzzwiebeln sein. Die Form in den Backofen stellen und bei 220 Grad ca. 1 Stunde backen (eine Garprobe machen, eventuell brauchen die Kartoffeln auch länger).
Diese saftige, rustikale Beilage z. B. zu in Alufolie gegartem Fisch reichen.

SCHWEIZER RÖSTI

1 kg Kartoffeln
50 g Butter
2 EL Öl
1 TL Salz
frisch gemahlener schwarzer Pfeffer

Die gewaschenen Kartoffeln in kaltem Wasser aufsetzen, zum Kochen bringen und zugedeckt ungefähr 10 Minuten kochen. Anschließend abgießen und über Nacht in den Kühlschrank stellen. Am nächsten Tag die Kartoffeln schälen und auf einer Reibe grob raffeln. Die Hälfte der Butter und des Öls in einer schweren Pfanne erhitzen, die geriebenen Kartoffeln darin verteilen und mit Salz und Pfeffer bestreuen. Die Kartoffeln bei milder Hitze ca. 10 Minuten braten, bis sie an der Unterseite goldbraun sind. Mit einem Pfannenwender die Ecken vorsichtig lösen, eine runde Platte auf das Rösti legen und stürzen. Die restliche Butter und das Öl in die Pfanne geben, das Rösti mit der ungebräunten Seite nach unten hineingeben und ebenfalls ca. 10 Minuten braten. Das fertige Rösti sofort servieren.

POMMES SAVOYADE

750 g Kartoffeln
2 Knoblauchzehen
25 g Butter
75 g geriebener Gruyère-Käse
Salz
frisch gemahlener Pfeffer
gut ¼ l süße Sahne

Kartoffeln schälen und in dünne Scheiben schneiden, die geschälten Knoblauchzehen fein hacken. Eine ofenfeste Form mit der Butter ausstreichen und nun die Kartoffelscheiben lagenweise einschichten. Jede Lage mit Knoblauch, Käse, Salz und Pfeffer bestreuen. Die letzte Kartoffellage schuppenartig anordnen. Zum Schluß die Sahne darübergießen, die Form in den vorgeheizten Ofen stellen und die Kartoffeln ca. 1½ Stunden backen, bis sie weich sind.

Kartoffeln Amerikanische Art
Schweizer Rösti
Pommes Savoyade
Französische Zwiebelkartoffeln

Zwiebelgewächse

Mit den aromatischen Sorten der Zwiebelgewächse wird oft aus gewöhnlichen Gerichten etwas Delikates, und Speisen ohne viel Eigengeschmack erhalten eine pikante Note. Zu dieser Gemüsegruppe gehören außer Zwiebeln auch Knoblauch, Schalotten und Lauch. Beliebt sind außer der gebräuchlichen Zwiebelknolle die jungen, blaßgrünen bis weißen Frühlingszwiebeln und die überraschend milden, spanischen Gemüsezwiebeln. Knoblauch mit seinem starken Aroma findet sich in den Küchen vieler Länder. Bei uns ist der Lauch mit seinem festen Stamm aus zarten, grünweißen Blättern ein begehrtes Gemüse. Es gibt tausenderlei verschiedene Gerichte aus den Zwiebelgewächsen. Versuchen Sie einmal die klassische Vichysoisse, die französische Zwiebelsuppe oder gefüllte Zwiebeln und genießen Sie das intensive Aroma. Ein Hauch von Zwiebel oder Knoblauch hebt den Geschmack von fast allen Speisen.

Zwiebeln

HERKUNFT: Die Zwiebel – bot. *Allium cepa* – gehört zu den Liliengewächsen und stammt aus dem Orient. Schon die ägyptischen Pharaonen hielten ihre Sklaven beim Pyramidenbau mit einer täglichen Zwiebelration bei Kräften, und auch bei den alten Römern war diese schmackhafte Wurzel bekannt, die sie in Germanien einführten. Die Schalotte, eine feine Unterart der Zwiebel, wurde von den Kreuzrittern aus Kleinasien mitgebracht und dann im Mittelmeerraum kultiviert, vor allem in Frankreich.

Zu den wichtigsten Sorten zählen die hellschalige *Haushaltszwiebel*, unsere meistverwendete Art; die feine *Schalotte*, auch Askalonzwiebel, Esch- oder Aschlauch genannt; die stark aromatische *weiße Zwiebel*; die milde *rote Zwiebel* mit tiefroter oder violetter Schale; die runde, sehr große *Gemüsezwiebel*, mit gelbbrauner bis kupferroter Schale und weißem, sehr mildem Fleisch; die pikante *Perlzwiebel*, klein, sehr weiß und am liebsten eingelegt genossen; die würzige *Frühlingszwiebel*, die wie ein kleiner Lauch aussieht und wie dieser mit Blättern und Stielen gegessen werden kann.

SAISON: Die meisten Zwiebelsorten gibt es ganzjährig; weiße und rote Zwiebeln, Schalotten und Perlzwiebeln nur in den Sommer- und Herbstmonaten.

EINKAUF: Achten Sie darauf, daß die Zwiebeln (Frühlingszwiebeln ausgenommen) fest und trocken sind und eine glänzende, weiche Außenhaut besitzen. Meiden Sie Zwiebeln, die sich feucht anfühlen, innen weich oder holzig sind und natürlich solche, die bereits angefangen haben, zu keimen. Bei Frühlingszwiebeln Bündel mit hellgrünen, sauberen Enden wählen und nicht zu langen, sauberen weißen Wurzeln.

ZUBEREITUNG: Alle Zwiebelsorten kann man roh essen. Wen der Geruch stört, kann ihm durch das Kauen von frischer Petersilie begegnen. Bis auf die Frühlingszwiebel muß man alle Zwiebeln von den äußeren, trockenen Schalen sowie von Wurzelansätzen und Schnittenden befreien.
Haushaltszwiebeln verwendet man für Salate, Suppen und als Würze für Fleischgerichte.
Die Schalotte eignet sich am besten für feine Saucen (z.B. Béarnaise) und gedünstet; die weiße Zwiebel roh in Salaten oder mit Wein geschmort, die rote Zwiebel für farbige Salate, in Suppen

und Saucen. Gemüsezwiebeln kann man füllen, für herzhaftes Gemüse, püriert, gerieben oder in Scheiben gebacken verwenden, die Perlzwiebel zum Einlegen und für Mixed Pickles; die Frühlingszwiebel paßt in rustikale Salate, zum Frühlingsquark, aber auch als Gemüse.
Wer rohe Zwiebeln nicht verträgt, sollte sie kurz mit heißem Wasser überbrühen. Für empfindliche Esser sei empfohlen, die Zwiebeln zum Würzen nicht zu würfeln, sondern zu reiben.

NÄHRWERT: Zwiebeln enthalten Phosphor, Kalzium, etwas Natrium, Vitamin A und C, vor allem aber ätherische schwefelhaltige Öle. Der Zwiebel schreibt man zahlreiche heilsame Wirkungen zu: sie soll Blutdruck und Stoffwechsel regulieren, bei Magen-, Leber- und Galleschäden helfen und Haarkrankheiten vorbeugen. 100 g Zwiebel entsprechen 23 Kalorien/99 Joule.

Knoblauch

HERKUNFT: Knoblauch – bot. *Allium sativum* – ist ein Liliengewächs wie die Zwiebel. Man kennt und schätzt ihn seit gut 5000 Jahren. Die alten Ägypter priesen ihn wegen seiner Heilwirkung und fütterten damit ihre Sklaven, die um 3000 v. Chr. die große Pyramide von Giza bauten, weil er, wie sie meinten, Kraft und Ausdauer verleihe. Der römische Adel mied den Knoblauch, gab ihn aber seinen Soldaten, um sie stark und mutig zu machen. In unseren Breiten kennt man den Knoblauch so richtig erst seit dem Mittelalter, wo man ihn für ein Wundermittel gegen Schlangenbisse, Tollwut, Haarausfall und Hautausschlag hielt. In den Balkanländern gilt er auch heute noch als Symbol für Fruchtbarkeit. Die Bulgaren mit ihren auffallend vielen Hundertjährigen scheinen zu beweisen, daß Knoblauch und Joghurt, die sie als Lebenselexiere betrachten, sie zu den gesündesten und langlebigsten Menschen der Erde machen.

ANBAU UND SAISON: Knoblauch ist das ganze Jahr über erhältlich. Frisch geernteten Knoblauch gibt es zu verschiedenen Zeiten, besonders günstig im Mai und September. Neben Mexiko, Italien und Frankreich ist Amerika ein Hauptproduzent.

EINKAUF: Es sind vorwiegend drei Sorten auf dem Markt: der kreolische oder amerikanische Knoblauch mit weißer Haut; er ist in Geschmack und Geruch am stärksten; italienischer und französischer Knoblauch, den man an der blaßrosa bis violetten Haut erkennt und tahitischer Knoblauch, die größte Sorte.
Die Haut der Knoblauchzehen muß weiß oder durchscheinend violett aussehen (nicht gelblich oder grau); die Zehen müssen prall sein, sonst sind sie nicht mehr frisch und aromatisch.

ZUBEREITUNG: Man kann Knoblauch als ganze Zehe, zerdrückt oder gehackt verwenden. Die Zehen lassen sich am besten schälen, wenn man sie unter ein großes Messer legt und mit der Faust auf die Klinge schlägt. Dabei platzt die Haut und läßt sich leicht abziehen. Zerkleinern lassen sich die Zehen am ein-

LAUCH

KNOBLAUCH

SCHALOTTEN

fachsten mit der Knoblauchpresse – Experten verachten sie –, man kann sie aber auch, salzbestreut, mit einer Gabel zerdrücken. Für manche Gerichte lohnt es sich, die geschälten Zehen in kleine Würfel oder Scheiben zu schneiden. Wer Knoblauchgeruch an den Händen haßt, sollte die Zehen mit nassen Händen oder mit Gummihandschuhen anfassen und zubereiten. Knoblauchzehen soll man nie in siedendes Öl oder anderes Fett geben. Sie werden dort schnell schwarz und bitter. Man fügt die Zehen am besten warmem Fett zu und läßt sie langsam ihre Aromasäfte an das Fett abgeben. Wünscht man nur einen Hauch von Knoblauch, läßt man die Zehen im Fett goldgelb werden und entfernt sie, ehe man die anderen Zutaten dazugibt. Bei Salaten kann man einfach die Salatschüssel mit der Schnittseite einer Zehe ausreiben, bevor man den Salat hineingibt.

Es gibt kaum Speisen, vor allem Gemüse, die durch eine diskrete Zugabe von Knoblauch nicht gewinnen würden. Geradezu unerläßlich aber ist er bei Meeresfrüchten, Lamm, Hammel, Fischsuppen, Auberginen und heißen Tomatengerichten.

Einige der berühmtesten Gerichte der Welt verdanken ihre Berühmtheit der reichlichen Verwendung von Knoblauch: die katalonische Aioli-Sauce; die Bagna Cauda der Italiener, eine wundervolle Anchovis-Knoblauch-Tunke, die Bouillabaisse der Franzosen und die vielen provençalischen Gerichte, von der knoblauchgespickten Lammkeule bis zur Knoblauch-Quiche.

NÄHRWERT: Regelmäßiger Knoblauchgenuß senkt den Blutdruck, regt Verdauung und Kreislauf an, sorgt für eine optimale Sauerstoffversorgung der Herzkranzgefäße und wirkt so einer Arterienverkalkung entgegen. Knoblauch enthält viel Eiweiß und Schwefel und sein ätherisches Öl Allicin wirkt entzündungshemmend und als Vorbeugungsmittel gegen Darminfektionen und Magenkrankheiten.
Eine Knoblauchzehe enthält ungefähr 3 Kalorien / 13 Joule.

Lauch (Porree)

HERKUNFT: Lauch oder Porree – bot. *Allium porrum* –, auch *Winter-* oder *Breitlauch* genannt, gehört wie die Zwiebel, mit der er verwandt ist, zu den Liliengewächsen. Seine Urheimat ist das Mittelmeergebiet. Lauch ist ein altbekanntes Gemüse; schon die alten Ägypter und Griechen schätzten ihn. Heute wird Lauch in allen Ländern der Erde angebaut.

SAISON: Frischen Lauch gibt es das ganze Jahr über, Sommerlauch von Mai bis August, die übrigen Monate Winterlauch.

EINKAUF: Die beiden Lauchsorten unterscheiden sich folgendermaßen: Sommerlauch, mit langen, weißen Stengeln und hellgrünem Laub schmeckt zarter, Winterlauch, mit gedrungenen Stengeln und dunkelgrünem Laub, ist im Geschmack kräftiger und etwas herber. Lauch mit angegilbten, faulen oder beschädigten Stellen sollte man meiden, weil er sich schnell zersetzt.

ZUBEREITUNG: Zuerst immer die weißen Wurzelstränge abschneiden und die obersten harten Blätter entfernen, angegangene Stellen ausschneiden. Dann je nach Verwendungsart den Lauch der Länge nach aufschneiden oder in feine Ringe schneiden und gründlich waschen, da zwischen den Blattschichten meist Sand sitzt.
Lauch sollte in sehr wenig Salzwasser gekocht werden. Ganze Stangen benötigen 15–20 Minuten Garzeit, geschnittene etwa 10 Minuten. Vorzugsweise wird Lauch für Suppen und Saucen und als Würzmittel oder Beilage verwendet, aber er schmeckt auch ausgezeichnet als Gemüse in Saucen oder überbacken, eingerollt in Schinken- oder Zungenscheiben, in Teig ausgebacken, als Lauchtorte oder auch als Salat. Gut zusammen passen auch Lauch und Käse. Als Gewürze und Kräuter eignen sich Muskat, Cayennepfeffer und Petersilie, Majoran und Thymian.

NÄHRWERT: Lauch enthält große Mengen an Kalzium, Phosphor, Eisen, Natrium und Kalium, ätherische Öle, etwas Vitamin B und C. 100 g Lauch entsprechen 31 Kalorien/128 Joule.

GEMÜSEZWIEBEL

FRÜHLINGSZWIEBEL

ROTE ZWIEBEL

GELBE- ODER HAUSHALTS- ZWIEBEL

FRANZÖSISCHE ZWIEBELSUPPE

500 g Zwiebeln
3 EL Olivenöl
1 EL Mehl
ca. 1 l kräftige Rinderbrühe
1 Bouquet garni
Salz
frisch gemahlener schwarzer Pfeffer
4 Scheiben Stangenweißbrot (je 1 cm dick)
50 g geriebener Gruyère-Käse

Die geschälten Zwiebel in dünne Scheiben schneiden. Das Öl in einem Suppentopf erhitzen und darin die Zwiebeln unter gelegentlichem Umrühren bei milder Hitze in ca. 10 Minuten goldgelb werden lassen. Anschließend das Mehl unterrühren und die Rinderbrühe unter ständigem Rühren angießen. Bouquet garni hineingeben, die Suppe mit Salz und Pfeffer würzen und zugedeckt 30 Minuten köcheln.

Inzwischen die Brotscheiben auf beiden Seiten toasten. Die Zwiebelsuppe auf vier feuerfeste Suppentassen verteilen, in jede eine Brotscheibe legen und den Käse darüberstreuen. Die Tassen unter den vorgeheizten Grill stellen, bis die Oberfläche des Brotes goldbraun und der Käse geschmolzen ist.

VICHYSOISSE

500 g Lauch
300 g mehligkochende Kartoffeln
1 EL Butter
1 Schinkenknochen
1 Bund Petersilie
1 l Hühnerbrühe
¼ l Milch
je eine Prise Muskat und Cayennepfeffer, Salz
⅛ l leicht geschlagene süße Sahne
Schnittlauchröllchen zum Garnieren

Lauch waschen und in dicke Ringe schneiden, die Kartoffeln schälen und grob würfeln. Die Butter in einem Topf zerlassen und den Lauch ca. 5 Minuten darin andünsten. Nun die Kartoffelwürfel, Schinkenknochen und gehackte Petersilie zugeben, die Hühnerbrühe angießen und alles bei kleiner Hitze ca. 30 Minuten kochen. Anschließend den Schinkenknochen entfernen. Die Suppe mit dem Gemüse über einem Topf

durch ein Sieb laufen lassen und dabei das Gemüse durch das Sieb passieren. Den Topf zurück auf den Herd stellen, die Milch einrühren und die Suppe zum Kochen bringen. Mit den Gewürzen abschmecken, dann vom Herd nehmen und die geschlagene Sahne unterziehen. Mit Schnittlauch bestreut servieren. Vichysoisse ist eine klassische Suppe, die sowohl heiß als auch kalt gereicht werden kann.

KNOBLAUCH-TOMATEN-SUPPE

4 Knoblauchzehen
6–8 reife Tomaten
6 EL Olivenöl
½ l Hühner- oder Kalbsbrühe
Salz
frisch gemahlener Pfeffer
1 Bund Basilikum

Die Knoblauchzehen schälen und durchpressen oder sehr fein hacken. Die Tomaten mit heißem Wasser überbrühen, enthäuten, entkernen und in Würfel schneiden. Das Öl in einem Topf erhitzen, den Knoblauch darin goldgelb (nicht braun) werden lassen, dann die Tomatenwürfel dazu geben und solange

rühren, bis sie sich zu Mus aufgelöst haben. Nun die Brühe angießen, kurz aufkochen lassen und die Suppe mit Salz und Pfeffer abschmecken. Die Suppe mit gehacktem Basilikum oder ganzen Blättchen garniert servieren.
Reichen Sie dazu ofenfrisches Weißbrot.

KNOBLAUCH-SPINAT-DRESSING

2 große Knoblauchzehen
½ kleine Zwiebel
ca. 100–120 g frische Spinatblätter
1 EL Kräuteressig
je 1 Messerspitze Salz und Pfeffer
3–5 EL gutes Öl

Die geschälten Knoblauchzehen sowie die zerschnittene Zwiebel und den gut gewaschenen Spinat im Mixer oder mit dem Passierstab musig pürieren. Anschließend mit Essig, den Gewürzen und Öl verrühren.

Diese pikante Sauce, die sich gut verschlossen einige Tage im Kühlschrank hält, schmeckt vorzüglich als Dip zu Artischocken oder als Sauce zu Fondue. Auch zur Verfeinerung zu Salatsaucen oder Nudelgerichten ist sie geeignet.

ZWIEBELSCHEIBEN IN BIERTEIG

2 Gemüsezwiebeln
4 gehäufte EL Mehl
1 Ei
⅛ l Bier
Salz
Öl zum Ausbacken
Sauce
1 Becher Naturjoghurt
1 Bund feingeschnittene Petersilie
1 TL Meerrettich (aus dem Glas)
1 Prise Zucker

Die Zwiebeln schälen und in nicht zu dicke Scheiben schneiden. Aus Mehl, Ei, Bier und Salz einen geschmeidigen Teig herstellen, diesen ca. ¼ Stunde ruhen lassen.
Inzwischen die Zutaten für die Sauce verrühren.
Das Öl in einem Topf oder in der Friteuse erhitzen und nun die durch den Bierteig gezogenen Zwiebelscheiben goldgelb ausbacken und anschließend

auf Küchenpapier abtropfen lassen und entfetten. Die Zwiebelscheiben sofort servieren. Die Sauce entweder getrennt reichen oder gleich je einen Klaks auf die Zwiebelscheiben geben.
Dies ist eine vorzügliche Vorspeise oder ein kleiner Imbiß.

Vichysoisse
Knoblauch-Tomaten-Suppe
Französische Zwiebelsuppe

FRÜHLINGSZWIEBEL-COCKTAIL

1 Bund Frühlingszwiebeln
1 rote Paprikaschote
1 Orange
1 kleine Dose Champignons
Marinade
3 EL trockener Weißwein
1 EL gehackter Schnittlauch
Salz, frisch gemahlener Pfeffer
⅛ l saure Sahne

Die Zwiebeln waschen, die Wurzeln abschneiden und Knollen sowie das Grün in feine Ringe schneiden; Paprikaschote waschen, entkernen und in Streifen schneiden, die Orange schälen, filetieren und in Spalten teilen. Die Champignons abtropfen lassen und halbieren. Alle Zutaten in eine Schüssel geben und vermischen.

Die Zutaten für die Marinade gesondert anrühren, dann über den Salat gießen und gut durchmischen. Den Cocktail etwas durchziehen lassen und dann in Gläsern oder Schüsselchen mit getoastetem Weißbrot als Vorspeise servieren.

FRÄNKISCHER ZWIEBELKUCHEN

400 g Mehl
25 g Hefe
knapp ¼ l Milch (lauwarm)
1 TL Zucker
1 Ei
1 Prise Salz
75 g Butter oder Schweineschmalz
Belag
800 g Zwiebeln
40 g Butter
100 g durchwachsener Speck
1 EL Kümmel
1 TL Salz
etwas weißer Pfeffer
2 Eier
⅛ l saure Sahne

Mehl in eine Schüssel geben, in die Mitte eine Vertiefung machen und die zerbröckelte Hefe hineingeben, mit etwas Milch, dem Zucker und ein wenig Mehl vom Rand zu einem glatten Vorteig verrühren und zugedeckt an einem warmen Ort ca. 20 Minuten gehen lassen. Anschließend den Vorteig mit Ei, Salz, Fett und Mehl unter Zugabe der restlichen Milch verkneten und den Teig kräftig bearbeiten, bis er sich vom Schüsselrand löst. Den Teig zugedeckt 30 Minuten gehen lassen. Inzwischen für den Belag die Zwiebeln schälen und fein würfeln. Die Butter in einem Topf zerlassen, den in kleine Würfel geschnittenen Speck darin glasig anbraten, dann die Zwiebelwürfel dazugeben und ca. 15 Minuten dünsten (sie dürfen nicht braun werden). Die Zwiebeln mit den Gewürzen und den mit der Sahne verquirlten Eiern vermischen.

Nun den gegangenen Hefeteig rund ausrollen und damit eine leicht gefettete Springform bis zu den Rändern auskleiden. Darauf den Zwiebelbelag füllen, die Form in den vorgeheizten Backofen geben und den Zwiebelkuchen bei 220 Grad ca. 35 Minuten backen.

Fränkischen Zwiebelkuchen können Sie warm oder kalt zu einem leichten Weißwein oder Bier servieren.

GARNELEN »DON QUIJOTE«

16–24 Garnelen oder Hummerkrabben
Zitronensaft
12 EL Olivenöl
4 durchgepreßte Knoblauchzehen
1 Lorbeerblatt
3 Pfefferkörner
1 Prise Zucker
1 Spritzer Tabasco oder Hot Pepper-
Sauce
1 EL feingehackte Petersilie

Frische oder tiefgekühlte (auf keinen Fall aber bereits vorgekochte) Garnelen oder Hummerkrabben aus der Schale lösen und mit Zitronensaft beträufeln. In einer Pfanne das Olivenöl erhitzen, die gepreßten Knoblauchzehen, Lorbeerblatt, Pfefferkörner und Zucker dazugeben und darin die Garnelen oder Hummerkrabben 5–7 Minuten unter gelegentlichem Umrühren köcheln las-

sen. Dann das Lorbeerblatt und die Pfefferkörner entfernen und Tabasco und Petersilie untermischen.
Das Gericht anschließend auf kleine Schalen verteilt mit frischem Stangenweißbrot, mit dem man das Knoblauchöl auftunkt, servieren. Zu dieser aromatischen Vorspeise einen kräftigen Weißwein oder Rosé oder, typisch spanisch, einen trockenen Sherry reichen.

ROTER ZWIEBELSALAT

4 rote Zwiebeln
1 kleine Dose Maiskörner
125 g Bel Paese oder ein ähnlicher
Butterkäse
150 g Salami oder Fleischwurst
Marinade
2 EL Rotweinessig
1 Knoblauchzehe
Salz, Pfeffer
1 Prise Zucker
4 EL Öl

Die Zwiebeln schälen und mit einem scharfen Messer in grobe Würfel oder Ringe schneiden und zusammen mit den abgetropften Maiskörnern, der in dünne Scheiben geschnittenen Wurst und dem in schmale Streifen geschnittenen Käse in eine Schüssel geben. Alle Zutaten für die Marinade vermischen (die Knoblauchzehe mit Salz zerdrükken) und über die Salatzutaten gießen. Den Salat kräftig durchmengen und etwas ziehen lassen.
Dieser sättigende Salat ist zusammen mit gebuttertem Vollkornbrot ein leichtes Abendessen.

Garnelen »Don Quijote«
Roter Zwiebelsalat
Frühlingszwiebel-Cocktail

ZWIEBELGEWÄCHSE

ZWIEBELFISCH AUS DER FOLIE

4 große Scheiben Fischfilet
(z. B. Kabeljau)
Saft einer Zitrone
Salz
weißer Pfeffer
1 Messerspitze Rosmarin
1 Prise Koriander
1 EL Senf
4 weiße Zwiebeln
50 g Kräuterbutter
(Fertigprodukt)

Fischfilet waschen und trockentupfen, dann mit Zitronensaft beträufelt einige Minuten ziehen lassen. Jede Filetscheibe auf ein entsprechend großes Stück Alufolie legen, auf beiden Seiten mit Salz, Pfeffer, Rosmarin und Koriander würzen und auf der Oberseite dünn mit Senf bestreichen. Darauf legt man nun die in dünne Scheiben geschnittenen Zwiebeln, so daß sie das ganze Filet bedecken, und begießt sie mit der vor-

her geschmolzenen Kräuterbutter. Nun die Folie über dem Fisch zusammenschlagen und seitlich schließen, damit kein Saft austreten kann. Die Pakete in den vorgeheizten Backofen auf die mittlere Schiene geben und bei 200 Grad ca. 30 Minuten garen.
Zu diesem leichten, sehr würzigen Fischgericht eignen sich als Beilage Kräuterkartoffeln und ein Zucchinigemüse.

KNOBLAUCH-SPAGHETTI MIT KAPERN

250 g Spaghetti
Salz
2 EL Olivenöl
3 Knoblauchzehen
2 EL Butter
2–3 EL abgetropfte Kapern
1 Bund feingehacktes Basilikum

Die Nudeln in reichlich Salzwasser »al dente« (bißfest) kochen. Unterdessen das Olivenöl in einer Pfanne erhitzen und die geschälten, etwas zerdrückten Knoblauchzehen darin goldgelb braten. Nun die Butter zugeben, schmelzen lassen, die Kapern unterziehen und die Mischung mit etwas Salz würzen.
Die abgetropften Spaghetti in eine große Schüssel füllen und mit der Knoblauch-Kapern-Mischung und dem Basilikum gut vermischen.

Knoblauch-Spaghetti sind eine würzige Beilage zu Kalbsbraten oder -schnitzeln. Wenn Sie die Spaghetti als Hauptgericht servieren wollen, sollte die Menge der Zutaten verdoppelt werden.

Oben: *Zwiebelfisch aus der Folie; Kabeljau in Knoblauchmarinade*
Rechts: *Gefüllte Gemüsezwiebeln; Knoblauch-Spaghetti mit Kapern*

KABELJAU IN KNOBLAUCHMARINADE

4 dicke Scheiben Kabeljaukotelett
(à 200 g)
Zitronensaft
Salz
frisch gemahlener schwarzer Pfeffer
3 Knoblauchzehen
4–5 EL Öl
Butterflöckchen
1 EL gehackte Petersilie

Die abgespülten und mit Küchenkrepp trockengetupften Fischkoteletts mit Zitronensaft beträufelt einige Minuten stehen lassen. Anschließend salzen und pfeffern. Die Knoblauchzehen schälen, mit Salz zerdrücken oder durch die Presse quetschen und mit dem Öl verrühren. Die Fischstücke in der Knoblauchmarinade wenden, dann in eine feuerfeste Form geben und mit Butterflöckchen belegt entweder je drei Minu-

ten von beiden Seiten grillen oder bei 200 Grad ca. 20 Minuten im Backofen backen. Die Fischkoteletts mit Petersilie bestreut in der Form servieren.
Dazu schmecken einfache Salzkartoffeln, grüner Salat und ein trockener Weißwein.
Die beim Grillen oder Backen entstandene Sauce kann zusätzlich mit ein paar Eßlöffeln Sahne oder Crème fraîche verfeinert werden.

GEFÜLLTE GEMÜSEZWIEBELN

2 große Gemüsezwiebeln
1 EL Butterschmalz
100 g Räucherspeckwürfel
3 Tomaten
100 g frische Champignons
1 EL gehackte Petersilie
2 EL geriebener Parmesan
schwarzer Pfeffer
etwas Oregano
Butterflöckchen

Die Zwiebeln schälen, halbieren und etwas aushöhlen. Die Hälften in einem Topf, bedeckt mit Salzwasser, ca. 20 Minuten kochen, dann abtropfen lassen. Inzwischen das ausgehöhlte Zwiebelfleisch fein würfeln. Schmalz erhitzen, Speck- und Zwiebelwürfel darin glasig braten, dann die enthäuteten, zerschnittenen Tomaten und die in Scheiben geschnittenen Champignon

dazugeben und einige Zeit dünsten lassen. Die Mischung vom Herd nehmen, Petersilie und Parmesan daruntermischen und mit den Gewürzen abschmecken.
Diese Füllung nun auf die Zwiebelhälften häufen und mit Butterflöckchen belegt im vorgeheizten Backofen bei 220 Grad 12–15 Minuten überbacken.
Mit einem frischen Salat servieren.

KARPFEN MIT LAUCH GEFÜLLT

1 küchenfertiger Karpfen
(ca. 1–1,25 kg)
Salz
frisch gemahlener weißer Pfeffer
70 g Butter
2–3 Stangen Lauch (nur das Weiß)
1 Bund Suppengrün
1 Prise Piment

Die Karpfen gründlich waschen, mit Küchenkrepp trockentupfen und innen und außen kräftig mit Salz und Pfeffer bestreuen bzw. einreiben.

Die Hälfte der Butter in der Pfanne schmelzen lassen und darin den gewaschenen, in sehr feine Ringe geschnittenen Lauch und das zerkleinerte Suppengrün 2–3 Minuten dünsten und mit Salz und Piment würzen. Den Karpfen mit dieser Gemüsemischung füllen, in eine feuerfeste Form setzen und mit der restlichen Butter beträufelt im vorgeheizten Backrohr bei 200 Grad ca. 40 Minuten backen (den Fisch dabei zweimal wenden).

Den Karpfen sofort in der Form servieren und dazu Butterkartoffeln und Sahnemeerrettich reichen.

RUMPSTEAKS MIT ZWIEBELMUS

4 Scheiben Rumpsteak
frisch gemahlener schwarzer Pfeffer
etwas Paprikapulver
4–5 EL Olivenöl
Salz
50 g geriebener Emmentaler
Zwiebelmus
200 g Schalotten (ersatzweise Zwiebeln)
⅛ l trockener Weißwein
1 EL Butter
Petersilie zum Garnieren

Für das Zwiebelmus die Schalotten oder Zwiebeln schälen, in Würfel schneiden und in einem Topf mit Weißwein ca. 10 Minuten bei kleiner Hitze dünsten. Die Butter dazu geben, mit Pfeffer würzen und anschließend zu Mus pürieren.

Die Rumpsteaks kurz abspülen, trockentupfen und auf beiden Seiten mit Pfeffer und Paprika würzen. Das Olivenöl erhitzen und die Steaks auf beiden Seiten je 3 Minuten braten; dann erst etwas salzen. Die Steaks auf Alufolie legen und mit dem Zwiebelmus bestreichen, den Käse darüber streuen und die Steaks unter den heißen Grill schieben, bis der Käse zerflossen ist. Sofort mit Petersilie garniert anrichten.

Servieren Sie dazu Gratin Dauphinois (siehe Seite 58) oder Kräuterreis und gemischten Salat oder in Knoblauchbutter geschwenkten Broccoli.

LAUCHGRATIN

1000 g Lauch
1 EL Butter
1 Knoblauchzehe
¼ l Milch
Salz
weißer Pfeffer
1 Prise Muskat
etwas Estragon (getrocknet)
⅛ l süße Sahne
125 g geriebener Emmentaler

Die Lauchstangen gründlich waschen, Wurzeln und harte, dunkelgrüne Blätter entfernen, die Stangen dann in 1–2 cm dicke Ringe schneiden und in eine feuerfeste Auflaufform geben. Die Butter in einem Pfännchen erhitzen und darin die geschälte, halbierte Knoblauchzehe goldgelb werden lassen. Knoblauch aus der Butter entfernen und die Butter über dem Lauch verteilen. Die Milch mit den Gewürzen erhitzen (aber nicht kochen), die Sahne zugießen und die heiße Mischung über den Lauch gießen. Die Form mit Alufolie abdecken und für 35 Minuten in das vorgeheizte Backrohr bei 200 Grad stellen. Nach dieser Zeit die Folie abnehmen, den Käse über das Gericht streuen und dann nochmals für weitere 15 bis 20 Minuten in den Ofen stellen, bis der Käse eine goldbraune Kruste gebildet hat.

Wenn Sie diesen Gratin als Hauptgericht servieren, genügen als Beilage in der Folie gebackene Kartoffeln (die zur gleichen Zeit mitgaren können). Lauchgratin ist aber auch eine feine Beilage für 6–8 Personen zu Fischgerichten oder zu gebratener Kalbsleber.

EINGELEGTE PERLZWIEBELN

750 g Perlzwiebeln
¼ l Weißweinessig
¼ l Wasser
2–3 EL Zucker
3 Lorbeerblätter
10 Pfefferkörner
1 TL Senfkörner
1 Prise Piment
1 Messerspitze Dillsamen

Die Perlzwiebeln schälen, waschen und in ein hohes Glas oder ein Steingutgefäß geben. Alle anderen Zutaten in einem Topf aufkochen und diesen Sud über die Zwiebeln gießen. Den Behälter mit Einmachfolie verschlossen ca. 4–5 Tage stehen lassen (darauf achten, daß der Sud die Zwiebeln voll bedeckt). Nach dieser Zeit die Flüssigkeit abgießen, erneut aufkochen und dann wieder über die Zwiebeln geben. Das Gefäß gut verschließen.

Perlzwiebeln sind eine würzige Beilage zu kaltem Braten, zu Roastbeef oder einer Wurst- und Käseplatte.

Rumpsteaks mit Zwiebelmus
Lauchgratin

Kohlgemüse

Vergleicht man die kleinen Köpfchen des Rosenkohls mit dem großen Wirsingkohl, mit zarten Broccoliröschen oder dem schlanken Chinakohl, so kann man kaum glauben, daß diese Sorten alle aus einer gemeinsamen Kohlart entstanden sind. Völlig verschieden in Aussehen und Geschmack, und doch von gleicher Herkunft, bilden die zahlreichen Kohlsorten eine kulinarische Herausforderung an jeden Koch. Kohlgerichte sind daher ebenso vielseitig in Aussehen, Konsistenz und Geschmack wie die Arten selbst. Zu den beliebtesten Speisen gehören Sauerkraut, Weißkohlsalat, Rotkohl mit Äpfeln oder Blumenkohl überbacken. Probieren Sie auch einmal ungewöhnliche Kombinationen aus wie zum Beispiel Rosenkohl mit Eßkastanien, fritierte Blumenkohlröschen oder Chinakohl in einer scharfen Sauce als festliche Beilagen.

Broccoli

HERKUNFT: Broccoli – bot. *Brassica oleracea* var. *asparagoides* – wird auch *Spargelkohl* genannt, aber fast immer als Broccoli zum Kauf angeboten. Die alten Römer haben Broccoli als »wilden« Kohl aus Kleinasien eingeführt und sehr bald kultiviert.
Es gibt verschiedene Broccoli-Sorten: Weißen oder violetten Broccoli, der sehr unserem Blumenkohl ähnelt und von einem dichten, dunkelgrünen Blattkranz umgeben ist, und grünen Broccoli (auch Calabrese genannt), dessen grüne Röschen auf fleischigen, grünen Stielen sitzen. Alle Sorten haben einen aromatischen, dem Blumenkohl ähnlichen Geschmack.

ANBAU UND SAISON: Broccoli wird vor allem in Frankreich und Italien angebaut, Hauptexportland ist aber Italien. Er ist inzwischen das ganze Jahr über erhältlich, erstklassige Ware bekommt man aber nur von Ende November bis Mitte März.

EINKAUF: Bei allen Sorten ist darauf zu achten, daß die Röschen fest und von intensiver Farbe sind. Wenn sich gelbe Stellen oder schlaffe Blüten zeigen, ist vom Kauf abzuraten.

ZUBEREITUNG: Broccoli kann man nicht roh essen oder verarbeiten. Er muß immer einige Minuten in Salzwasser gekocht werden. Man kann die Deckblätter mitkochen und essen, sie sind jedoch ein wenig hart; normalerweise werden sie entfernt und nur die Stiele und Röschen zusammen gekocht. Heikle Esser schälen die dickeren Stiele. Die Kochzeit beträgt je nach Stärke von Staude und Stielen zwischen 10 und 15 Minuten. Nach dem Abtropfen kann man ihn in geschmolzener Butter wenden oder in einer Holländischen Sauce anrichten und als Gemüsebeilage zu Fleisch, Fisch und Wild reichen. Broccoli schmeckt auch köstlich als Salat.

NÄHRWERT: Broccoli besitzt einen hohen Vitamingehalt und ist besonders reich an Karotin. Er enthält pro 100 g 33 Kalorien/138 Joule.

Rosenkohl

HERKUNFT: Der Rosenkohl – bot. *Brassica oleracea* var. *gemmifera* –, auch *Sprossenkohl* oder *Brüssler Kohl* genannt, gehört zu den Kreuzblütlern und zur Familie der Kohlgewächse. Er wurde angeblich vor etwa 100 Jahren in der Nähe von Brüssel zum erstenmal

GRÜNER BROCCOLI

VIOLETTER BROCCOLI

ROSENKOHL

gezüchtet, weshalb er heute in vielen Ländern Brüssler Kohl genannt wird. Es gibt zahlreiche Rosenkohlzüchtungen, sogar eine mit roten Röschen, die aber hierzulande selten verkauft wird. Alle Rosenkohlpflanzen bestehen aus Strünken, an denen in dichten Trauben Röschen von unterschiedlicher Größe (je nach Sorte) sitzen. Die süßlich herbe Geschmacksnote hat dem Rosenkohl viel Freunde geschaffen.

ANBAU UND SAISON: Das Hauptanbaugebiet für Rosenkohl ist bei uns das Rheinland. Zusätzlich importieren wir aus Holland und Belgien. Frischen Rosenkohl gibt es von Ende Oktober bis April.

EINKAUF: In den Handel kommen die Röschen des Rosenkohls bereits von den Strünken geschnitten. Als feinste Sorten gelten die Röschen mit dicht geschlossenen Köpfen, aber auch die mit leicht gekrausten Blättern und locker angeordneten Außenblättern sind schmackhaft. Wählen Sie nur feste, grüne Röschen, die frisch aussehen. Meiden sie solche mit starkem Geruch.

ZUBEREITUNG: Rosenkohl bietet kaum Abfall. Man entfernt höchstens die verfärbten Deckblätter, schneidet zu starke Röschenstiele ab, wäscht die Röschen und läßt sie bei geschlossenem Topf (damit die grüne Farbe erhalten bleibt) in Salzwasser und Muskat etwa 18–20 Minuten garen. Die gegarten Röschen serviert man mit heißer Butter beträufelt oder in feinen Saucen. Gut schmeckt Rosenkohl auch mit Schinkenstreifen oder mit Käse gratiniert.

NÄHRWERT: Rosenkohl besitzt hohe Anteile an Phosphor, reichlich Kalzium sowie Vitamin A und C. 100 g Rosenkohl enthält 26 Kalorien/107 Joule.

Weißkohl

HERKUNFT: Weißkohl – bot. *Brassica oleracea* var. *capitata* –, auch *Weißkraut*, *Weißkabis*, *Kabis* oder *Kappes* genannt, gehört zur Familie der Kreuzblütler. Ein feiner Verwandter dazu ist der zarte *Spitzkohl* oder *Butterkohl*. Unter Zugabe von Salz zum Gären gebrachtes, gehobeltes Weißkraut wird zu *Sauerkraut*.

Schon die alten Römer kannten den Weißkohl; und so alt seine Tradition ist, so lange hängt ihm der Ruch von Arme-Leute-Essen an. Doch darf sich der ob seines Kochgeruchs und seiner Blähwirkung viel geschmähte Kohl auch blaublütiger Verehrer rühmen. So war z.B. Liselotte von der Pfalz ganz vernarrt in Krautsalat mit Speck.

ANBAU UND SAISON: Weißkohl wird in ganz Europa, reichlich auch in Deutschland angebaut. Das Hauptanbaugebiet für Weißkohl ist jedoch das Elsaß, wo man den größten Teil der Ernte zu Sauerkraut verarbeitet. Weißkohl gibt es ganzjährig, Spitzkohl nur von Juni bis Oktober.

EINKAUF: Auf feste, frischaussehende Köpfe achten. Für 4 Personen benötigt man einen kleinen Weißkohl oder einen halben großen. Bei Sauerkraut rechnet man ca. 500 g für 4 Personen.

ZUBEREITUNG: Die welken Außenblätter entfernen, den Kohl vierteln, Strunk herausschneiden und die Viertel hobeln oder in Streifen schneiden. Den Kohl waschen und abgetropft in Schmalz mit Zwiebeln anschmoren, Flüssigkeit angießen und mit Kümmel würzen. Die Garzeiten für Spitzkohl betragen 7–10 Minuten, für Weißkohl je nach Sorte zwischen 20–30 Minuten. Kohl wird für zahllose Suppen, Eintöpfe und Rouladen verwendet. Man kann ihn auch roh oder kurz blanchiert als Salat mit Gewürzen und Speckwürfeln servieren. Die Garzeit für frisches Sauerkraut beträgt 30–40 Minuten. Der Gesundheit wegen sollte man es auch öfter roh essen.

NÄHRWERT: Weißkohl ist ein gesundes Gemüse, das reichlich Kalzium, Natrium, Eisen und Phosphor sowie viel Vitamin A, etwas Vitamin B$_1$, B$_2$ und D enthält. Sauerkraut bietet enorme Mengen Natrium, viel Kalzium und Phosphor, Milchsäure, reichlich Vitamin C und etwas Vitamin A. Weißkraut hat 20 Kalorien/85 Joule pro 100 g; Sauerkraut 26 Kalorien/107 Joule.

Rotkohl

HERKUNFT: Rotkohl – bot. *Brassica oleracea* var. *capitata*, auch *Rotkraut*, *Roter Kappes* (Rheinland), *Rotkabis* (Schweiz) und *Blaukraut* genannt, gehört zur Familie der Kreuzblütler und ist ein Ergebnis jahrelanger Züchtung. Seinem Namen entsprechend ist er dunkelrot bis violett und besitzt einen festen Kern gekräuselter Blätter.

ANBAU UND SAISON: Rotkohl baut man bei uns am Niederrhein, in Schleswig-Holstein und im badischen Land an. Weil es Früh- und Spätsorten gibt, ist Rotkohl fast ganzjährig erhältlich. Engpässe gibt es nur im Frühjahr.

EINKAUF: Wählen Sie frische, nicht zu große Köpfe. Für vier Personen braucht man einen mittelgroßen Kohlkopf, sofern man Gemüse macht, für Salat genügt ein halber Kohl.

ZUBEREITUNG: Rotkohl wird wie Weißkohl vorbereitet. Als Gemüse schmort man ihn kurz in etwas Fett, würzt ihn mit Salz, Zwiebeln, Lorbeerblatt, Nelken und Essig, gießt ca. ¼ Liter Wasser an und läßt ihn 1 Stunde bei kleiner Flamme kochen, dann mit Zucker und Salz abschmecken und mit etwas Stärkemehl binden. Verfeinern kann man dieses Gemüse mit Apfel- oder Ananasstückchen, mit Kastanien oder mit Nüssen. Aus den einzelnen Blättern lassen sich auch farbenfrohe Rouladen fertigen.
Rotkohl wird gern zu Wild, Bratwurst oder Gänse- und Entenbraten serviert.

NÄHRWERT: Rotkohl enthält ähnliche Nährwerte wie Weißkohl. 100 g frischer Rotkohl hat 20 Kalorien/85 Joule.

JUNGER WEISSKOHL

WEISSKOHL

ROTKOHL

WIRSING

BLUMENKOHL

Wirsing

HERKUNFT: Wirsing – bot. *Brassica oleracea* var. *bullata* –, auch *Savoyerkohl* oder *Welschkohl* genannt, ist ein kräftiger und würzig schmeckender Verwandter des Weißkohls. Er gehört zur Familie der Kreuzblütler, also zu den Kohlgewächsen.
Es gibt unterschiedliche Sorten: Früh- und Späternten mit differierenden Kopfformen, mit stark- oder schwachgekrausten Blättern, lockerem oder dichtem Herz. Manche wirken dunkelgrün, fast blaugrün, andere fallen frischgrün oder gelblich aus. Das Gewicht von Wirsingköpfen schwankt zwischen 750–3000 Gramm.

ANBAU UND SAISON: In Deutschland wird so viel Wirsing angebaut, daß wir nur Frühwirsing aus Holland importieren müssen, im Herbst und Winter aber mit heimischer Ware voll versorgt sind.

EINKAUF: Wirsing wird nach Gewicht berechnet. Seine Farbe sagt nichts über die Güte aus, wohl aber die Beschaffenheit: Wählen Sie frische, feste Köpfe ohne welke Blätter.

ZUBEREITUNG: Den Kohl von den Außenblättern befreien, vierteln und gründlich waschen. Dann den Strunk herausschneiden und die Viertel in gro-

be Stücke schneiden oder hobeln und im Fett mit Zwiebeln andünsten und mit Fleischbrühe garen. Die Blätter eignen sich auch für Rouladen; außerdem läßt sich Wirsing mit vielen anderen Gemüsen, z. B. Karotten, Sellerie, kombinieren. Ideale Gewürze sind Muskat, Kümmel, Nelken und Koriander.

NÄHRWERT: Wirsing ist reich an Vitamin C und Kalzium. 100 g Wirsing entsprechen 24 Kal./102 Joule.

Blumenkohl

HERKUNFT: Blumenkohl – bot. *Brassica oleracea* var. *botrytis* – gehört zur Familie der Kreuzblütler. Seine Heimat liegt im Mittelmeerraum, wo er zum ersten Mal im 16. Jahrhundert in Italien kultiviert wurde. Neben Broccoli und Artischocken ist Blumenkohl die einzige Gemüseart, bei der praktisch die »Blüte« gegessen und zubereitet wird.

ANBAU UND SAISON: Einen Großteil unseres Blumenkohlbedarfes decken wir selbst, doch importieren wir zusätzlich aus Holland und Italien.
Blumenkohl gibt es ganzjährig, besonders günstig aber in den Herbstmonaten und im Mai/Juni.

EINKAUF: Blumenkohl wird fast immer

stückweise gehandelt. Achten Sie auf feste, weiße Röschen und grüne, frisch aussehende Blätter.

ZUBEREITUNG: Blumenkohl kann man im Ganzen zubereiten. Man entfernt vorher den Strunk, die Blätter und schadhaften Stellen und kocht den Kohlkopf in reichlich Wasser. Die Garzeit beträgt zwischen 15 und 25 Minuten. Um Blumenkohl die letzte Herbe zu nehmen, kann man dem Kochwasser zwei bis drei Eßlöffel Dosenmilch, etwas Butter und Zucker zufügen.
Für manche Blumenkohlrezepte, vor allem für Salate, gebackenen Blumenkohl und Suppen, ist es vorteilhafter, den Kohl vor dem Kochen in einzelne Röschen zu zerlegen. Blumenkohl schmeckt sehr gut mit heißer Butter übergossen, mit hellen Saucen, mit Käse gratiniert, mit in Fett geschwenkten Bröseln bedeckt, in zahlreichen Suppen und Salaten.

NÄHRWERT: Wie alle Kohlarten ist Blumenkohl sehr gesund, allerdings nicht ganz so vitamin- und mineralhaltig wie einige seiner Verwandten. 100 g haben nur 13 Kalorien/56 Joule.

Chinakohl

HERKUNFT: Chinakohl – bot. *Brassica pekinensis* –, gehört zur Familie der

Kreuzblütler und stammt, wie sein Name sagt, aus China. Er wurde schon vor vielen Jahrhunderten in Ostasien angebaut, gelangte aber erst vor wenigen Jahrzehnten nach Europa und Amerika, wo er sich rasch durchsetzte.

Chinakohl ist ein weißlichgrüner, manchmal weißlichgelber länglicher Kohlkopf mit wirsingähnlichen, gewellten Blättern, die jedoch viel zarter und mit breiteren Rippen ausgestattet sind wie die des Wirsings. Größe und Gewicht differieren: es gibt kleine, nur 200–250 g schwere, aber auch Exemplare, die bis zu 1 kg und mehr wiegen. Was den Geschmack betrifft, ist Chinakohl der feinere Verwandte unseres Weißkohls. Er schmeckt jedoch milder und vor allem fast gar nicht nach Kohl.

ANBAU UND SAISON: Chinakohl wird heute in nahezu allen europäischen Ländern angebaut. Man kann ihn regelmäßig in den Herbstmonaten kaufen, vereinzelt auch während der Wintermonate.

EINKAUF: Chinakohl wird stückweise verkauft, aber nach Gewicht berechnet. Wählen Sie krause, frisch aussehende Exemplare.

ZUBEREITUNG: Man kann den Kopf in seine einzelnen Blätter zerlegen, diese in Stücke oder Streifen schneiden und nach dem Waschen roh zu Salat oder in Salzwasser gekocht als Gemüse verarbeiten. Die Garzeiten sind gering (je nach Stückgröße zwischen 8 und 10 Minuten); er bläht auch nicht so stark wie Weißkohl.

In der chinesischen Küche wird Chinakohl sehr vielseitig verwendet, z.B. in Suppen, für Frühlingsrollen und gedämpft mit Fleisch oder Fisch.

NÄHRWERT: Chinakohl enthält viel Vitamin C, wenig Kohlenhydrate und ist daher ideal für eine Schlankheitskur. 100 g enthalten nur 16 Kalorien/67 Joule.

Grünkohl

HERKUNFT: Grünkohl – bot. *Brassica oleracea* var. *acephala* –, auch *Braunkohl*, *Blätterkohl* oder *Blattkohl* genannt, gehört zu den Kreuzblütlern. Grünkohl kommt wahrscheinlich aus dem östlichen Mittelmeerraum, wo er schon vor 2000 Jahren bekannt war. Es gibt zwei Arten Grünkohl: eine glattblättrige und eine mit stark gekrausten Blättern. Beide Sorten haben einen würzigen, süßlich-herben Geschmack. Grünkohl muß, so sagt man, den ersten

CHINAKOHL

GRÜNKOHL

Frost abbekommen haben. Diese Geschmacksverfeinerung entsteht dadurch, daß die im Grünkohl enthaltene Stärke durch den Frostschock in Zucker umgewandelt wird.

ANBAU UND SAISON: Grünkohl wird in Deutschland vor allem in Niedersachsen, Schleswig-Holstein, Westfalen und im Rheinland angebaut. Frischen Grünkohl gibt es ab Ende Oktober und dann den ganzen Winter über.

EINKAUF: Für 4 Personen braucht man etwa 1 kg Grünkohl. Achten Sie auf tiefgrüne, knackig frische Blätter.

ZUBEREITUNG: Welke Blätter und Rippen entfernen und die Blätter in grobe Stücke oder Streifen schneiden. Nach dem Waschen entweder roh als Salat in einer Marinade anrichten oder als Gemüse verwenden. Dafür kocht man den Kohl ca. 10 Minuten in Salzwasser, läßt ihn abtropfen, schmort ihn anschließend mit Zwiebeln und Schmalz an, gießt Fleischbrühe dazu und läßt ihn ca. 60 Minuten garen.

Grünkohl gilt als deftige Hausmannskost; er schmeckt am ursprünglichsten mit herzhaften Würsten, Kassler, Rauchfleisch oder Räucherspeck.

NÄHRWERT: Grünkohl hat hohe Anteile an Vitamin A und C, enthält enorme Mengen an Kalzium und reichlich Phosphor und Eiweiß. 100 g entsprechen 23 Kalorien/96 Joule.

BRAUNKOHL MIT PINKEL

1000 g Grünkohl
2 EL Schweineschmalz
1 EL durchwachsene Speckwürfel
1 gewürfelte Zwiebel
½ l Fleischbrühe
1 Prise Muskat
frisch gemahlener schwarzer Pfeffer
1 Prise Zucker
200 g grobe Mettwurst

Grünkohl von den Stielen streifen und ca. 8–10 Minuten in reichlich Wasser kochen, dann auf einem Sieb abtropfen lassen. Das Schweineschmalz in einem Topf erhitzen, Speckwürfel und Grünkohl darin anschmoren, nach ca. 3 Minuten die Zwiebelwürfel dazugeben und die Fleischbrühe angießen. Das Gemüse mit Muskat, Pfeffer und Zukker würzen und auf kleiner Flamme bei geschlossenem Deckel in 50–60 Minu-

ten garen. Während der letzten 10 Minuten die Mettwürste im Grünkohl ziehen lassen. Den Kohl in eine Schüssel füllen, die in Scheiben geschnittene Mettwurst untermischen und den Eintopf mit Salzkartoffeln servieren.

Blumenkohlsuppe mit Schinken
Rosenkohlsuppe
Herzhafter Wirsingeintopf

BLUMENKOHLSUPPE MIT SCHINKEN

1 kleiner Blumenkohl (oder ½ großer)
½ l Fleischbrühe
¼ l Milch
Salz, Muskat
1 EL Butter
1 knapper EL Mehl
2 EL süße Sahne
1 Eigelb
125 g gekochter Schinken
Dill oder Petersilie (fein gehackt)

Den Blumenkohl putzen, in feine Röschen zerlegen und diese kurz abbrausen. Die Röschen in der Fleischbrühe mit Milch, etwas Salz und Muskat ca. 15 Minuten kochen lassen. Inzwischen in einem Topf die Butter schmelzen, das Mehl darüberstreuen, kurz anschwitzen lassen und dann mit einem Schneebesen ca. ¼ Liter Blumenkohl-Kochbrühe kräftig unterrühren. Die Sauce kurz aufwallen lassen und die restliche Kochbrühe angießen. Zum Schluß unter die nun nicht mehr kochende Suppe das mit Sahne verquirlte Eigelb ziehen. Die Blumenkohlröschen und den in feine Streifen geschnittenen Schinken in die Suppe geben und darin 4–5 Minuten ziehen lassen. Die Suppe mit Dill oder Petersilie bestreut servieren.

HERZHAFTER WIRSINGEINTOPF

750 g Wirsing
750 g Kartoffeln
1 EL Schweineschmalz
1 EL durchwachsene Speckwürfel
1 EL gehackte Zwiebel
150 g grobe Wurst (z. B. Krakauer)
½ l Fleischbrühe
Salz, Pfeffer
getrockneter Majoran
½ TL Kümmel

Den Wirsing waschen, vierteln, Strunk entfernen und die Viertel in grobe Streifen schneiden. Die Kartoffeln schälen und grob würfeln. Das Schweineschmalz in einem Topf erhitzen und die Speck- und Zwiebelwürfeln darin glasig werden lassen. Nun den Wirsing und die Kartoffel sowie die in Scheiben geschnittene Wurst dazugeben, die Fleischbrühe angießen und die Gewürze einstreuen. Den Eintopf bei geschlossenem Deckel in ca. 30 Minuten garen und eventuell mit Petersilie bestreut in einer Terrine servieren.

ROSENKOHLSUPPE

500 g Rosenkohl
20 g Butter
30 g Speckwürfel
1 EL Mehl
¾ l Fleischbrühe
1 Prise Muskat
1 Schuß Madeira oder trockener Sherry
Salz
frisch gemahlener Pfeffer

Rosenkohl putzen, waschen und abtropfen lassen. Die Butter in einem Topf erhitzen, die Speckwürfel leicht darin anbraten, das Mehl darüberstäuben, kurz anschwitzen lassen, dann die Fleischbrühe mit dem Schneebesen einrühren. Nun den Rosenkohl in die Brühe geben und bei kleiner Hitze ca. 25 Minuten garen. Die fertige Suppe mit Muskat, Madeira oder Sherry abschmecken und mit wenig Salz und Pfeffer würzen.

WEISSKOHL-SCHWEINEFLEISCH-EINTOPF

1 kleiner Weißkohl (ca. 700 g)
500 g mageres Schweinefleisch
1 EL Schweineschmalz
1 gewürfelte Zwiebel und Karotte
½ l Fleischbrühe
1 Schuß Essig
Salz, Pfeffer
1 TL Paprikapulver edelsüß
1 TL Speisestärke
⅛ l saure Sahne
gehackte Petersilie

Den Kohl vierteln, waschen und grob hobeln. Das Schweinefleisch in gleich große Würfel schneiden. Nun das Schmalz erhitzen, die Zwiebelwürfel kurz anschmoren und das Fleisch und den Kohl dazugeben. Beides ebenfalls kurz im Schmalz schmoren lassen, dann die Karotte dazugeben und die Fleischbrühe angießen. Den Eintopf bei kleiner Hitze zugedeckt ca. 40 Minuten garen. Kurz vor Beendigung der Garzeit die Gewürze untermischen und den Eintopf mit der in wenig Wasser angerührten Speisestärke und der Sahne leicht binden. Mit gehackter Petersilie bestreut servieren.

GRÜNKOHLSALAT

300 g Grünkohl
2 EL guter Rotweinessig
4 EL Öl
½ kleine Zwiebel
1 Sardellenfilet (vorher wässern)
1 TL Zitronensaft
Salz
frisch gemahlener Pfeffer
1 EL gehackter Schnittlauch
⅛ l saure Sahne
Eiviertel und Petersilie zum Garnieren

Den Grünkohl waschen, von den Rippen streifen und dann in feine Stücke schneiden. Diese in einer Schüssel mit Essig und Öl vermischen und im Kühlschrank zugedeckt ca. 60–90 Minuten ziehen lassen. Aus der kleingehackten Zwiebel, dem feingehackten Sardellenfilet, Zitronensaft, Salz, Pfeffer, Schnittlauch und Sahne eine würzige Sauce herstellen. Die Marinade mit dem Grünkohl mischen und den Salat vor dem Servieren mit Eischeiben oder Cornichons-Würfeln und Petersilie garnieren.

CHINAKOHL-TOMATEN-SALAT

1 kleiner Chinakohl
250 g Tomaten
1 Bund Petersilie
1 Zitrone
Salz
frisch gemahlener schwarzer Pfeffer
2–3 EL Öl
⅛ l saure Sahne

Den gewaschenen Chinakohl in Streifen schneiden, die Tomaten achteln. Beides in einer Schüssel mit der grobgehackten Petersilie bestreut vermischen. Aus Zitronensaft, Salz, Pfeffer, Öl und Sahne eine Marinade rühren, diese über die Salatzutaten gießen und alles gut vermischen. Zum Schluß frisch gemahlenen Pfeffer über den Salat geben.
Als Beilage zu Fisch oder Geflügel reichen.

ENGLISCHER KRAUTSALAT

300 g Weißkohl
3 Stangen Staudensellerie
3 rotbackige Äpfel
1 kleine Zwiebel
50 g geröstete Mandelblättchen
2 EL gehackter Dill
2–3 EL Mayonnaise
2 EL saure Sahne
Dillzweige zum Garnieren

Kohl waschen, fein hobeln und in einer Schüssel mit den in Scheiben geschnittenen Selleriestangen, den ungeschälten, feingeschnittenen Äpfeln, der gewürfelten Zwiebel, den Mandelblättchen und Dill mischen. Mayonnaise mit der Sahne verrühren und gut mit den Salatzutaten vermengen. Den Krautsalat bis zum Servieren kurz durchziehen lassen. Dann mit Dillzweigen garniert anrichten.

FRUCHTIGER ROTKOHLSALAT

1 kleiner Rotkohlkopf
2 Bananen
etwas Zitronensaft
1 Apfel
1 EL Walnußhälften
2 EL Rotweinessig
1 EL Honig
1 Prise Pfeffer
1 Messerspitze Salz

Den Kohl putzen, vierteln und fein hobeln. Je nach Belieben roh verwenden oder kurz in Salzwasser blanchieren, dann gut abtropfen lassen und in eine Schüssel geben. Die Bananen in Scheiben schneiden, den Apfel würfeln und beides sofort mit etwas Zitronensaft beträufeln. Dann zusammen nit den Nüssen unter den Kohl mischen. Den Essig in einem Pfännchen erhitzen (nicht kochen!), den Honig darin auflösen, mit Salz und Pfeffer würzen und diese Marinade (leicht abgekühlt) mit den Salatzutaten vermischen. Den Salat etwas durchziehen lassen und zu Wildgerichten oder Rinderbraten servieren.

BROCCOLI-SALAT

1 mittelgroße Staude Broccoli (ca. 500 g)
½ l Fleischbrühe
1 hartgekochtes Ei
3 EL Vinaigrette-Sauce (Fertigprodukt)
1 EL Zitronensaft
Salz
frisch gemahlener weißer Pfeffer

Broccoli von den Außenblättern und den Stielenden befreien und ca. 10 Minuten in der Fleischbrühe kochen. Dann etwas abkühlen lassen, in einzelne Röschen teilen, die Stiele in gleichmäßige Abschnitte oder in Würfel schneiden. Das Ei in grobe Würfel hacken und über den Broccoli streuen. Aus Vinaigrette, Zitronensaft und den Gewürzen eine pikante Marinade rühren

und diese über das Gemüse gießen. Den Salat kräftig durchmischen und entweder noch lauwarm oder gekühlt als kleine Vorspeise servieren oder als Beilage zu einem Fischgericht.

Grünkohlsalat
Englischer Krautsalat
Broccoli-Salat
Fruchtiger Rotkohlsalat

WIRSINGROULADEN

1 großer Wirsingkopf
¾ l Fleischbrühe
500 g gemischtes Hackfleisch
1 Zwiebel
1 EL Butter oder Margarine
1 Ei, Salz, Pfeffer
Paprikapulver edelsüß
etwas Knoblauchpulver
1 Messerspitze getrocknetes Oregano
1 TL Speisestärke
1 Döschen Tomatenmark
⅛ l saure Sahne
1 EL gehackte Petersilie

Die einzelnen Wirsingblätter vom Strunk lösen, waschen und ca. 5 Minuten in der Fleischbrühe blanchieren. Dann auf einem Sieb abtropfen und etwas abkühlen lassen. Die Kochbrühe beiseite stellen. Hackfleisch, die in 1 Teelöffel Butter angedünstete, gewürfelte Zwiebel, Ei und die Gewürze zu einer Farce vermischen und kräftig abschmekken. Die Wirsingblätter mit dieser Hackfüllung belegen und zu Rouladen aufrollen (kleinere Blätter zu zwei oder mehreren zusammenlegen und füllen).

Die Rouladen in der restlichen Butter in einer feuerfesten Kasserolle von allen Seiten anbraten, dann die Hälfte der Fleischbrühe angießen und die Rouladen im vorgeheizten Backrohr ca. 45 Minuten bei 200 Grad garen. Die Rouladen aus der Brühe nehmen und warmhalten. Speisestärke mit wenig Wasser anrühren und die Rouladenbrühe damit binden. Zum Schluß die mit Tomatenmark verrührte Sahne unterziehen und die heiße Sauce über die Rouladen gießen. Sofort mit Petersilie bestreut auftragen.

ELSÄSSER SAUERKRAUT

2 EL Gänseschmalz
1 kleine gewürfelte Zwiebel
750 g Sauerkraut
1 Lorbeerblatt
1 zerriebener Apfel
2 Wacholderbeeren
Salz, Zucker
200 g geräucherter Schweinebauch
2 Blutwürstchen
4 Leberwürstchen (geräuchert)
4 Rostbratwürstchen

Das Schmalz in einem großen Topf erhitzen, die Zwiebelwürfel darin glasig anbraten, dann das Sauerkraut, Lorbeerblatt, Apfel, Wacholderbeeren, etwas Wasser, eine Prise Salz und Zucker zugeben und den Schweinebauch einlegen. Das Kraut unter gelegentlichem Umrühren 30–35 Minuten schmoren lassen. In einem anderen Topf Wasser erhitzen und darin die Blut- und Leberwürste ca. 6 Minuten ziehen lassen. Die

Rostbratwürstchen in einer Pfanne knusprig braten. Eine große vorgewärmte Platte bereitstellen, das Sauerkraut in die Mitte geben und rundherum den aufgeschnittenen Schweinebauch und die Würstchen anrichten.

Rechts: *Rotkohl-Kartoffel-Gratin; Sauerkrautauflauf*
Unten: *Elsässer Sauerkraut; Wirsingrouladen*

ROTKOHL-KARTOFFEL-GRATIN

1000 g Kartoffeln
1 EL Butter
2 EL feingewürfelter Speck
1 kleine Zwiebel
300 g Rotkohl (aus dem Glas oder Dose)
Salz, Cayennepfeffer
1 Messerspitze Curry
1 Prise Paprika edelsüß
¼ l saure Sahne

Die Kartoffeln schälen, halbieren und in Salzwasser garkochen. Dann abgießen. Die Butter in einem Topf schmelzen lassen und darin den Speck und die gewürfelte Zwiebel goldgelb braten. Ein Drittel der Speck-Zwiebel-Mischung aus dem Topf nehmen und beiseite stellen. Nun das Rotkraut in das verbliebene Fett geben, mit den Gewürzen abschmecken, dabei gut durchrühren und erhitzen. Eine feuerfeste Form einfetten und die Kartoffelhälften hineinsetzen, darüber das Rotkraut verteilen und die beiseite gestellten Speck-Zwiebel-Würfel darüber streuen. Die Form unter den vorgeheizten Grill stellen und den Gratin ca. 10 Minuten überkrusten lassen. Inzwischen die saure Sahne leicht aufschlagen und getrennt zum Gratin reichen.

SAUERKRAUTAUFLAUF

500 g frisches Sauerkraut
1 EL Gänseschmalz
Salz, Pfeffer
Paprika edelsüß
⅛ l Fleischbrühe
200 g durchwachsener Räucherspeck
Kartoffelpüree aus 750 g Kartoffeln
(oder ein Fertigprodukt)
50 g geriebener Emmentaler
1 EL gehackte Petersilie
einige Butterflöckchen

Das Sauerkraut in Gänseschmalz leicht anschmoren, mit Salz, Pfeffer und Paprika würzen, dann die Brühe angießen und das Kraut ca. 30 Minuten unter gelegentlichem Umrühren garen. Eine feuerfeste Form einfetten und nun abwechselnd das Sauerkraut, den gewürfelten Räucherspeck und das Püree einschichten; die oberste Schicht sollte Kartoffelpüree sein. Diese mit Käse, Petersilie und Butterflöckchen belegen und den Auflauf im Ofen bei 200 Grad 15 Minuten überbacken.

BLUMENKOHL-KASSEROLLE

1 großer Blumenkohl
¾ l Fleischbrühe
1 Prise Muskat
etwas Öl
1 Bund gehackte frische Kräuter (z. B. Schnittlauch, Petersilie oder Thymian)
3 Eier
1 EL süße Sahne
1 EL geriebener Parmesan

Blumenkohl in Röschen teilen, diese waschen und 10 Minuten zugedeckt in der Fleischbrühe mit Muskat garen. Die Röschen abtropfen lassen und in eine gefettete, feuerfeste Form geben. Die Kräuter darüberstreuen und die mit Sahne und Parmesan verquirlten Eier darübergießen. Den Blumenkohl in den auf 200 Grad vorgeheizten Backofen stellen und ca. 20 Minuten überbacken, bis die Eier gestockt sind.

Dies ist ein leichtes vegetarisches Gericht, für das Sie auch Broccoli verwenden können.

BROCCOLI IN BLÄTTERTEIG

1 Packung tiefgekühlter Blätterteig
400 g Broccoli
½ l Fleischbrühe
1 EL Butter
100 g gekochter Schinken
Salz
schwarzer Pfeffer
2 Eier
1 EL gehackte Petersilie
1 Eigelb

Die Blätterteigplatten auftauen lassen; das dauert ca. 20–25 Minuten. In der Zwischenzeit Broccoli putzen, von den Blättern befreien und in der Fleischbrühe 10 Minuten garen. Die Butter in einer Pfanne erhitzen und darin den grobgewürfelten Schinken kurz anbraten. Dann den Broccoli abgießen, abtropfen lassen und in feine Stücke schneiden. Diese mit Salz, Pfeffer und dem Schinken mischen. Die Blätterteigplatten nun zu einer Platte zusammenfügen und mit dem Nudelholz rechteckig ausrollen. In die Mitte gibt man die Schinken-Broccoli-Masse, schlägt die rohen Eier vorsichtig darüber, bestreut sie mit etwas Salz und der Petersilie und schlägt die beiden Teigenden über der Füllung zusammen; dabei die Teighülle an den Seiten und oben fest verschließen und mit Eigelb bestreichen. Die Pastete auf ein mit kaltem Wasser abgespültes Backblech legen und im vorgeheizten Backofen bei 220 Grad ca. 30 Minuten backen.

Sie kann sowohl warm als auch kalt serviert werden und eignet sich als kleines Abendessen oder als Bestandteil eines Buffets.

BLUMENKOHL-OMELETTS

½ Blumenkohl
2 EL Dosenmilch
1 Prise Muskat
1 Eigelb
1 EL geriebener Parmesan
1 Prise getrocknetes Basilikum
6 Eier
1 Messerspitze Salz
2 EL Mehl
Öl zum Ausbacken
75 g geriebener Emmentaler

Blumenkohl putzen, waschen, in Röschen teilen und in Salzwasser, dem Dosenmilch und Muskat beigefügt wurde, ca. 20 Minuten bei kleiner Flamme kochen. Die Blumenkohlröschen dann abgießen, abtropfen lassen und pürieren. Eigelb, Parmesan und Basilikum unter das Püree rühren. Aus den Eiern, verquirlt mit Salz und Mehl, 4 kleine Omeletts in einer geölten Pfanne backen, diese mit püriertem Blumenkohl bestreichen, zusammenklappen und mit dem geriebenem Emmentaler bestreuen. Die Omeletts noch für einige Minuten unter den vorgeheizten Grill schieben, bis der Käse geschmolzen ist.

Dazu paßt ein frischer Salat in Joghurtmarinade.

ROTKOHL MIT SPECK

1 Rotkohlkopf (ca. 1200 g)
1 EL Gänseschmalz
1 Zwiebel
150 g durchwachsene Speckwürfel
2 Nelken
1 Loorbeerblatt
1 EL guter Rotweinessig
¼ l Rotwein
1 TL Speisestärke
Salz
Pfeffer

Den Kohlkopf vierteln, die Strünke schräg abschneiden, und die Viertel waschen. Dann werden sie gehobelt oder mit dem Messer in Streifen geschnitten. Das Schmalz in einem hohen Topf erhitzen und die geschälte, in Ringe geschnittene Zwiebel und die Speckwürfel darin anbraten. Nun den Kohl zugeben, Nelken und Lorbeerblatt einlegen und das ganze mit Rotweinessig beträufeln. Den Kohl gut im Speckfett wenden, ¼ Liter Wasser und Rotwein angießen und alles bei geschlossenem Deckel und kleiner Flamme ca. 60 Minuten unter gelegentlichem Umrühren dünsten. Vor dem Servieren das Lorbeerblatt entfernen und den Kohl mit der in wenig Wasser angerührten Speisestärke binden und mit Salz und Pfeffer abschmecken.

Dieser Rotkohl paßt gut zu einem Hasenrücken oder zu Bratwürstchen.

Blumenkohl-Kasserolle
Broccoli in Blätterteig
Blumenkohl-Omeletts

SAUERKRAUT RUSSISCHE ART

2 EL Gänseschmalz
1 Zwiebel
1 Bund Suppengrün
500 g frisches Sauerkraut
⅛ l Fleischbrühe
1 TL Speisestärke
Salz
Pfeffer
1 Prise Zucker
2 EL feingewürfelter Speck
¼ l saure Sahne

In einem großen Topf das Gänseschmalz erhitzen und darin die feingewürfelte Zwiebel und das in feine Streifen geschnittene Suppengrün anschmoren. Dann das zerzupfte Sauerkraut zugeben, mehrmals im Fett wenden. Die Fleischbrühe angießen und das Kraut ca. 40 Minuten auf kleiner Flamme dünsten. (Wenn Sie konserviertes Sauerkraut verwenden, genügen 15 Minuten.) Nach der Garzeit die mit wenig

Wasser verrührte Speisestärke unterziehen, das Kraut mit den Gewürzen abschmecken und die vorher knusprig gebratenen Speckwürfel untermengen. Kurz vor dem Servieren die Sahne unter das Kraut rühren.
Eine wohlschmeckende, deftige Beilage zu Schweinebraten.

ITALIENISCHER BLUMENKOHL

1 Blumenkohl
Salz
1 Prise Muskat
100 g Knochenschinken
20 g Butter
1 Döschen Tomatenmark
1 Bund gehackte Petersilie
4 EL süße Sahne
frisch gemahlener weißer Pfeffer
2 EL geriebener Parmesankäse
einige Butterflöckchen

Den Blumenkohl putzen, waschen und unzerteilt in Salzwasser mit Muskat ca. 20 Minuten bei geschlossenem Deckel kochen. Den gewürfelten oder streifig geschnittenen Schinken in Butter anbraten, das Tomatenmark und die Petersilie zugeben, die Sahne einrühren und alles mit Salz und Pfeffer würzen. Den gegarten Blumenkohl abtropfen lassen und in eine feuerfeste Form setzen, mit der Schinkensauce bedecken,

den Parmesan darüberstreuen und einige Butterflöckchen obenauf legen. Den Blumenkohl bei 220 Grad 15 Minuten im vorgeheizten Backrohr überbacken. Als Beilage zu Kalbsrollbraten reichen oder mit einer Tomatensauce als leichtes Abendessen.

BROCCOLI MIT EIER-SAHNE-SAUCE

500 g Broccoli
Salz
1 Prise Muskat
⅛ l süße Sahne
2 Eigelb
1 Bund gehackte Petersilie
Salz
frisch gemahlener weißer Pfeffer

Die gesäuberten Broccoli in einzelne Stiele zerlegen und in Salzwasser mit einer Prise Muskat ca. 10 Minuten garen. Anschließend ¼ Liter der Kochbrühe in einen Topf abgießen, die Sahne zufügen, ganz kurz aufwallen lassen und dann die Sauce mit dem Eigelb legieren. Zum Schluß die Petersilie unterziehen und die Sauce mit Salz und Pfeffer abschmecken.

Die abgetropften Broccoli kurz in der Sauce ziehen lassen und das delikate Gemüse sofort auftragen.
Broccoli kann selbstverständlich noch auf viele andere Arten zubereitet werden, z.B. kann man ihn nach dem Kochen in Kräuterbutter schwenken oder sofort in Olivenöl mit zerdrücktem Knoblauch und etwas Weißwein garen.

ÜBERBACKENER CHINAKOHL

1 mittelgroßer Chinakohl
Salz
1 Prise Muskat
30 g Butter
1 EL Mehl
¼ l Milch
1 kleine Zwiebel
1 TL Senf
weißer Pfeffer
1 EL gehackte Haselnüsse
einige Butterflöckchen

Den gewaschenen, unzerteilten Chinakohl ca. 10 Minuten in ½ Liter Salzwasser mit Muskat garen. In der Zwischenzeit die Butter erhitzen, Mehl einstreuen, leicht anschwitzen lassen und mit dem Schneebesen die Milch einrühren und kräftig schlagen. Nun die in sehr feine Würfel geschnittene Zwiebel und den Senf in die Sauce geben, diese kurz aufwallen lassen und mit Salz, Pfeffer und je nach Geschmack mit einer Prise Zucker abschmecken. Den abgetropften Chinakohl in eine feuerfeste Form

legen, mit der hellen Sauce übergießen und mit Haselnüssen bestreuen. Obenauf einige Butterflöckchen setzen und den Kohl für 3–4 Minuten unter den vorgeheizten Grill stellen oder im heißen Backrohr 10–12 Minuten überbacken.
Eine pikante Beilage zu kurzgebratenen Koteletts oder Schnitzeln.

Broccoli mit Eier-Sahne-Sauce
Italienischer Blumenkohl
Überbackener Chinakohl

PIKANTES CHINAKOHLGEMÜSE

1 großer Chinakohl
½ Schlangengurke
¼ l Fleischbrühe
1 EL eingelegte rote Paprikaschoten
1 EL Butter
½ Zwiebel
Salz, Pfeffer
1 Prise Safran
1 TL Speisestärke

Den Chinakohl waschen, vierteln, die Strünke entfernen und dann in grobe Streifen schneiden, die geschälte Gurke in große Würfel. Beide Gemüse ca. 10 Minuten in der Fleischbrühe bei milder Hitze garen; kurz vor der Beendigung der Kochzeit die eingelegten Paprika zugeben. In einem Töpfchen die Butter schmelzen lassen und die feingehackte Zwiebel glasig dünsten (nicht bräunen).

Nun das Gemüse mit Salz, Pfeffer, einigen Safranfäden abschmecken, den Sud mit der in wenig Wasser angerührten Speisestärke binden und zum Schluß die Butter-Zwiebel-Mischung unter das Gemüse rühren.
Das Gericht heiß auftragen und dazu warmes Stangen- oder Knoblauchbrot oder bei großem Appetit gebratene Fleischbällchen reichen.

ROSENKOHL MIT KASTANIEN

350 g Eßkastanien
500 g Rosenkohl
25 g Butter
⅛ l Fleischbrühe
Salz
frisch gemahlener schwarzer Pfeffer
1 EL gehackte Petersilie

Die Eßkastanien mit einem scharfen Messer einritzen, dann in einem Topf mit kaltem Wasser bedeckt zum Kochen bringen und ca. 3 Minuten kochen lassen. Anschließend einzeln aus dem Wasser nehmen und die Schalen (auch die innere Haut) entfernen.
Rosenkohl putzen und waschen. Die Butter in einem Topf schmelzen und darin die Kastanien unter gelegentlichem Umrühren leicht anbräunen und die Fleischbrühe angießen. Die Kastanien zugedeckt 20 Minuten kochen.

Nun den Rosenkohl und eventuell etwas Flüssigkeit zugeben (das Gemüse soll bedeckt sein), alles salzen und pfeffern und weitere 10 Minuten kochen, bis der Rosenkohl gar ist.
Rosenkohl und Kastanien vor dem Servieren abtropfen lassen (die würzige Brühe z. B. für eine Suppe verwenden), in einer vorgewärmten Schüssel anrichten und mit Petersilie bestreut z. B. zu Sauerbraten oder Wildgerichten servieren.

BLUMENKOHL-GEMÜSE-PFANNE

1 kleiner Blumenkohl
Salz
2 EL Dosenmilch
1 Paket tiefgekühlte Karotten und Erbsen (ca. 400 g)
2 EL gehackte Petersilie
150 g junger Goudakäse (in Streifen)
2 EL Butter oder Margarine
schwarzer Pfeffer

Den geputzten, gewaschenen Blumenkohl in große Röschen teilen und in Salzwasser mit der Dosenmilch ca. 15 Minuten garen; während der letzten 8 Minuten die tiefgekühlten Karotten und Erbsen mitkochen lassen.
Das Gemüse abtropfen lassen und in einer feuerfesten Form mit der Petersilie überstreuen und den Goudastreifen belegen. Die Butter schmelzen lassen und über das Gemüse verteilen. Die Form in den vorgeheizten Backofen stellen und das Gemüse 12–15 Minuten bei 220 Grad überbacken, bis der Käse geschmolzen ist.

BLUMENKOHLRÖSCHEN IN BIERTEIG

1 kleiner Blumenkohl
½ l Milch
1 Prise Muskat
4 EL Mehl
1 Ei
1 Prise Salz
ca. ⅛ l Bier
Öl zum Ausbacken
Petersilie zum Garnieren

Blumenkohl putzen, in Röschen zerlegen und waschen. Dann in der Milch mit etwas Muskat ca. 10 Minuten garen. Die Blumenkohlröschen aus der Milch nehmen und gut abtropfen lassen. Aus Mehl, Ei, Salz und Bier mit dem Elektroquirl einen halbflüssigen Teig herstellen und diesen kurz ruhen lassen. Reichlich Öl in einer großen Pfanne oder in der Friteuse erhitzen und nach und nach die in den Bierteig getauchten Blumenkohlröschen goldbraun ausbakken. Die Röschen auf Küchenpapier abtropfen lassen und warmhalten, bis alle ausgebacken sind. Mit Petersiliensträußchen garniert servieren.

Die ausgebackenen Röschen sind eine dekorative Beilage zu Fisch- oder Kalbfleischgerichten.

Blumenkohl-Gemüse-Pfanne
Rosenkohl mit Kastanien
Blumenkohlröschen in Bierteig

BROCCOLI MIT WALNUSSBUTTER

500 g Broccoli
Salz
1 Hauch Cayennepfeffer
50 g Butter
2 EL grob gehackte Walnüsse

Broccoli putzen, waschen und in Röschen zerteilen. Die dicken Stiele schälen und in Scheiben schneiden. Ca. ½ Liter Wasser mit Salz und Cayennepfeffer aufkochen und die Broccoliröschen und -stiele zugedeckt ca. 10 Minuten garen. Währenddessen in einem Pfännchen die Butter schmelzen und goldgelb werden lassen und darin die gehackten Nüsse kurz schwenken.

Den gegarten Broccoli auf einer vorgewärmten Platte anrichten und mit der Walnußbutter übergossen sofort auftragen.

Ideal als Beilage zu Filetsteaks oder Sahneschnitzeln.

BROCCOLI MIT PARISER BUTTERSAUCE

500 g Broccoli
Salz
1 Prise Muskat
Sauce
75 g Butter
3 Eigelb
einige Blättchen frisches Estragon
Salz
frisch gemahlener weißer Pfeffer
1 TL Rotweinessig
⅛ l süße Sahne

Die geputzten, gewaschenen und in Röschen zerlegte Broccoli bei geschlossenem Deckel in Salzwasser mit einer Prise Muskat 10 Minuten garen.

Inzwischen für die Sauce die Butter erhitzen und etwas abkühlen lassen. In einem anderen Gefäß über einem Wasserbad die Eigelb mit dem gehackten Estragon, Salz, Pfeffer und Essig schaumig schlagen und die flüssige Butter tropfenweise zugeben; dabei ständig mit dem Schneebesen rühren. Die Sauce aus dem Wasserbad nehmen und die vorher steif geschlagene Sahne unterziehen. Die gegarten Broccoliröschen abgießen, abtropfen lassen und in einer vorgewärmten Schüssel mit der Buttersauce beträufelt auftragen. Den Rest der Sauce getrennt reichen.

Eine edle Beilage zu Entrecôte, Rehrücken oder Puterrollbraten.

Blumenkohl Schweizer Art
Chinakohl in weißer Sauce
Broccoli mit Pariser Buttersauce

CHINAKOHL IN WEISSER SAUCE

1 mittelgroßer Chinakohl
1 rote Paprikaschote
1/8 l Hühnerbrühe
Saft von 1 Zitrone
30 g Butter
1 EL Mehl
1/8 l warme Milch
1 Prise Muskat
Salz, Pfeffer
1 Spritzer Chili- oder Tabascosauce

Chinakohl waschen, vierteln und zusammen mit der in Streifen geschnittenen Paprikaschote in der Hühnerbrühe mit Zitronensaft ca. 10 Minuten auf kleiner Flamme kochen. Den Kohl herausnehmen, warmhalten und die Brühe aufbewahren. Inzwischen in einem Topf die Butter schmelzen und goldgelb werden lassen, dann das Mehl einstreuen, kurz anschwitzen und die warme Milch angießen. Mit dem Schneebesen die Sauce kräftig schlagen und unter weiterem Rühren die Garbrühe vom Kohl angießen. Die Sauce aufwallen lassen und mit den Gewürzen pikant abschmecken. Den abgetropften Kohl in eine vorgewärmte Schüssel füllen, mit der weißen Sauce übergießen und sofort als Beilage zu gebackenem Fischfilet oder gebratener Kalbsleber servieren.

BAUERNKOHL

1 mittelgroßer Weißkohl
1 gehäufter EL Schweineschmalz
1 guter Schuß Weißweinessig
1 TL Zucker
1 TL Kümmel
Salz, weißer Pfeffer
1 Zwiebel
1 säuerlicher Apfel

Weißkohl vierteln, den Strunk entfernen, dann waschen und in grobe Stücke schneiden. Das Schmalz in einem Topf erhitzen und den Kohl kurz anschmoren, dann mit Wasser bedecken, die Gewürze zufügen und bei geringer Hitze 15 Minuten dünsten lassen. Nun die fein gewürfelte Zwiebel und den geriebenen Apfel unterrühren, und den Kohl noch weitere 12–15 Minuten dünsten. Nochmal mit Zucker und Salz abschmecken und z.B. zu Schweinebraten oder Bratwürstchen servieren.

BLUMENKOHL SCHWEIZER ART

1 Blumenkohl
1/4 l Wasser
1/2 l Milch
3 EL Butter
1 Prise frisch gemahlener weißer Pfeffer
1 knapper TL Salz
1 Prise Zucker
1 Prise Muskat
1 Bund gehackte Petersilie

Blumenkohl putzen, waschen und unzerteilt in einer Mischung aus Wasser, Milch, ca. 1 Eßlöffel Butter sowie Pfeffer, Salz und Muskat 18–20 Minuten zugedeckt garen. Die Kochbrühe abgießen (für eine Suppe aufbewahren!) und den Blumenkohl in eine vorgewärmte Schüssel mit den Röschen nach oben zeigend legen. Die restliche erhitzte Butter, in der kurz die Petersilie geschwenkt wurde, über den Blumenkohl gießen. Sofort servieren, z.B. zu Rinder- oder Kalbsbraten.

SELBSTGEMACHTES SAUERKRAUT

3 1/2 kg frischer Weißkohl
ca. 175 g Meersalz
1 EL ganze schwarze Pfefferkörner
1 EL Wacholderbeeren

Den Kohl vierteln, waschen, die Strünke entfernen und sehr fein hobeln. Ein großes Gefäß, möglichst aus Steingut, bereitstellen. In dieses kommt nun zuerst eine Lage Kohl, die mit Salz und einigen Pfefferkörnern und Wacholderbeeren bestreut wird. So fortfahren, bis alle Zutaten verbraucht sind. Den Kohl fest in das Gefäß pressen, mit einem frischen Leinentuch bedecken, darauf eine passende Platte oder einen Teller legen und diese mit einem Gewicht beschweren. Das Gefäß an einen kühlen Ort stellen. Die Gärung wird nun nach einigen Tagen beginnen und die Platte unter das sich bildende Wasser sinken. Nun muß etwas von der Lake abgegossen werden, jedoch gerade soviel, daß der Kohl bedeckt ist.
Das Sauerkraut ist ungefähr nach einem Monat zum Verzehr fertig.

BROCCOLI IN WEINSAUCE

500 g Broccoli
1 Prise Muskat
⅛ l Hühnerbrühe
⅛ l Weißwein
1 EL Butter
1 EL Mehl
Salz
schwarzer Pfeffer
1 Prise Knoblauchpulver

Geputzten und gewaschenen Broccoli in Röschen zerlegen und zusammen mit einer Prise Muskat ca. 10 Minuten in der Hühnerbrühe mit Weißwein garen. Broccoli abgießen und den Kochsud auffangen. In einer Kasserolle die Butter erhitzen, das Mehl einstreuen und goldgelb werden lassen, dann die Broccolibrühe mit dem Schneebesen unter die Schwitze schlagen, mit Salz, Pfeffer und Knoblauchpulver würzen und unter ständigem Rühren kurz aufwallen lassen. Die Broccoli-Röschen kurz in der Weinsauce erhitzen und ziehen lassen, dann sofort in der Kasserolle auftragen.

Dies ist eine feine Beilage zu Geflügel oder gebratenem Fischfilet.

SPANISCHER WEISSKOHL

1 kleiner Weißkohl
250 g Karotten
2 Knoblauchzehen
Salz
3 EL Olivenöl
¼ l Wasser
1 Lorbeerblatt
½ Zimtstange
¼ l trockener Weißwein
frisch gemahlener schwarzer Pfeffer

Kohl vierteln, den Strunk entfernen, in grobe Stücke schneiden, diese waschen und abtropfen lassen, die geschälten Karotten in Stücke schneiden. Die Knoblauchzehen mit Salz zerdrücken und zusammen mit dem Kohl und Karottenscheiben im heißen Öl anschmoren. Dann das Wasser angießen, Lorbeerblatt und Zimtstange dazugeben und das Gemüse ca. 15 Minuten bei kleiner Hitze köcheln lassen. Nun den Weißwein zufügen und alles weiter 10–15 Minuten garen. Vor dem Servieren die Zimtstange und das Lorbeerblatt entfernen und das Gemüse mit Salz und Pfeffer abschmecken.

Eine pikante Beilage zu Hasenbraten, Rebhühnern oder Lamm.

Rechts: Rosenkohl in Wein-Sahne-Sauce; Wirsinggemüse mit Sahne
Unten: Broccoli in Weinsauce; Spanischer Weißkohl

WIRSINGGEMÜSE MIT SAHNE

1 Wirsingkohl (ca. 1000 g)
2 EL Gänseschmalz
1 Zwiebel
¼ l kräftige Fleischbrühe
Salz, Pfeffer
1 Prise Muskat
1 TL Kümmel
⅛ l saure Sahne

Den Wirsing von welken Blättern befreien, vierteln, den Strunk entfernen, waschen und abgetropft in grobe Streifen schneiden. Das Gänseschmalz in einem Topf erhitzen, die geschälte, gewürfelte Zwiebel leicht darin bräunen, dann die Wirsingstreifen kurz darin anschmoren. Die Fleischbrühe angießen, alles kräftig mit Salz, Pfeffer, Muskat und Kümmel würzen und bei kleiner Flamme ca. 20 Minuten unter gelegentlichem Umrühren dünsten. Zum Schluß die saure Sahne unter das Gemüse ziehen.
Als Beilage zu Frikadellen oder Hackbraten servieren.

ROSENKOHL IN WEIN-SAHNE-SAUCE

750–1000 g Rosenkohl
Salz
1 Prise Muskat
1 EL Butter
2 TL Mehl
⅛ l herber Weißwein
1 Eigelb
⅛ l süße Sahne
Salz
ein Hauch Cayennepfeffer

Geputzten, gewaschenen Rosenkohl in wenig Salzwasser mit einer Prise Muskat bei kleiner Hitze zugedeckt ca. 15 Minuten kochen. Den Rosenkohl abgießen und etwas Brühe auffangen. Die Butter in einem Topf erhitzen, das Mehl einstreuen und leicht anschwitzen lassen. Dann den Rosenkohlsud angießen, kräftig mit dem Schneebesen schlagen, den Weißwein ebenfalls zufügen und die Sauce unter Rühren einmal aufwallen lassen. Das mit Sahne verquirlte Eigelb in die nicht mehr kochende Sauce rühren und alles mit Salz und Pfeffer abschmecken. Den Rosenkohl in eine vorgewärmte Schüssel füllen und mit der heißen Sauce überziehen.
Geeignet als Beilage zu Putenschnitzeln oder Rinderbraten.

KRAUTSALAT À LA LISELOTTE VON DER PFALZ

½ Weißkohl
Salz
2 EL Essig
frisch gemahlener schwarzer Pfeffer
1 Prise Zucker
2–3 EL Räucherspeckwürfel oder
Grieben

Den Kohl vierteln, gründlich waschen, fein hobeln und in ½ Liter Salzwasser ca. 5 Minuten blanchieren. Dann gut abtropfen lassen und noch warm mit einer Marinade aus Essig, Salz, Pfeffer und Zucker übergießen. Zum Schluß die vorher kroß gebratenen Speckwürfel oder Grieben daruntermischen und den Salat sofort servieren.

Dieser deftige Krautsalat eignet sich vor allem als Beilage zu knusprigem Schweinebraten, Spanferkel oder Rauchfleisch.

ÜBERBACKENER ROSENKOHL

750 g Rosenkohl
Salz
1 Prise Muskat
1 EL Butter
½ gewürfelte Zwiebel
100 g gekochter Schinken
3 EL geriebener Parmesankäse

Rosenkohl putzen, waschen und in Salzwasser, dem eine Prise Muskat beigefügt ist, bei geschlossenem Deckel und geringer Hitze ca. 10–15 Minuten garen. Dann abgießen und in eine feuerfeste Form füllen. Die Butter in einem Pfännchen zerlassen, darin die Zwiebelwürfel glasig werden lassen, dann den gewürfelten Schinken kurz darin schwenken. Dieses über dem Rosenkohl verteilen, den geriebenen Parmesan darüber streuen und eventuell noch einige Butterflöckchen darauf geben. Die Form in den vorgeheizten Backofen stellen und den Rosenkohl bei 200 Grad 15 Minuten überbacken.

Als Beilage zu Hackfleischgerichten oder einfachen Spiegeleiern reichen.

BROCCOLI IN KÄSESAUCE

500 g Broccoli
¼ l Fleischbrühe
1 Prise Muskat
1 EL Butter
1 EL Mehl
4 EL süße Sahne
50 g frisch geriebener Parmesankäse
Salz
Cayennepfeffer

Broccoli putzen und mit den Stielen in einzelne Röschen zerlegen. Nach dem Waschen 10 Minuten in der mit Muskat gewürzten Fleischbrühe zugedeckt garen. Aus erhitzter Butter, Mehl, der Broccoli-Kochbrühe eine Sauce herstellen und diese mit Sahne verfeinern. Zum Schluß den geriebenen Käse unterziehen und die Sauce mit Salz und Cayennepfeffer abschmecken. Die abgetropften Broccoli in eine vorgewärmte Schüssel füllen und mit der Käsesauce überzogen sofort servieren.

ROTKOHL MIT ÄPFELN

1 kg Rotkohl
2 Zwiebel
2 kleine Boskop-Äpfel
2 EL Öl
3 EL Weinessig
3 EL Wasser
1 EL brauner Zucker
Salz
frisch gemahlener schwarzer Pfeffer
1 EL gehackte Petersilie zum Garnieren

Den gewaschenen Kohl in grobe Streifen schneiden, die geschälten Zwiebeln in Scheiben, die geschälten, entkernten Äpfel in kleine Stücke. Reichlich Wasser in einem Topf zum Kochen bringen und den Rotkohl darin 2 bis 3 Minuten blanchieren, dann gut abtropfen lassen. Das Öl in einem Topf erhitzen, die Zwiebel dazugeben und in 5 Minuten leicht andünsten, dann die Äpfel zufügen und unter gelegentlichem Umrühren 5 Minuten mitschmoren. Nun den Rotkohl, Essig, Wasser, Zucker und die Gewürze in den Topf geben, gut umrühren und zugedeckt bei milder Hitze 1–1½ Stunden schmoren. Dabei gelegentlich umrühren und bei Bedarf wenig Wasser angießen.

Den fertigen Rotkohl mit Petersilie bestreuen und zu Wildgerichten servieren.

Überbackener Rosenkohl
Rotkohl mit Äpfeln
Krautsalat à la Liselotte von der Pfalz
Broccoli in Käsesauce

Hülsenfrüchte

Hülsenfrüchte, gleich ob frisch oder getrocknet, sind preiswert und reich an Proteinen. Ihre Vielseitigkeit reicht von Zuckererbsen mit eßbaren Schoten bis zum Gemüsemais mit seiner Hülle aus feinen Härchen und festen Blättern. Dazwischen liegen die unzähligen Bohnensorten, zu denen auch Limabohnen, Dicke Bohnen und die vielen verschiedenen grünen Bohnen gehören Die meisten frischen Hülsenfrüchte schmecken am besten im Sommer und Frühherbst, wenn sie noch jung und zart sind. Getrocknet lassen sie sich das ganze Jahr über verwenden. Die große Auswahl an getrockneten Hülsenfrüchten umfaßt die vertrauten Linsen und Erbsen ebenso wie die exotischen Augenbohnen oder Kidneybohnen und delikaten Cannellinibohnen. Hülsenfrüchte bilden die Grundlage für viele herzhafte Suppen, nahrhafte Eintöpfe, sättigende Salate und delikate Gemüsegerichte.

Bohnen

HERKUNFT: Die Bohne – bot. *Phaseolus vulgaris* – gehört zur Familie der Hülsenfrüchte. Ausnahme ist die *Dicke Bohne*, auch *Saubohne* genannt, die zur Familie der Wicken, also zu den Schmetterlingsblütlern zählt.

Die *Grüne Bohne* ist eigentlich eine Exotin, in Mittel- und Lateinamerika beheimatet und erst im 16. Jahrhundert von spanischen Eroberern nach Europa gebracht, wo sie sich bald großer Beliebtheit erfreute. Sie verdrängte die einheimische Dicke Bohne.

Die Dicke Bohne hat eine jahrtausendealte Tradition: sie war das Leibgericht der Armen im Rom der Kaiserzeit; der die Hausmannskost liebende Dichter Martial aß gekochte Bohnenkerne mit Vorliebe zu gegrillten Koteletts. Und um ihr schlechtes Gewissen zu besänftigen und die bösen Hausgeister, die Lemuren, zu vertreiben, warfen die alten Römer eine Handvoll Bohnenkerne hinter sich.

Sorten: Es gibt mehr als 100 verschiedene Bohnen. Man unterscheidet *Busch*- oder *Zwergbohnen* und *Stangen*- oder *Kletterbohnen*. Von beiden Arten gibt es Schnittbohnen und Bruchbohnen. *Schnittbohnen* haben breite oder ovale, auf alle Fälle aber flache Schoten und aromatisches, nicht so feines Fleisch, meist runde Kerne und einen harten Faden, der vor dem Kochen abgezogen wird. *Brechbohnen* haben runde, zartfleischige Schoten und feine Kerne (Faden ist meist weggezüchtet); zu den Brechbohnen gehören auch die gelben *Wachsbohnen*, die besonders gern für Salat verwendet werden. Brechbohnen werden in Stücke geschnitten oder gebrochen und für Gemüse, Suppen und Salate genutzt. Die feinsten Bohnensorten sind die *Prinzeß*- oder *Delikateßbohnen* – sie haben lange, sehr dünne Hülsen, zartes, äußerst aromatisches Fleisch und sind beliebt als feine Beilage zu edlem Fisch oder Fleisch. Zur Frischbohnenfamilie zählen auch noch die *Dicken Bohnen*, auch *Sau*- oder *Puffbohnen* genannt, bei denen man nicht die Schote, sondern die darin befindlichen nierenförmigen blaßgrünen Kerne gekocht oder geschmort als Gemüse ißt; man kann sie aber auch für Salate verwenden. Bei den *getrockneten Bohnen*, also den Kernen der verschiedenen Bohnensorten, gibt es ebenfalls unzählige Arten, nachfolgend die wichtigsten:

Weiße Bohnen – schmecken sehr mild und können in vielen Variationen gekocht, gebacken, geschmort und mit Fleisch und anderen Gemüsen kombiniert werden. Man bekommt sie in jedem Geschäft, abgepackt oder bereits gegart in Dosen.

Lima- und *Cannelini-Bohnen* – weiße Bohnenkerne, die sich ausgezeichnet für Gemüse und Salate verwenden lassen.

Rote Bohnen/Kidneybohnen – in den USA meist zu Baked Beans verarbeitet, sind sehr gut als Gemüse, als Eintopf oder überbacken. Sie werden lose in Samen- oder Spezereigeschäften und in den Supermärkten meist als Konserve, in Tomatensauce gegart, angeboten.

Schwarze Bohnen – sind am aromatischsten, aber auch etwas streng im Geschmack, werden in Mexiko und Lateinamerika bevorzugt als Suppe, Hauptmahlzeit, Eintopf, Salat und als Bohnenmus oder Bohnenpaste verarbeitet. In guten Supermärkten und in den Konservenabteilungen der großen Kaufhäuser zu haben.

Feuerbohnen – große braune Bohnenkerne mit schwarzen Tupfen, werden sehr musig beim Kochen und zerfallen leicht; geeignet für Suppen.

Augenbohnen – kleine, gelblichweiße Kerne mit schwarzen Augen, die aus Griechenland kommen und sich als Salat und Gemüse eignen. Zu beziehen in Samengeschäften, in griechischen Läden, manchmal auch in den Exotikabteilungen der Kaufhäuser.

ANBAU UND SAISON: Frische Bohnen gibt es von Mai bis Oktober und vereinzelt das ganze Jahr über aus Übersee, allerdings zu hohen Preisen. Bohnenkerne gibt es, in Klarsichttüten abgepackt, das ganze Jahr hindurch.

Frische Bohnen werden in fast allen Ländern der Erde angebaut; wir decken den Eigenbedarf großteils selbst. Zusätzliche Importe kommen aus Italien und den Balkanländern.

Getrocknete Bohnen werden aus den USA, Mittel- und Südamerika, Nordafrika und den Balkanstaaten importiert.

EINKAUF: Grüne Bohnen dürfen nicht welk oder braungefleckt sein. Sie sollen frisches Grün aufweisen und eine straffe, knackige Hülse besitzen. Nach Möglichkeit noch am gleichen Tag verwenden. Im Gemüsefach des Kühlschranks kann man sie bis zu zwei Tagen aufbewahren.

ZUBEREITUNG: Weder frische Bohnen noch Kerne soll man jemals roh essen, denn sie enthalten das giftige Phasin, das Magenschmerzen und Entzündungen bewirken kann und dessen giftige Wirkung erst durch das Kochen aufgehoben wird.

Die Garzeit für in Salzwasser gekochte grüne Bohnen beträgt je nach Sorte und Reifegrad zwischen 15 und 40 Minuten. Vor dem Kochen werden sie lediglich gewaschen und eventuelle Fäden entfernt.

Bohnenkerne muß man über Nacht einweichen und je nach Größe und Sorte zwischen 1½–2 Stunden kochen. Getrocknete Bohnen werden erst vor Ende der Garzeit gesalzen, weil sie in Salzwasser gekocht noch länger brauchen. Um die frische Farbe grüner Bohnen zu erhalten, läßt man sie in Salzwasser fast gar kochen, schreckt sie mit viel kaltem Wasser ab und bereitet sie erst dann mit heißer Butter oder in Sauce zu.

Grüne, vor allem aber getrocknete Bohnen werden heute in allen Ländern der Welt gegessen und jedes Land hat seine eigenen Bohnenvorlieben und Spezialrezepte. Die internationale Küche bevorzugt Prinzeßbohnen blanchiert und in Butter geschwenkt. Bei uns liebt man Schnittbohnengemüse und Schnippelbohnensuppe sowie Weiße Bohnen mit Hammelfleisch. Berühmt ist die Serbische Bohnensuppe und das französische Cassoulet, ein deftiger Bohnentopf. In Spanien schwärmt man von »Judias verde«, grünen Bohnen mit viel Knoblauch und Tomatensauce. Die Amerikaner essen mit Vorliebe »Boston baked beans«. In Mexiko ißt man schwarze Bohnen mit viel Chili, in China liebt man schwarze Bohnen püriert, in denen ein pikanter Fisch gedünstet wird. In Griechenland schätzt man Bohnenkerne, kombiniert mit viel Zwiebeln und Schafkäse, als herzhaften Salat. Und in Latein- und Südamerika, der Heimat der Bohne, gibt es in jeder Region einen anderen Bohneneintopf und Rezepte in großer Zahl.

NÄHRWERT: Grüne Bohnen und Wachsbohnen enthalten sehr viel Kalzium und Phosphor, starke Vitamin A-Anteile und etwas Vitamin C, Kohlenhydrate und Eiweiß. Sie sollen wirksam sein bei Darmträgheit, Fettsucht und Haarkrankheiten.

Getrocknete Bohnen sind enorm eiweißhaltig, reich an Kohlenhydraten, Phosphor und Kalzium, enthalten sehr viel Vitamin A und etwas Fett. Wegen ihres hohen Eiweißgehaltes gelten sie als Fleischersatz und stellen in vielen Ländern (besonders in Lateinamerika) ein Haupt- und Grundnahrungsmittel dar. Sie sind schwer verdaulich und bereiten vielfach Blähungen, die gemildert werden, wenn man die Bohnenkerne mit Bohnenkraut, Thymian oder Liebstöckel zusammen kocht.

100 g grüne Bohnen enthalten etwa 30 Kalorien/130 Joule; 100 g getrocknete Bohnen (Kerne) ca. 270 Kalorien/1150 Joule.

Flageolet

HERKUNFT: Flageolets – bot. *Phaseolus vulgaris* – sind die zarten, blaßgrünen, nierenförmigen Kerne einer grünen Bohnensorte. Obwohl sie zu den feinsten Gemüsen zählen, die wir in Europa kennen, haben sie außerhalb Frankreichs bisher keine echte Popularität erringen können.

Das französische Wort »flageolet« bezeichnet eine bestimmte Art von Miniaturflöte; vielleicht werden die winzigen grünen Kerne als Flageolets bezeichnet, weil sie so klein sind wie die Tonlöcher dieser Flöte!

ANBAU UND SAISON: Flageolets kommen nur wenige Tage im Jahr frisch aus Frankreich auf den Markt und sind transportkritisch. Sie sind deshalb auch sehr selten anzutreffen.

EINKAUF: In Deutschland findet man Flageolets nur in wenigen Feinkostgeschäften und guten Lebensmittelabteilungen der Kaufhäuser konserviert in Vakuumgläsern.

ZUBEREITUNG: Getrocknete Flageolets muß man vor Gebrauch einweichen (500 g in etwa 1½ l Wasser), am besten über Nacht. Man bringt sie dann zum Sieden und kocht sie auf kleiner Flamme 1 bis 1½ Stunden. – Konservierte Flageolets behandelt man nach den Anweisungen der Hersteller.
Flageolets bereitet man wie Rote bzw. Kidneybohnen. Auch als Pürree, in Salaten oder als Gemüsebeilage, mit ein wenig Butter und frischen Kräuter, schmecken sie ausgezeichnet.

NÄHRWERT: Flageolets enthalten viel Kohlenhydrate, aber auch beträchtliche Mengen von Eiweiß, Kalzium, Natrium und Kalium. – 100 g Flageolets haben 271 Kalorien/1151 Joule.

Erbsen

HERKUNFT: Die Erbse – bot. *Pisum sativum* – gehört zu den bekanntesten Hülsenfrüchten und ist in Vorderasien beheimatet. Im frühen Mittelalter wurde sie nach Europa eingeführt und war bis ins 17. Jahrhundert hinein in Nordeuropa ein Grundnahrungsmittel für den Winter. Denn Erbsen konnten, wie nur wenige Gemüse, für den Winter getrocknet werden. Erst als man neue, besser schmeckende Sorten entwickelte, begann man grüne Gartenerbsen auch frisch zu essen. Sie galten als rare Delikatesse und wurden schon lange von den berühmten Köchen der

Medici zubereitet, bevor die Franzosen die Erbsen aus Italien übernahmen.

Die drei wichtigsten unter ihnen sind die *Palerbsen*, mit runden Früchten und zäher Hülse, die sich gut zum Trocknen eignen; die *Mark-* oder *Runzelerbsen* mit zähen Hülsen und runzeligen Körnern, die sich nicht zum Trocknen eignen; die beliebten *Zuckererbsen*, auch *Mangetout* genannt, mit süßen Körnern und zarter Hülse, die man im Ganzen verwendet.

ANBAU UND SAISON: Hauptproduzenten für Erbsen sind Amerika, England und Frankreich, von wo wir heute große Teile unseres Imports beziehen.
Frische junge Erbsen kann man im Juni/Juli bis Mitte August kaufen, Zuckererbsen werden vor allem im Frühsommer angeboten; konservierte Ware das ganze Jahr über.

EINKAUF: Alle frischen, jungen Erbsen sind eigentlich unreife Körner, und je weniger reif sie sind, um so zarter

GRÜNE BOHNEN

KIDNEYBOHNEN

DICKE BOHNEN

PRINZESSBOHNEN

SCHWARZE BOHNEN

WEISSE BOHNEN

LIMA-BOHNEN

FLAGEOLETS

KIDNEYBOHNEN

CANNELLINI-BOHNEN

AUGENBOHNEN

schmecken sie. Sie werden leider wenig auf den Märkten angeboten, sind aber ganzjährig in vielen Qualitätsunterschieden als Konserven- oder Tiefkühlware preiswert zu beziehen. Hinsichtlich der Qualität, die sich nicht nur optisch sondern auch geschmacklich bemerkbar macht, unterscheidet man: 1. junge Erbsen extra fein, 2. junge Erbsen sehr fein, 3. junge Erbsen fein, 4. junge Erbsen mittelfein und 5. Gemüseerbsen.

Bei den vollreifen und als getrocknete Erbsen oder Hülsenfrüchte bezeichneten Körnern gibt es grüne, gelbe und blaue Arten. Sie werden meist 500 g-weise abgepackt, in Samen- oder Spezereigeschäften aber oft noch lose gehandelt.

ZUBEREITUNG: Frische grüne Erbsen werden aus den Hülsen gepalt und in etwas Salzwasser, dem eine Prise Zukker, ein Stich Butter und Gewürze nach Wahl zugefügt wurden, ca. 8–15 Minuten gegart, in Saucen, mit Petersilienbutter beträufelt oder mit anderen Gemüsearten wie Spargel, Karotten oder Tomaten zusammen serviert. – Die zarten Zuckererbsen werden nur gewaschen und anschließend in Salzwasser blanchiert oder in Butter kurz gedünstet; sie schmecken am besten, wenn sie nicht zu weich sind, also noch »Biß« haben. Tiefgekühlte grüne Erbsen werden je nach Packungsvorschrift unaufgetaut in heißes Wasser gegeben und man läßt sie wenige Minuten kochen. Konservierte Erbsen nur kurz erhitzen,

da sie bereits gegart sind. – Trockenerbsen müssen über Nacht in Wasser eingeweicht werden und man kocht sie am nächsten Tag ca. 2–3 Stunden zusammen mit Rauchfleisch, Würstchen, Speck usw. Man kann aber auch Schnellkocherbsen oder Expreßerbsen verwenden, die meist nicht eingeweicht und nur 25–50 Minuten gekocht werden müssen. Getrocknete Erbsen eignen sich wunderbar für kräftige Suppen, als pikante Beilage oder als deftiger Eintopf. In der ganzen Welt gibt es viele klassische Erbsengerichte. Aus der Blütezeit Venedigs stammt das Risi-bisi. Eine feine französische Spezialität sind Erbsen Parmentier (in einer Art Béchamelsauce). Ein wichtiger Bestandteil der chinesischen Küche sind kleine, flache, hellgrüne Erbsen mit dem poetischen Namen »Schnee-Erbsen«. In Spanien gehören sie unabdinglich in die berühmte Paëlla und ins Spanische Omelett.

NÄHRWERT: Erbsen sind ein sehr gesundes und nahrhaftes Gemüse. Junge grüne Erbsen besitzen viel Eiweiß, Kohlenhydrate, reichlich Vitamin E und B. Getrocknete Erbsen enthalten außerdem viel Phosphor, reichlich Kalzium, Natrium und Vitamin A.

100 g junge grüne Erbsen haben 67 Kalorien/283 Joule; konservierte grüne Gartenerbsen 47 Kalorien/201 Joule. 100 g getrocknete Erbsen liefern dagegen 286 Kalorien/1215 Joule; halbierte Erbsen haben 320 Kalorien/1362 Joule.

Kichererbsen

HERKUNFT: Kichererbsen – bot. *Cicer arietinum* –, in Spanien »garbanzos« und in Frankreich »pois chiches« genannt, sind die zu den Schmetterlingsblütlern gehörenden Verwandten unserer Trockenerbsen. Sie sollen zur Zeit der Pharaonen in Ägypten angebaut worden sein, kommen aber wahrscheinlich aus dem vorderen Orient.

ANBAU: Kichererbsen werden weitgehend im Mittelmeerraum, in Nordafrika und Asien angebaut. In diesen Gegenden gehören sie zu den Grundnahrungsmitteln.

EINKAUF: Getrocknete Kichererbsen erhält man in zwei Hauptsorten: als gelb- bis orangefarbene oder als bräunliche Kerne, die meist Erdnußgröße oder ein wenig darüber haben und etwas kantiger und unregelmäßiger wirken.

ZUBEREITUNG: Kichererbsen schmecken milder und nußartiger als unsere Trockenerbsen, können aber genauso behandelt und verwendet werden. Getrocknete Kichererbsen weicht man über Nacht ein, kocht sie im selben Wasser ca. 1½ Stunden, bereitet sie als Suppe, Salat oder als Eintopf, kombiniert mit anderem Gemüse.

Kichererbsen gehören unbedingt in den weltberühmten, in Tunesien, Marokko und Ägypten gleichermaßen beliebten

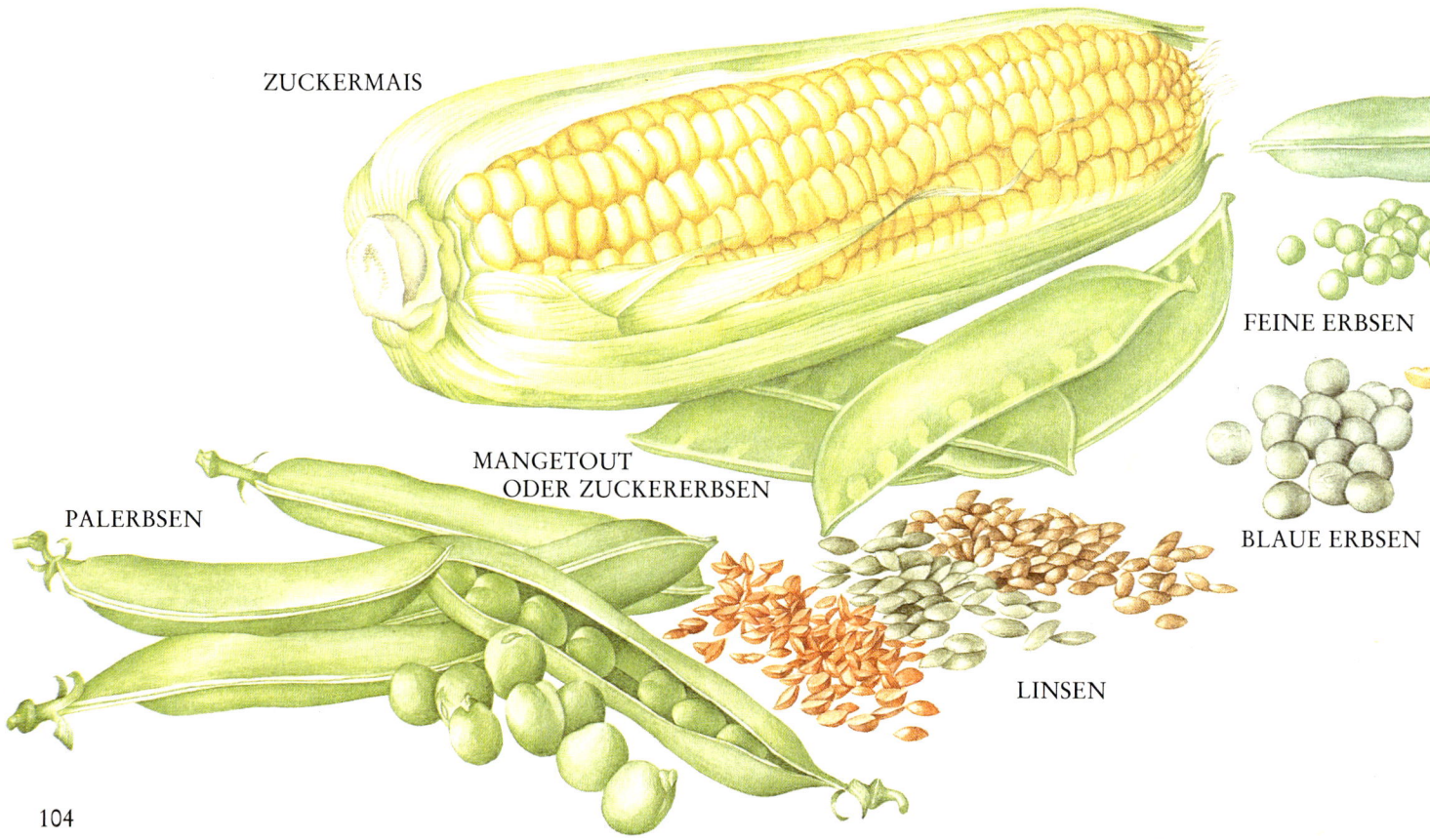

ZUCKERMAIS

FEINE ERBSEN

MANGETOUT
ODER ZUCKERERBSEN

BLAUE ERBSEN

PALERBSEN

LINSEN

Kuskus. Ein libanesisches Nationalgericht ist Kichererbsenpüree mit Sesamöl gerührt. In Spanien liebt man Knoblauchsuppe mit Kichererbsen und Minze, in Portugal Kichererbsen mit Klippfisch und hartgekochten Eiern.

NÄHRWERT: Kichererbsen besitzen reichlich Kohlenhydrate und viel Vitamin E. Wie Trockenerbsen enthalten sie viel Kalorien: 100 g entsprechen 320 Kalorien/1362 Joule.

Linsen

HERKUNFT: Die Linse – bot. *Lens esculenta* – gehört zu den Schmetterlingsblütlern und stammt aus dem Orient. Die Linse ist eine uralte Kulturpflanze; schon im Alten Testament verkauft Esau sein Erstgeburtsrecht für ein Linsengericht.
Es gibt verschiedene Linsensorten: Helle, blonde Linsen, schwarze oder grünschwarze, bräunlichrote, orange- und korallenrote sowie hell- bis tiefblaue. Die bei uns gebräuchlichen hellen oder blonden Linsen werden in verschiedenen Größen, auch gespalten angeboten. Die Größe der Linse ist nur optisch, nicht geschmacklich von Vorteil.

ANBAU: In Deutschland werden geringe Mengen von Linsen angebaut, die aber nur einen winzigen Teil unseres Bedarfs decken. Hauptanbaugebiete und Exporteure sind Chile, USA, Argentinien, Indien, Pakistan und Rußland.

MARKERBSEN

GELBE ERBSEN

GRÜNE ERBSEN

KICHERERBSEN

EINKAUF: Helle Linsen gibt es in allen Lebensmittelgeschäften, rote und schwarze meist nur in den Lebensmittelabteilungen der großen Kaufhäuser oder in Fachgeschäften. Große Linsensorten kosten in der Regel mehr als kleine. Linsen lassen sich bis zu fünf Jahren lagern.

ZUBEREITUNG: Linsen sind die einzigen Hülsenfrüchte, die man nicht über Nacht einweichen muß. Vor dem Kochen wäscht man die Linsen gründlich und setzt sie dann mit kaltem Wasser zum Kochen auf. Linsen sollte man genau wie Trockenbohnen ohne Salz garen und erst kurz vor Ende der Kochzeit würzen, weil sie dann schneller weich werden. Die Garzeit richtet sich nach dem Alter der Linsen, das meist nicht bestimmbar ist. Sie liegt zwischen 1½ bis 2 Stunden.
Linsen kann man als Suppe, als pikante Gemüsebeilage, als Salat und besonders gut aber als Eintopf mit Würstchen oder Geräuchertem kombiniert zubereiten.
In Frankreich schätzt man sie gekocht mit Rotwein, Zwiebeln und Speck, in Spanien mit Knoblauch und rohen Zwiebeln, in Rußland bereitet man sie mit Schmalz und saurer Sahne zu, und in den Anbauländern Indien und Pakistan werden sie mit reichlich Curry, Muskatnuß und Ingwer gewürzt.

NÄHRWERT: Linsen sind äußerst gesunde Hülsenfrüchte. Sie enthalten sehr viel Eiweiß, reichlich Kohlenhydrate, Kalzium, enorme Mengen von Phosphor, etwas Eisen und viel Vitamin A; allerdings auch viel Zellulose, weshalb sie etwas schwer verdaulich sind. 100 g enthalten 304 Kalorien/1293 Joule.

Mais

HERKUNFT: Der Mais – bot. *Zea mays* – gehört zur Familie der Gräser. Kolben und Körner des erst seit einigen Jahren hierzulande erhältlichen Speisemais werden auch *Zuckermais*, *Gemüsemais* oder *Süßmais* genannt. Die Heimat des Mais liegt in Mittelamerika und in den südlichen Teilen der Vereinigten Staaten. Wie Ausgrabungen der Pueblo-Siedlungen Aztec in Neu-Mexiko und Mesa Verde, Colorado, ergaben, haben die Pueblo-Indianer bereits um 1100 Mais als Gemüse und Getreide kultiviert. Erst mit der Entdeckung der Neuen Welt gelangte der Mais dann auch nach Europa, zunächst als Importware. Mitte des 17. Jahrhunderts begann man endlich, ihn auch in Italien zu züchten, wo er rasch populär wurde

und als Maisgrieß zur berühmten Polenta verarbeitet wird.

ANBAU UND SAISON: Der feinste Zuckermais mit den größten goldgelben Körnern, »sweet golden corn«, wächst noch immer in Amerika, aber inzwischen wird dieses feine Gemüse auch in mehreren südeuropäischen Ländern mit Erfolg angebaut.
Frische Maiskolben gibt es nur in den Sommer- und Herbstmonaten, vereinzelt noch in den Anfangsmonaten des Winters. Maiskörner kann man, konserviert oder tiefgekühlt, jederzeit zum bequemen Gebrauch kaufen.

EINKAUF: Mais schmeckt am süßesten, wenn er jung geerntet und unmittelbar nach der Ernte zubereitet wird. Achten Sie beim Einkauf auf noch feuchte, grüne Blatthüllen, die die Kolben vollständig bedecken sollen. Um zu prüfen, ob der Mais auch reif ist, sollte man die Blätter vorsichtig etwas abziehen, um ein paar Kerne freizulegen. Nun kann man mit dem Fingernagel ein Korn etwas einritzen; dabei muß ein milchiger Saft austreten.
Maiskolben werden pro Stück berechnet. Meiden Sie Kolben, die beschädigt sind oder an irgendeiner Stelle krank aussehen.

ZUBEREITUNG: Maiskolben aus ihren Hüllen, d. h. Schutzblättern befreien, die etwas klebrigen Fäden entfernen, das harte Kolbenende abschneiden, eventuell auch die holzigen Körnerspitzen. Maiskolben werden heutzutage aber oft schon geputzt und kochbereit angeboten.
Nun kann man die ganzen Kolben in Wasser kochen (das dauert etwa 15 Minuten); dabei sollte man kein Salz zufügen, da die Maiskörner sonst zäh werden. Will man jedoch nur die Körner verwenden, löst man sie mit einem spitzen Messer vom Kolben. Man kann sie nun zusammen mit anderen Gemüsen zu einem Eintopf oder zu Maispudding verwenden.
Besonders gut schmecken gegrillte Maiskolben. Dazu werden sie wie oben vorbereitet, mit Butter eingepinselt und unter dem Grill oder über Holzkohle rundherum gegrillt.

NÄHRWERT: Mais ist reich an Kohlenhydraten, enthält viel Vitamin A und ein wenig Kalzium, Eisen und Eiweiß.
100 g Maiskörner entsprechen 76 Kalorien/325 Joule, die Körner an einem Kolben von durchschnittlicher Größe 84 Kalorien/362 Joule.

BOHNENEINTOPF MIT LAMM

500 g grüne Bohnen
500 g Kartoffeln
750 g Lammfleisch
1 l Instant-Fleischbrühe
Pfeffer, Oregano
1 EL Butter
2 Knoblauchzehen
1 TL Mehl
1 Döschen Tomatenmark
1 Prise Zucker
Salz

Die Bohnen waschen und in Stücke schneiden, Kartoffeln schälen und würfeln. Das Lammfleisch kurz waschen, würfeln und zusammen mit der Fleischbrühe in einen Topf geben, ca. 40 Minuten kochen lassen und nun Bohnen, Kartoffelwürfel, Pfeffer und Oregano dazugeben. Alles weitere 25 Minuten köcheln lassen. Inzwischen in einer Pfanne die Butter erhitzen und darin die geschälten Knoblauchzehen goldgelb braten, dann herausnehmen und das Mehl in die Knoblauchbutter streuen. Tomatenmark und Zucker mit dem Schneebesen einrühren und diese Sauce unter den Bohneneintopf rühren und eventuell noch mit etwas Salz nachwürzen.

Schnittbohnensuppe mit Minze
Süßsaure Linsensuppe mit Speck
Erbsensuppe

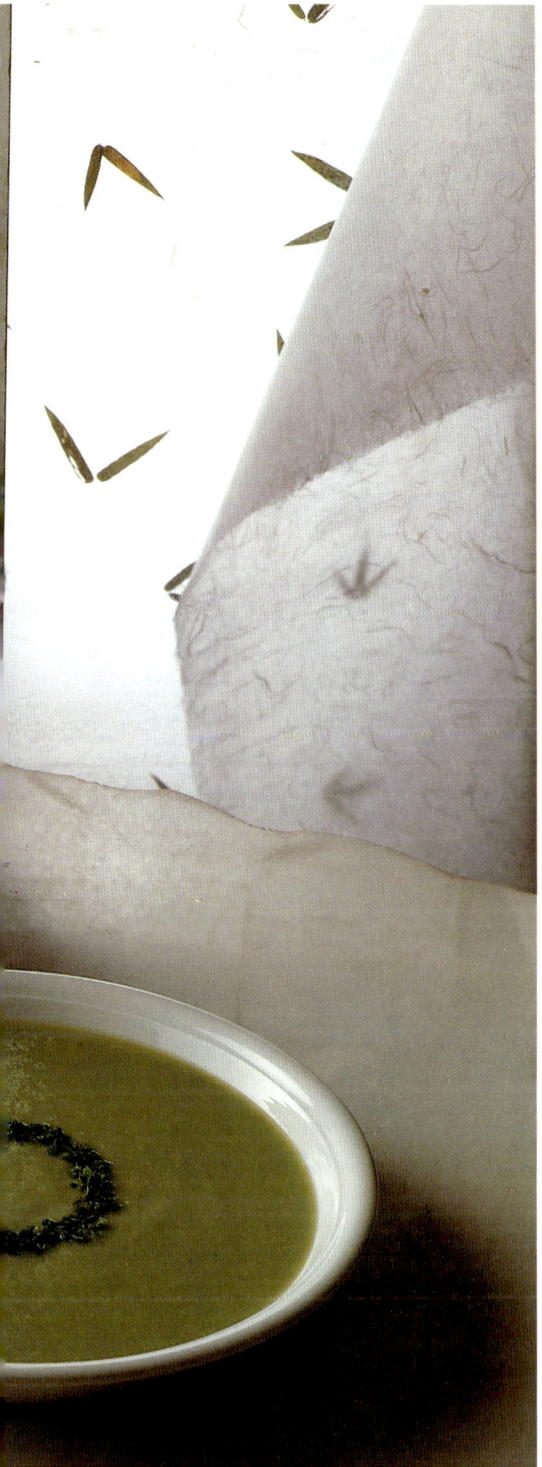

TUNESISCHE KICHERERBSENSUPPE

500 g Kichererbsen
Salz
8 EL Olivenöl
1 EL Kümmel
3 Knoblauchzehen
1 EL Harissa (ersatzweise Paprika rosenscharf und etwas gemahlener Koriander)
Saft 1 Zitrone

Die Kichererbsen am Vorabend in gut 1 Liter Wasser einweichen. Am nächsten Tag mit dem Einweichwasser in einem großen Topf aufkochen, Salz, Öl und Kümmel beigeben und auf kleiner Flamme ca. 70 Minuten garen. Danach die mit Salz zerdrückten Knoblauchzehen und Harissa in die Suppe geben, weitere 25–30 Minuten kochen und vor dem Servieren mit Zitronensaft abschmecken.

SCHNITTBOHNENSUPPE MIT MINZE

750 g Schnittbohnen
3 EL Öl
1 Markknochen
1 EL Mehl
1 l Fleischbrühe
1 Knoblauchzehe
1 Bund Bohnenkraut
1 Lorbeerblatt
150 g würzige Räucherwurst
2–3 Zweiglein frische Minze
Salz, schwarzer Pfeffer

Schnittbohnen waschen, von Fäden befreien und in gleichmäßige Stücke schneiden. In einem Suppentopf Öl erhitzen, das ausgelöste und gewürfelte Knochenmark darin anbraten, Mehl darüberstäuben und Fleischbrühe angießen, dabei mit dem Schneebesen durchrühren, einmal aufkochen lassen, dann die Schnittbohnen und die mit Salz zerdrückte Knoblauchzehe, Bohnenkraut und Lorbeerblatt zugeben. Die Suppe bei kleiner Flamme und geschlossenem Deckel ca. 20 Minuten kochen; gelegentlich umrühren. Danach die in Scheiben geschnittene Räucherwurst in die Bohnensuppe legen und weitere 10 Minuten kochen. Mit Salz und schwarzem Pfeffer abschmecken und mit Minzezweiglein garniert servieren.

SÜSS-SAURE LINSENSUPPE MIT SPECK

400 g Linsen
¾ l Fleischbrühe
Salz, Cayennepfeffer
1 Prise Muskat
100 g Räucherspeckwürfel
3 EL Rotweinessig
1 TL Zucker
2 EL gehackte Petersilie

Die Linsen gründlich unter fließendem Wasser waschen, abtropfen lassen und in der Fleischbrühe langsam in ca. 90 Minuten mit den Gewürzen weich kochen. Nach Bedarf noch etwas Brühe nachgießen. Währenddessen den Räucherspeck knusprig ausbraten und mit dem ausgetretenen Bratfett zu der fertigen Suppe geben. Vor dem Servieren mit Essig und Zucker süßsauer abschmecken und die Petersilie darüberstreuen und eventuell mit 2 Eßlöffeln Butter verfeinern.

ERBSENSUPPE

250 g getrocknete Erbsen
50 g durchwachsener Speck mit Schwarte
1 große Zwiebel
1 Karotte
1 EL Öl
gut 1 l Fleischbrühe
Salz
frisch gemahlener schwarzer Pfeffer
1 EL gehackte Petersilie

Die Erbsen über Nacht in reichlich Wasser einweichen. Am nächsten Tag abgießen. Speck und die abgeschnittene Schwarte würfeln und in einem hohen Topf zusammen mit der gehackten Zwiebel und der geputzten, gewürfelten Karotte in Öl goldbraun anbraten. Nun die Erbsen und die Fleischbrühe in den Topf geben, mit Salz und Pfeffer würzen und die Suppe bei ganz kleiner Hitze zugedeckt 2–3 Stunden köcheln lassen, bis die Erbsen weich sind.

Etwa die Hälfte der etwas abgekühlten Suppe im Mixer pürieren, das Püree wieder in den Topf geben, die Suppe nochmal erhitzen (eventuell noch etwas Brühe oder Wasser zugießen, falls sie zu dick ist) und dann in eine vorgewärmte Terrine füllen und mit Petersilie bestreut servieren.

MAISCREMESUPPE

1 kleine Stange Lauch
1 kleine Möhre
1 Dose Maiskörner
1 EL Butter oder Öl
½ l Fleischbrühe
4–5 EL süße Sahne
2 Eigelb
Salz, Pfeffer
1 Prise Curry
1 EL gehackte Petersilie

Lauch und Möhre putzen, waschen und in feine Ringe bzw. Scheibchen schneiden. Die Maiskörner abtropfen lassen, dabei aber das Gemüsewasser auffangen. Die Butter oder das Öl erhitzen, das Frischgemüse und die Maiskörner kurz darin andünsten und die Fleischbrühe sowie das Gemüsewasser der Maiskörner angießen. Die Suppe 20 Minuten auf kleiner Flamme köcheln lassen. Inzwischen die Sahne mit dem Eigelb verquirlen und dann unter die heiße, aber nicht mehr kochende Suppe ziehen. Vor dem Servieren die Cremesuppe mit den Gewürzen abschmecken und mit Petersilie bestreut servieren.

RUSTIKALER ERBSENEINTOPF

500 g gelbe oder grüne Trockenerbsen
2 Möhren
3 Kartoffeln
2 EL Schweineschmalz
1 Knoblauchzehe
½ gewürfelte Zwiebel
1 geräucherte Schweinehaxe
1 l Fleischbrühe
Pfeffer, etwas Thymian
1 Bund gehackte Petersilie

Die Erbsen über Nacht in reichlich kaltem Wasser einweichen. Möhren und Kartoffeln schälen, dann in Scheiben bzw. Würfel schneiden. Das Schweineschmalz in einem hohen Topf erhitzen und darin die geschälte Knoblauchzehe goldbraun braten und wieder entfernen. Die Zwiebelwürfel im Fett glasig werden lassen und nun die abgetropften Erbsen, Möhren, Kartoffeln und die Schweinehaxe in den Topf geben. Alles mit Fleischbrühe auffüllen und den Eintopf bei kleiner Hitze ca. 1 Stunde und 50 Minuten garen. Nach dieser Zeit die Schweinehaxe herausnehmen, auslösen und das in Scheiben oder Würfel geschnittene Fleisch in eine vorgewärmte Terrine geben. Den Eintopf mit den Gewürzen abschmecken, über das Fleisch gießen und mit Petersilie bestreut servieren.

BAYERISCHER LINSENEINTOPF

500 g Linsen
1 geräucherte Schweinehaxe
1 Bund Suppengrün
1 kleine Zwiebel
1 EL gehackter Kerbel
Salz, Pfeffer
1 TL Paprikapulver edelsüß

Die Linsen gründlich unter fließendem Wasser waschen und anschließend in einem Liter Wasser (besser ist noch in Fleischbrühe) zusammen mit der Schweinehaxe, dem feingeschnittenen Suppengrün und der gewürfelten Zwiebel auf dem Herd in einem großen Topf zum Kochen bringen. Den Eintopf auf kleiner Flamme in 2 Stunden garen, dabei gelegentlich umrühren und die Schweinehaxe wenden. Zum Schluß mit Kerbel, Salz, Pfeffer und Paprika würzen. Die Schweinehaxe herausheben, auslösen und das Fleisch gewürfelt in eine vorgewärmte Terrine geben. Den heißen Eintopf darüber füllen und das Gericht sofort servieren.
Je nach Belieben können Sie in diesem Linseneintopf auch noch gewürfelte Kartoffeln und Karotten mitgaren oder ihn pikant mit Essig und Zucker abschmecken.

BOHNENSALAT MIT VINAIGRETTE

750 g junge grüne Bohnen
Salz
1 Bund Bohnenkraut
Sauce
1 Zwiebel
½ Knoblauchzehe
je ½ Bund gehackter Dill und Schnittlauch
2 EL Olivenöl
1 EL Essig
3 EL Weißwein
1 TL Zitronensaft
Salz
frisch gemahlener Pfeffer
1 Prise Zucker

Die geputzten Bohnen in viel Salzwasser mit Bohnenkraut ca. 25 Minuten bei kleiner Flamme zugedeckt kochen, dann abgießen und abkühlen lassen. Inzwischen die Sauce bereiten.
Die sehr feingewürfelte Zwiebel und die mit Salz zerdrückte Knoblauchzehe mit allen anderen Zutaten verrühren. Die Kräutersauce mit den Bohnen gut vermischen und den Salat nach Möglichkeit eine Stunde durchziehen lassen.
Als Beilage zu Hackbraten oder gegrilltem Fleisch reichen.

Bohnensalat mit Vinaigrette
Kichererbsen-Fisch-Salat

KICHERERBSEN-FISCH-SALAT

250 g Kichererbsen
150 g Räucherfisch
3–4 Tomaten
2 kleine Zwiebeln
1 EL schwarze Oliven
3 EL fertige Salatsauce (z. B. Italian Dressing)
2 EL Zitronensaft oder Orangensaft
1 frischer Minzezweig

Die Kichererbsen über Nacht einweichen und am nächsten Tag im Einweichwasser ca. 1 ½–2 Stunden bei kleiner Hitze weichkochen, dann auf einem Sieb abtropfen lassen und in eine Schüssel geben. Die Erbsen mit dem grobzerpflückten Räucherfisch, den geachtelten Tomaten, den in feine Ringe geschnittenen Zwiebeln und den Oliven vermischen. Die Fertigsauce mit Zitronen- oder Orangensaft mischen und unter die Salatzutaten ziehen. Den Salat mit feingehackter Minze bestreut servieren.

GRIECHISCHER BOHNENSALAT

250 g Augenbohnen oder getrocknete
weiße Bohnen
Salz
Cayennepfeffer
4 Tomaten
2 Zwiebeln
100 g Schafskäse
Sauce
2 durchgepreßte Knoblauchzehen
½ TL Salz
4 EL Olivenöl
2 EL Weinessig
1 Prise zerriebenes Oregano

Die Bohnen über Nacht in ca. 1 Liter Wasser einweichen und am nächsten Tag im Einweichwasser in ca. 2 Stunden weich kochen; 10 Minuten vor Ende der Garzeit mit Salz und Cayennepfeffer würzen. Die Bohnen abgießen, etwas abkühlen lassen und in einer Schüssel mit den gewürfelten Tomaten und den in grobe Stücke geschnittenen Zwiebeln mischen. Alle Zutaten für die Sauce verrühren und gut mit den Salatzutaten vermischen. Zum Schluß den zerbröckelten Schafskäse darüberstreuen und

leicht untermengen. Den Salat bis zum Servieren etwas durchziehen lassen. Reichen Sie den Salat als leichtes sommerliches Abendessen mit gebuttertem Schwarzbrot oder bei einer Grillparty als Beilage.

Bunter Bohnensalat
Griechischer Bohnensalat
Schneller Maissalat
Wiener Linsensalat

SCHNELLER MAISSALAT

1 Dose Maiskörner
einige grüne Oliven
1 EL eingelegte Paprikastreifen
50–100 g Fleischwurst oder Hartkäse
3 EL Olivenöl
1 EL Zitronensaft
1 durchgepreßte Knoblauchzehe
Salz
1 Prise Cayennepfeffer

Die gut abgetropften Maiskörner in eine Schüssel geben und mit den Oliven, den zerkleinerten Paprikastreifen, der gewürfelten Wurst oder Käse vermischen. Aus den übrigen Zutaten eine pikante Marinade rühren und diese über den Maissalat gießen. Alles nochmal gut durchmischen und den Salat bis zum Servieren zugedeckt etwas durchziehen lassen.

WIENER LINSENSALAT

ca. 250–300 g gekochte Linsen (ersatzweise Dosenware)
2 kleine Zwiebeln
1 Knoblauchzehe
200 g gekochter Schinken
2–3 EL Öl
1 EL Essig oder Zitronensaft
Salz
frisch gemahlener schwarzer Pfeffer

Die Linsen (Dosenware gut abtropfen lassen) in eine Schüssel geben und mit den geschälten, feingehackten Zwiebeln, der mit wenig Salz zerdrückten Knoblauchzehe und dem in feine Streifen geschnittenen Schinken mischen. Öl, Essig oder Zitronensaft verrühren und über den Salat gießen. Alle Zutaten gut vermischen und mit Salz und Pfeffer abschmecken.

BUNTER BOHNENSALAT

500 g Brechbohnen
Salz
1 Prise Muskat
500 g frische Pellkartoffeln
3–4 Tomaten
1 Zwiebel
1 Bund frische Kräuter
2 EL Remouladensauce
6 EL süße Sahne
Salz, Pfeffer

Brechbohnen waschen, in gleichmäßige Stücke schneiden und in ½ Liter Salzwasser mit Muskat ca. 25 Minuten auf kleiner Flamme kochen. Bohnen abgießen, mit kaltem Wasser abschrecken, in eine Schüssel geben und mit Pellkartoffelscheiben und Tomatenwürfeln oder -achteln vermischen. Feingehackte Zwiebel über den Salat verteilen und mit viel frisch gehackten Kräutern bestreuen. Aus Remouladensauce, Sahne, Salz und Pfeffer eine Marinade rühren, diese über den Bohnensalat gießen und alles gut vermischen.

ERBSEN-GEFLÜGEL-KASSEROLLE

450 g frische grüne Erbsen
½ l Fleischbrühe
2–3 EL Öl
4 Hähnchenkeulen
Salz, Pfeffer
Paprikapulver
1 EL Butter oder Margarine
1 knapper EL Mehl
⅛ l süße Sahne
1 Ei (getrennt)
1 Prise Muskat
2 EL gehackte Petersilie
ca. 200 g gekochter Langkornreis

Die Erbsen aus den Schoten lösen, waschen und in der Fleischbrühe in 20 Minuten garen. In einer Pfanne das Öl erhitzen und darin die mit Salz, Pfeffer und Paprika gewürzten Hähnchenkeulen von allen Seiten knusprig anbraten. Die Keulen anschließend in eine feuerfeste Kasserolle legen. Das Öl vom Braten aus der Pfanne abgießen und nun die Butter darin schmelzen lassen, das Mehl darüber stäuben, leicht anschwitzen lassen und von der Fleischbrühe in der die Erbsen garen, ca. die Hälfte mit einem Schneebesen einrühren. Die Sahne mit dem Eigelb verquirlen und damit die Sauce legieren. Die Pfanne sofort vom Herd nehmen und die Sauce mit Muskat würzen. Das steifgeschlagene Eiweiß und die Petersilie unterziehen. Die Erbsen abgießen, mit dem Reis vermischen und zu den Hähnchenkeulen in der Kasserolle geben. Darüber kommt nun die schaumige Sauce. Die Kasserolle in den vorgeheizten Backofen stellen und das Gericht bei 220 Grad 30 Minuten backen.

FARMERTOPF

500 g Rindfleisch aus der Keule
1 EL Schweineschmalz
2 große Zwiebeln
1 Karotte
1 Petersilienwurzel
½ l Fleischbrühe
Salz, frisch gemahlener Pfeffer
1 TL Paprika edelsüß
1 große Dose Maiskörner
1 Döschen Tomatenmark
⅛ l saure Sahne

Fleisch trockentupfen und in gleich große Würfel schneiden. Das Schmalz in einem Topf erhitzen, zuerst die Fleischwürfel rundum kräftig darin anbraten, dann die in Würfel geschnittenen Zwiebeln sowie die in dicke Scheiben geschnittene Karotte und Petersilienwurzel mit anschmoren, die Fleischbrühe angießen und die Gewürze untermischen. Das Gericht bei milder Hitze unter gelegentlichem Umrühren 60–70 Minuten schmoren. Anschließend die Maiskörner mit etwas Flüssigkeit und das Tomatenmark untermischen und alles weitere 10 Minuten köcheln lassen. Den Farmertopf nochmals abschmecken und sofort mit Sahneklecksen garniert auftragen.
Wer es gerne schärfer hat, gibt während der letzten 10 Minuten eine eingelegte, feingeschnittene Chilischote dazu.

BARBECUE-BOHNEN MIT HUHN

4 Hähnchenkeulen
Salz, Paprikapulver
1 EL Mehl
4 EL Olivenöl
1 Dose Kidney-Bohnen
40 g Butter
1 kleine Zwiebel
1 EL Farinzucker
1 EL Essig
½ TL Chilipulver
1 TL Paprikapulver edelsüß
3 EL Tomatenketchup
½ Becher Yoghurt

Die Hähnchenkeulen waschen, trockentupfen, mit Salz und Paprika würzen und in dem Mehl wenden. Olivenöl in einer Pfanne erhitzen und die Keulen darin von allen Seiten knusprig anbraten. Nun kommen sie in eine feuerfeste Kasserolle zusammen mit den abgetropften Bohnen.
Die Butter in einem Pfännchen erhitzen, die gewürfelte Zwiebel darin glasig schmoren und anschließend den Zucker darin schmelzen lassen. Essig, Chilipulver, Paprika in die Butter geben, dann den mit Yoghurt verrührten Ketchup angießen und diese Sauce einmal aufwallen lassen. Die Sauce über den Hähnchenkeulen und den Bohnen in der Kasserolle verteilen, dann in den vorgeheizten Backofen stellen und das Gericht bei 220 Grad 30 Minuten backen.

Barbecue-Bohnen mit Huhn
Farmertopf
Maisauflauf

SCHNELLER BOHNENEINTOPF

1 Zwiebel
1 EL Öl oder Schweineschmalz
1 große Dose weiße Bohnen
1 kleine Dose Kidney-Bohnen
1 TL Paprikapulver
1 TL Chilipulver
1 Messerspitze Oregano
2 Räucherwürstchen
ca. 500 g gekochtes Rindfleisch (ersatzweise aus der Dose im eigenen Saft)
Salz, Pfeffer
1 Bund gehackte Petersilie

Die geschälte, gehackte Zwiebel in einem hohen Topf in Öl oder Schmalz glasig braten, dann beide Bohnensorten mit der Dosenflüssigkeit dazugeben, die Gewürze untermischen, die Würstchen auf die Bohnen legen und alles ca. 20 Minuten köcheln lassen (eventuell etwas heißes Wasser oder Instantbrühe angießen).
Inzwischen das gekochte Fleisch grob würfeln, zu den Bohnen geben und kurz mit erhitzen. Das Gericht mit Salz und Pfeffer abschmecken und mit Petersilie bestreut servieren.

MAISAUFLAUF

3 EL Öl
1 Knoblauchzehe
250 g Tomaten
1 grüne Paprikaschote
1 große Dose Maiskörner
Salz, Pfeffer
1 Prise Muskat
2 EL gehackte Erdnüsse
4–5 EL süße Sahne
1 Eigelb
2 Eiweiß

Öl in einer Pfanne erhitzen, die Knoblauchzehe darin goldgelb braten und wieder herausnehmen. Gewaschene und geachtelte Tomaten und entkernte, gewürfelte Paprikaschote kurz im heißen Knoblauchfett anschmoren, Maiskörner mit der Flüssigkeit unterrühren. Mit Salz, Pfeffer und einer kleinen Prise Muskat würzen, und das Gemüse ca. 8 Minuten auf kleiner Flamme dünsten. Dann in eine feuerfeste Form füllen, Erdnüsse untermischen, das mit Sahne verquirlte Eigelb in das Gemüse rühren, das steifgeschlagene Eiweiß unterziehen. Die Form in das heiße Backrohr stellen und den Auflauf ca. 30 Minuten bei 220 Grad backen.
Dieser Maisauflauf ist eine vollständige Mahlzeit. Reichen Sie dazu Stangenweißbrot und Rotwein. Wird er als Beilage gereicht, dürfen die Fleischportionen klein gehalten werden.

FLAGEOLETS IN CAYENNE-BUTTER

1 großes Glas Flageolets
1 gut gehäufter EL Butter
1 Knoblauchzehe
1 gute Prise Cayennepfeffer
1 Bund gehackte Petersilie

Die Flageolets mit dem Saft in einem Topf bei mäßiger Hitze erwärmen. So-bald die Bohnenkerne heiß sind, die Butter und die ausgepreßte Knoblauch-zehe unterziehen, eine kräftige Prise Cayennepfeffer darübergeben, alles gut durchrühren und mit Petersilie bestreut servieren.
Als Beilage zu einem feinen Fisch-gericht oder Lammkoteletts reichen.

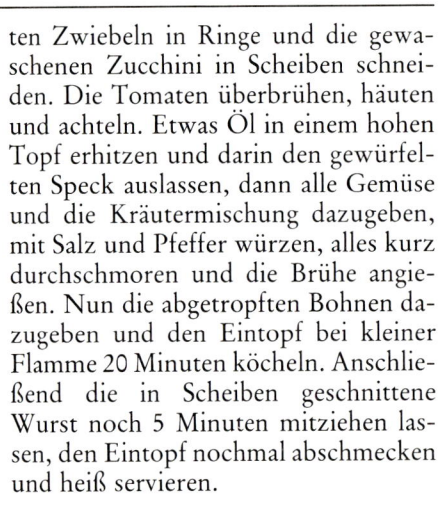

BOHNEN-GEMÜSE-EINTOPF

2 Auberginen
Salz
2 Zwiebeln
2–3 Zucchini
4 Tomaten
etwas Öl
50 g geräucherter Speck
1 EL provençalische Kräutermischung
frisch gemahlener Pfeffer
1 l Hühnerbrühe
1 große Dose weiße Bohnen
250 g würzige Knoblauchwurst

Auberginen putzen, waschen, in Stücke schneiden und mit Salz bestreut etwas stehen lassen. Inzwischen die geschäl-ten Zwiebeln in Ringe und die gewa-schenen Zucchini in Scheiben schnei-den. Die Tomaten überbrühen, häuten und achteln. Etwas Öl in einem hohen Topf erhitzen und darin den gewürfel-ten Speck auslassen, dann alle Gemüse und die Kräutermischung dazugeben, mit Salz und Pfeffer würzen, alles kurz durchschmoren und die Brühe angie-ßen. Nun die abgetropften Bohnen da-zugeben und den Eintopf bei kleiner Flamme 20 Minuten köcheln. Anschlie-ßend die in Scheiben geschnittene Wurst noch 5 Minuten mitziehen las-sen, den Eintopf nochmal abschmecken und heiß servieren.

DICKE BOHNEN MIT RAUCHFLEISCH

1 großes Glas Dicke Bohnen
1 EL Öl
1 Zwiebel
400 g mageres Rauchfleisch
¼ l Fleischbrühe
Salz, Paprikapulver
1 TL Speisestärke
1 Bund gehackte Petersilie

Die Bohnen abtropfen lassen. Das Öl in einem Topf erhitzen und die feingewürfelte Zwiebel darin glasig anbraten. Das Rauchfleisch grob würfeln und zusammen mit den Bohnen dazugeben. Anschließend die Fleischbrühe angießen, Salz und Paprika einstreuen und alles auf kleiner Flamme ca. 15 Minuten kö-

cheln lassen. Die Speisestärke mit wenig Wasser verrühren und damit das Gericht leicht binden; dann nochmal aufwallen lassen und mit Petersilie bestreut anrichten.
Reichen Sie dazu Salzkartoffeln oder ein kräftiges Bauernbrot.

ERBSENPUDDING

500 g getrocknete grüne Erbsen
25 g Butter
1 Ei
1 EL gehackte Minze
Salz
frisch gemahlener schwarzer Pfeffer
etwas Öl

Die Erbsen zwei Stunden einweichen und dann in kaltem Wasser aufsetzen und eine Stunde bei geringer Hitze kochen lassen. Die Flüssigkeit abgießen und die etwas abgekühlten Erbsen im Mixer fein pürieren. Nun die Butter, das Ei, Minze und die Gewürze unter das Püree rühren, die Masse in eine

feuerfeste, etwas geölte Form füllen und im vorgeheizten Ofen bei ca. 190 Grad 30–35 Minuten backen.
Erbsenpudding ist eine delikate Beilage zu Schweinebraten. Sie können das Erbspüree auch in eine ca. 1,5 Liter fassende Puddingform geben und im Wasserbad 45–50 Minuten kochen.

Oben: *Flageolets in Cayenne-Butter;*
Dicke Bohnen mit Rauchfleisch
Links: *Bohnen-Gemüse-Eintopf*

MAISKOLBEN-SPIESSCHEN

2 frische große Maiskolben
Salz
6–8 kleine Tomaten
100 g Räucherspeck (in Scheiben)
1 Zwiebel
4–5 EL Öl
Pfeffer
1 TL Paprika edelsüß
1 Prise Knoblauchpulver

Die geputzten Kolben ca. 20 Minuten in Salzwasser kochen. Anschließend abgießen, abtropfen lassen und in 1 ½ cm dicke Scheiben schneiden. Nun abwechselnd vier Holzspieße folgendermaßen bestücken: eine Scheibe Mais, eine ganze Tomate, Räucherspeck, dicke Zwiebelringe usw., bis alle Zutaten aufgebraucht sind. Das Öl mit den Gewürzen vermischen, die Spießchen mit dieser Marinade beträufeln und von allen Seiten ca. 10 Minuten unter dem Grill goldbraun werden lassen. Dabei immer wieder mit der Ölmischung bestreichen.

Die Spießchen sofort servieren, z.B. auf einem Risotto.

FRISCHE ERBSEN À LA FRANÇAISE

1 kg ausgepalte frische Erbsen
1 Bund Frühlingszwiebeln
50 g Butter
1 TL Zucker
Salz
frisch gemahlener schwarzer Pfeffer
1 Kopfsalat

Die ausgepalten Erbsen mit den gehackten Frühlingszwiebeln in der Hälfte der Butter andünsten, mit Zucker, Salz und Pfeffer würzen und etwas Wasser angießen. Die Erbsen 10 Minuten bei kleiner Hitze köcheln lassen. Inzwischen die äußeren Blätter vom Kopfsalat lösen und das Salatherz geviertelt zu den Erbsen geben. Alles weitere 10 Minuten zugedeckt dünsten, dabei den Topf hin und wieder schütteln, damit sich nichts anlegen kann. Den Topf vom Herd nehmen und die restliche Butter im Gemüse schmelzen lassen. Auf einer vorgewärmten Platte zuerst die Salatviertel anrichten und die Erbsen rund herum arrangieren.

MEXIKANISCHER MAIS

1 große Dose Maiskörner
1 EL Butter
½ grüne Chilischote
1 rote Paprikaschote
2 Knoblauchzehen
½ EL Zitronensaft
Salz
1 EL Butter

Den Mais aus der Dose auf ein Sieb schütten und gut abtropfen lassen. In einer Kasserolle die Butter schmelzen lassen, dann die Maiskörner, die entkernte, in feine Ringe geschnittene Chilischote und die kleingewürfelte Paprika sowie die ausgepreßten Knoblauchzehen dazugeben. Alles gut vermischen und auf kleiner Flamme einige Minuten schmoren lassen. Zum Schluß mit Zitronensaft und Salz abschmecken und mit Butter verfeinern.

Eine scharfe Gemüsebeilage, z.B. zu einem Porterhouse-Steak. Wenn Sie dem Gemüse körnig gekochten Reis und in Scheiben geschnittene Knoblauchwürstchen beigeben, erhalten Sie eine komplette Mahlzeit, die als mexikanischer Eintopf gilt.

BUTTERERBSEN MIT PARMESAN

750 g frisch gepalte Erbsen
¼ l Hühnerbrühe
30 g Butter
1 Knoblauchzehe
50 g fein gewürfelter Frühstücksspeck
4–5 EL süße Sahne
2 Eier
50 g geriebener Parmesan
2 EL gehackte Petersilie

Erbsen in Hühnerbrühe ca. 20 Minuten garen. In der Zwischenzeit die Butter in einem Pfännchen schmelzen lassen, die Knoblauchzehe kurz darin goldgelb anbraten und wieder entfernen. Nun den Speck in der Butter glasig braten, die Sahne angießen und einmal ganz kurz aufwallen lassen. Die Sauce heiß halten. In einer größeren Schüssel Eier, Parmesan und die Petersilie gut miteinander verquirlen, nun die gegarten und abgetropften Erbsen dazugeben und gut untermischen. Zum Schluß die heiße Sahne-Speck-Sauce darübergießen, nochmal alles gut miteinander vermengen und sofort servieren.

Als Beilage zu geschmortem Kalbfleisch reichen.

ERBSEN IN MINZSAUCE

500 g frisch gepalte Erbsen
2 Tomaten
⅛ l Fleischbrühe
1 EL Butter
4 EL Crème fraîche
1 Zweig frische Pfefferminze
Salz, Pfeffer

Die frisch gepalten Erbsen und die enthäuteten, gewürfelten Tomaten zusammen mit der Fleischbrühe in einen Topf geben und in 20 Minuten garen. Anschließend die Butter an das Gemüse geben. Crème fraîche und die abgezupfte Minze mit etwas Flüssigkeit von den Erbsen verrühren und diese Mischung unter das nicht mehr kochende Gemüse ziehen. Zum Schluß mit Salz und Pfeffer abschmecken und z.B. als Beilage zu Kalbsschnitzeln natur, zu gebratenem Fisch oder Kalbsleber reichen.

Buttererbsen mit Parmesan
Frische Erbsen à la Française
Mexikanischer Mais

BOHNEN IN WEINRAHMSAUCE

750–1000 g grüne junge Bohnen
Salz
Bohnenkraut
Muskat
1 EL Butter
1 EL Mehl
ca. ⅛ l trockener Weißwein
⅛ l süße Sahne
50 g gekochter Schinken
Cayennepfeffer

Die gewaschenen Bohnen putzen und in Stücke teilen. Reichlich Salzwasser zum Kochen bringen und darin die Bohnen mit Bohnenkraut und Muskat ca. 20 Minuten bei kleiner Flamme garen. Inzwischen die Butter in einer Pfanne schmelzen lassen, das Mehl einrühren und nun mit dem Schneebesen unter kräftigem Schlagen etwa ⅛ Liter Wein und eventuell ein wenig Bohnenbrühe angießen. Zum Schluß die Sahne und den gewürfelten Schinken unter die Sauce mischen und mit Salz und Pfeffer abschmecken. Die gegarten Bohnen abgießen und mit der heißen Sauce mischen.

Als Beilage zu Steaks oder Lammbraten reichen.

MAIS-AUBERGINEN-GEMÜSE

1 große Aubergine
1 Zitrone
Salz, Pfeffer
4 EL Olivenöl
1 Dose Maiskörner
1 grüne Paprikaschote
1 Prise Cayennepfeffer
1 EL Butter
1 Bund Petersilie

Die Aubergine waschen und ungeschält in Scheiben schneiden (größere Scheiben nochmals halbieren). Die Scheiben mit Zitronensaft beträufeln, mit Salz bestreuen und zugedeckt ca. 15 Minuten stehen lassen.
In einer Kasserolle das Öl erhitzen und darin die trockengetupften Auberginenscheiben kurz anbraten, dann die Maiskörner mit etwas Flüssigkeit daruntermischen und die in Streifen geschnittene Paprikaschote zugeben. Das Gemüse auf kleiner Flamme 10 Minuten garen, mit Salz, Pfeffer und einer Prise Cayenne würzen, die Butter unterziehen und mit gehackter Petersilie bestreut anrichten.
Servieren Sie dazu luftige Eieromeletts oder würzige Würstchen.

BOHNEN BURGUNDER ART

500 g getrocknete weiße Bohnen
½ Bund frisches Rosmarin
2 Schalotten
2 Lorbeerblätter
1 Döschen Tomatenmark
100 g Frühstücksspeck
⅛ l Rotwein
Salz, Pfeffer
gehacktes Basilikum

Die Bohnen waschen und in reichlich Wasser über Nacht einweichen. Am nächsten Tag im Einweichwasser zusammen mit dem Rosmarin 1 Stunde kochen lassen. Danach die in Ringe geschnittenen Schalotten, Lorbeerblätter und das Tomatenmark dazugeben und bei kleiner Hitze weitere 30–40 Minuten köcheln lassen. In einem zweiten

Topf den gewürfelten Frühstücksspeck ausbraten, die Bohnen mit der Flüssigkeit dazugeben und den Rotwein angießen. Alles noch weitere 10 Minuten köcheln, dann mit Salz und Pfeffer abschmecken und mit Basilikum bestreut z.B. zu einer Lammkeule servieren.

ZUCKERSCHOTEN IN KNOBLAUCHBUTTER

750 g Zuckererbsenschoten
Salz
1 EL Öl
2 EL Butter
1–2 Knoblauchzehen
1 EL fein gewiegte Petersilie

Bohnen Burgunder Art
Bohnen in Weinrahmsauce
Zuckerschoten in Knoblauchbutter

Die Schoten waschen und in reichlich Salzwasser, dem 1 Eßlöffel Öl beigefügt wurde, garen. Das dauert je nach Frische und Reife der Schoten ca. 5 bis 10 Minuten (wenn Sie jedoch Schnee-Erbsen verwenden, genügen ungefähr 2 Minuten). Die gegarten Schoten abgießen und abtropfen lassen. Inzwischen die Butter schmelzen lassen, die zerkleinerte Knoblauchzehe darin schwenken und die heiße Butter über die in einer vorgewärmten Schüssel angerichteten Schoten gießen. Mit fein

gewiegter Petersilie bestreut servieren.
Eine sehr feine Gemüsebeilage zu Eiergerichten oder Geflügel.

GRÜNE BOHNEN MIT SPECKBUTTER

750–1000 g grüne Bohnen
Salz
1 Bund Bohnenkraut
1 Prise Muskat
50–70 g durchwachsener Speck
30 g Butter
1 Bund gehackte Petersilie
frisch gemahlener schwarzer Pfeffer

Die Bohnen waschen, in gleichlange Stücke schneiden und in reichlich Salzwasser zusammen mit dem Kraut und Muskat ca. 25 Minuten kochen. Inzwischen den Speck würfeln und in der Butter ausbraten. Die gegarten Bohnen abgießen, gut abtropfen lassen und mit der heißen Speckbutter und der Petersilie vermischen. Zum Schluß reichlich Pfeffer darübermahlen.

Zu Frikadellen oder kurzgebratenen Koteletts servieren.

ZUCKERSCHOTEN MIT PIKANTEM DRESSING

750 g Zuckerschoten
Dressing
3 EL Essig
4 EL Sesam- oder Olivenöl
1 TL mittelscharfer Senf
1 TL Kräutersenf
1 EL Sojasauce
je 1 Messerspitze Salz und Zucker
1 Bund feingehackte Petersilie oder
Minze

Die Zuckerschoten je nach Reife ca. 5–10 Minuten in Salzwasser kochen (Schnee-Erbsen nur 2 Minuten). Inzwischen alle Zutaten für das Dressing gut miteinander verrühren. Die gegarten, gut abgetropften Erbsenschoten in eine Schüssel geben und noch warm mit der Sauce übergießen; mindestens eine halbe Stunde durchziehen lassen. Diese Erbsenschoten sind eine feine Gemüsebeilage, eignen sich aber ebenso als Bestandteil eines kalten Buffets.

ERBSEN ITALIENISCHE ART

400 g frische Erbsen
4 EL Olivenöl
1 Knoblauchzehe
100 g Schinkenspeck
250 g Tomaten
Salz, Pfeffer
1 Zweiglein Basilikum
1 EL gehackte Petersilie

Die Erbsen aus den Schoten lösen und waschen. Olivenöl erhitzen, die geschälte Knoblauchzehe darin goldgelb anbraten und herausnehmen. Nun den in feine Streifen geschnittenen Schinkenspeck ins Öl geben, kurz anbraten und die Erbsen sowie die gehäuteten, gewürfelten Tomaten dazugeben. Alles mit Salz und Pfeffer würzen und auf kleiner Flamme ca. 20 Minuten dünsten lassen (eventuell ein wenig Wasser angießen). Das fertige Gemüse mit Basilikum und Petersilie bestreut servieren. Dazu passen alle hellen Fleischgerichte.

WEISSE BOHNEN IN PFEFFERRAHM-SAUCE

1 große Dose Weiße Bohnen
1 rote Paprikaschote
1 TL Paprikapulver
1 Prise Chilipulver
1 EL Butter
2 TL Mehl
⅛ l süße Sahne
2 EL eingelegte grüne Pfefferkörner
1 Bund gehackte Petersilie
Salz
Cayennepfeffer

Die Bohnen mit der Flüssigkeit in einen Topf geben und mit der geputzten, in Streifen geschnittenen Paprikaschote, Chili- und Paprikapulver erhitzen. Inzwischen die Butter in einem Topf schmelzen, das Mehl einstreuen, leicht anschwitzen lassen, dann unter Rühren etwas Bohnenflüssigkeit und die Sahne unterziehen. Die Pfefferkörner und die Petersilie in die Sauce rühren und alles bei milder Hitze 2–3 Minuten kochen. Die Sauce über die Bohnen gießen, gut verrühren und das Gemüse pikant mit Salz und Cayennepfeffer abschmecken. Sofort, z. B. zu Lammbraten oder -koteletts, servieren.

Erbsen italienische Art
Gegrillte Maiskolben
Zuckerschoten mit pikantem Dressing

GEGRILLTE MAISKOLBEN

4 frische Maiskolben
Salz
1 Prise Cayennepfeffer
frisch gemahlener weißer Pfeffer
100 g Butter

Die Maiskolben von Blättern und Härchen befreien und ca. 20 Minuten in Salzwasser, dem Cayennepfeffer beigegeben wird, kochen. Die Kolben dann aus dem Wasser nehmen, gut abtropfen lassen und rundherum mit Salz und weißem Pfeffer bestreuen. Die Butter in einem Pfännchen schmelzen; währenddessen die Maiskolben auf den Grillrost legen (Auffangschale oder Backblech mit Alufolie darunterstellen), mit einem Teil der Butter einpinseln und nun unter dem Grill von allen Seiten goldbraun werden lassen. Die Kolben zwischendurch immer wieder mit der restlichen Butter bestreichen.
Zum Servieren die Kolben auf eine vorgewärmte Platte geben und die abgetropfte Butter darübergießen.
Maiskolben sind eine willkommene Abwechslung bei einer Grillparty oder auch als Vorspeise. Mit einem frischen Salat und Stangenweißbrot ergeben sie ein leichtes sommerliches Abendessen.

FLAGEOLETS MIT MARK ÜBERBACKEN

1 großes Glas Flageolets
Salz
frisch gemahlener Pfeffer
2 EL gehackte Petersilie
2 Markknochen
2 Streifen Frühstücksspeck

Flageolets mit dem Gemüsesaft in eine feuerfeste Kasserolle geben, bei kleiner Flamme erhitzen, mit Salz und Pfeffer würzen und die Petersilie untermischen. Inzwischen das Mark mit einem spitzen Messer aus den Knochen lösen und in feine Scheiben schneiden. Die Markscheiben und die Speckstreifen über den Flageolets verteilen und diese für ca. 5–8 Minuten unter den vorgeheizten Grill stellen, bis das Mark und der Speck goldbraun werden.
Flageolets schmecken vorzüglich als Beilage zu Kalbs- oder Puterrollbraten bzw. zu feinen Fischgerichten. Sollten Sie frische Flageolets verwenden, dann müssen Sie sie ca. 20 Minuten in wenig Salzwasser garen.

Fruchtgemüse

Die farbenfrohen und exotischen Sorten der Fruchtgemüse
reichen von einfachen, mild-aromatischen Gurken bis zu pikanten,
leuchtend-grünen, gelben oder roten Paprikaschoten. Zusammenstel-
lungen mit anderen Arten dieser Gemüsefamilie wie Tomaten, Auberginen oder Zucchini sind in Farbe und Geschmack kaum zu übertreffen.
Auch Kürbisse gehören zu den Fruchtgemüsen, angefangen vom nur fingerlangen Zucchini bis zum fußballgroßen Gartenkürbis. Sie haben alle einen sehr
hohen Wassergehalt und ihr leicht fader, süßlicher Geschmack wird in den
vielen Zubereitungsformen wie Kochen, Schmoren, Pürieren oder Rösten
intensiviert. Ob roh, gekocht oder eingelegt, immer lassen sich Fruchtgemüse vielseitig zubereiten. Mit Fleisch- oder Käsefüllung, in sahni-
ger oder würziger Sauce bilden sie leckere Hauptgerichte oder
köstliche Beilagen.

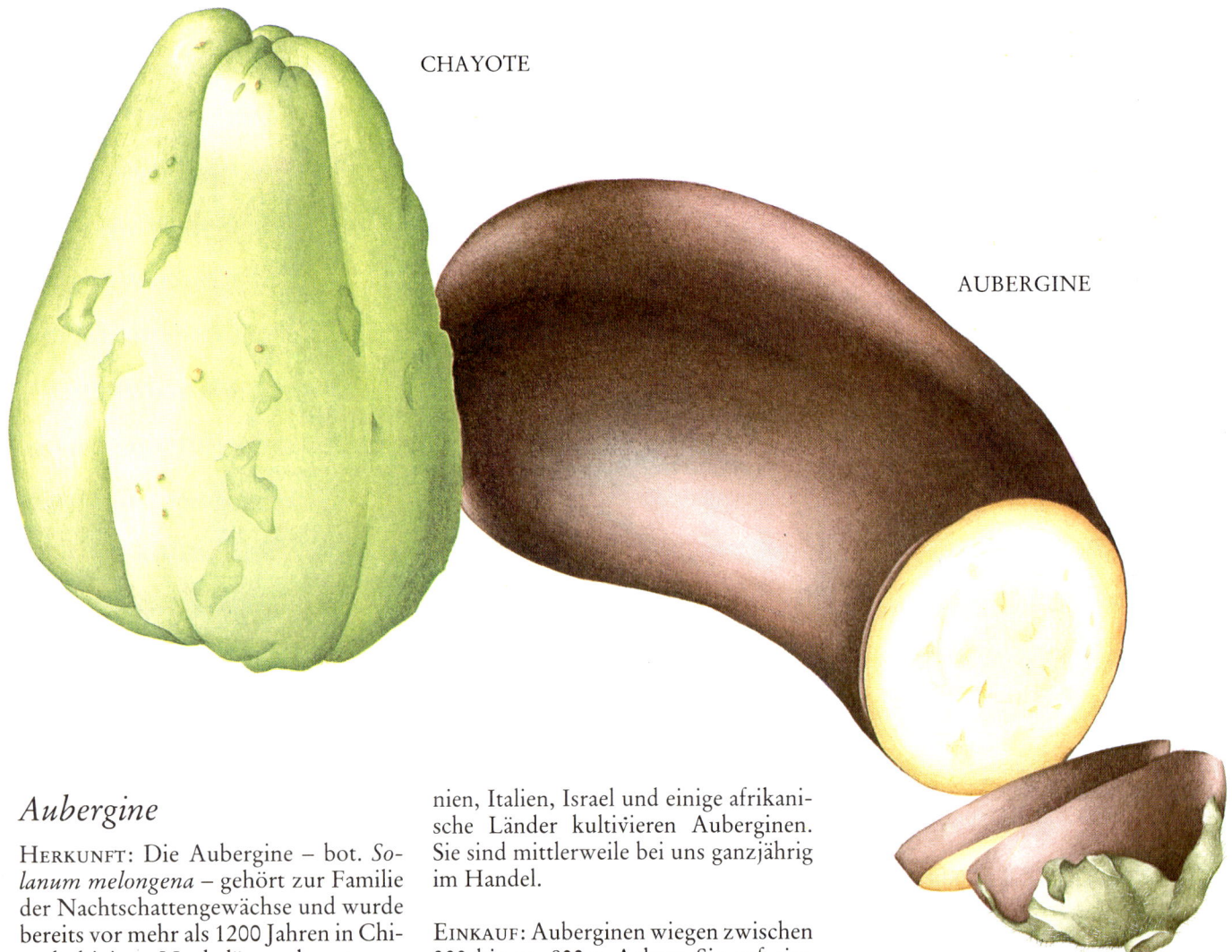

CHAYOTE

AUBERGINE

Aubergine

HERKUNFT: Die Aubergine – bot. *Solanum melongena* – gehört zur Familie der Nachtschattengewächse und wurde bereits vor mehr als 1200 Jahren in China kultiviert. Noch länger kennt man sie in ihrer Heimat Ostindien, wo sie ursprünglich die Größe von Eiern und Eierschalenfarbe aufwies; daher auch ihr aus dem Englischen übernommene Name *Eierfrucht* (eggplant). Die Aubergine gelangte erst im 17. Jahrhundert nach Europa, erreichte dann aber vor allem in den Mittelmeerländern große Beliebtheit. Heute dürfte die Aubergine wohl als die Mittelmeerfrucht schlechthin gelten.

Die Aubergine ist eine pralle, längliche, manchmal etwas gebogene Frucht mit glatter, glänzender Schale von rotvioletter bis schwarzvioletter Farbe. Das weiße Fruchtfleisch hat winzige, weiche Kerne, die mitgegessen werden können. Die Frucht sitzt an einem kleinen harten Blattkranz. Auberginen besitzen kaum Eigengeschmack. Außerdem enthalten sie den Giftstoff Solanin, den vor allem nicht ausgereifte Früchte aufweisen. Es ist daher ratsam, diese bei Zimmertemperatur nachreifen zu lassen.

ANBAU UND SAISON: Sämtliche Mittelmeerländer, vor allem Frankreich, Spa-

nien, Italien, Israel und einige afrikanische Länder kultivieren Auberginen. Sie sind mittlerweile bei uns ganzjährig im Handel.

EINKAUF: Auberginen wiegen zwischen 300 bis ca. 800 g. Achten Sie auf eine glatte, glänzende Schale und eine pralle Frucht; Auberginen mit einer runzeligen Schale sind zwar noch zu gebrauchen, weisen aber meist ein schwammiges Fleisch auf.

ZUBEREITUNG: Auberginen waschen, abtrocknen, den harten Blattkranz entfernen und ungeschält weiterverwenden. Kleinere Früchte in Scheiben schneiden, größere erst halbieren und dann in Scheiben schneiden, je nach Verwendung auch vierteln und würfeln. Das Auberginenfleisch sofort mit Zitronensaft beträufeln und Salz bestreuen und bis zur Zubereitung ca. ½ Stunden stehen lassen. Diese Vorbehandlung entzieht die enthaltenen Bitterstoffe und bewirkt ferner, daß sich das Auberginenfleisch beim Schmoren oder Anbraten nicht mit allzu viel Öl vollsaugt. Die Auberginen dann auspressen und trockentupfen.

Auberginengerichte haben es zu internationalem Ruhm gebracht: Die Ratatouille aus Frankreich, die griechische Moussaka und das türkische Gericht Imam bayildi. Daneben gibt es noch

viele Varianten und Möglichkeiten, Auberginen zu servieren, z. B. in Öl gebraten oder gegrillt als Vorspeise mit einer Tomaten- oder Yoghurt-Sauce, gewürzt mit Knoblauch und Basilikum. Auch gefüllt mit Hackfleisch oder Reis und mit Käse überbacken schmeckt sie ausgezeichnet. Als Kräuter eignen sich Knoblauch, Basilikum, Thymian, Rosmarin und Petersilie.

NÄHRWERTE: Auberginen enthalten einige B- und C-Vitamine, etwas Eisen, Kalzium und wenig Kohlehydrate. 100 g Aubergine enthalten nur ca. 15 Kalorien/63 Joule.

Chayote

HERKUNFT: Chayote – bot. *Sechium edule* – gehört zur Familie der Kürbisgewächse. Sie stammt aus Südafrika und wird heute in vielen tropischen Ländern gezüchtet, ist aber besonders in Süd- und Mittelamerika verbreitet. Chayote ist von dem Aztekenort Chayotl abgeleitet; die Frucht wird außerdem auch *Chocho*, *Chaco* und *Xuxu* genannt. Die grünen oder manchmal gelblichgrünen Früchte sehen fast wie unregelmäßig geformte Birnen aus. Die zerfurchte, rauhe Schale kann stachelig sein, das Fruchtfleisch ist weißlich, leicht klebrig und im Inneren befindet sich ein weicher, heller Kern. Der leicht süßliche Geschmack liegt zwischen Gurke, Kürbis und Zucchini. Das Gewicht schwankt zwischen 250 bis 400 g.

ANBAU UND SAISON: Chayoten werden zwischen Dezember und März geerntet. Unsere Importe kommen vorwiegend aus Brasilien und Mexiko.

EINKAUF: Chayote werden einzeln verkauft. Achten Sie darauf, daß die Früchte keine runzelige Schale oder Zeichen von Quetschungen aufweisen.

ZUBEREITUNG: Chayoten können nicht roh gegessen werden. Man schält sie unter fließendem Wasser, halbiert sie und entfernt den weichen Kern. Dann die Früchte in Scheiben oder kleine Stücke schneiden und in sprudelndem Salzwasser in 45 bis 50 Minuten garkochen. Sie schmecken mit geschmolzener Butter, in einer Curry- oder Käsesauce, gratiniert, zu einer Suppe oder mit anderen Gemüsen als Salat. Geeignete Gewürze sind Thymian, Majoran und Basilikum.

NÄHRWERTE: Chayote sind gute Vitamin-C-Lieferanten. 100 g haben 30 Kalorien / 125 Joule.

Chili/Peperoni

HERKUNFT: Die Chili- oder *Cayennepfefferschote* gehört wie Gemüsepaprika zur Familie der Nachtschattengewächse. Sie ist in Südamerika beheimatet und wurde von den Spaniern nach Europa gebracht. Aus den getrockneten und gemahlenen Chilischoten gewinnt man Cayennepfeffer. Aus den frischen, zerstampften Schoten bereitet man Chilipasten und Chilisaucen, die vor allem in der asiatischen Küche zur Anwendung kommen; eine der bekanntesten und schärfsten Saucen ist die Tabascosauce.
Die fingerlangen Schoten gibt es in Grün, Gelb, Orange und Rot, und sie erinnern an Miniatur-Paprikaschoten. Im Inneren befinden sich zahlreiche weiße, weiche Kerne, in denen die Hauptschärfe sitzt.

ANBAU UND SAISON: Chilis werden in allen heißen Ländern rund um den Erdball gepflanzt, besonders häufig aber in Indien und in Südamerika. Ganzjährige Importe kommen aus Kenia, in den Sommer- und Herbstmonaten beliefern uns vorwiegend Italien und Marokko.

EINKAUF: Frische Chili- oder Peperonischoten werden 100-g-weise gehandelt. Die Farbe der Schoten läßt keine Rückschlüsse auf den Schärfegrad zu.

ZUBEREITUNG: Wenn man Chili oder Peperoni nur der Schärfe wegen benützt, dann genügt es, sie aufzuschneiden oder in Streifen zu teilen. Wer Chili aber wegen seines kräftigen, faszinierenden Aromas schätzt, wird etwas mehr Mühe darauf verwenden müssen: Man schneidet die Schoten auf, entfernt Kerne und helle Streifen, überbrüht sie mit heißem Salzwasser und läßt sie über Nacht zugedeckt darin liegen. Vor der Zubereitung werden sie dann kleingeschnitten oder püriert, für Pizza und Pasteten manchmal als ganze Früchte verwendet. Bei rohen, unbehandelten Schoten nur ganz kleine Mengen benutzen, bei eingelegten Chilis darf man etwas großzügiger umgehen.

NÄHRWERTE: Frische Schoten besitzen ähnliche Werte wie Gemüsepaprika.

Zucchini

HERKUNFT: Zucchini – bot. *Cucurbita pepo L.* – gehören zur Familie der Kürbisgewächse. Sie sind eine Miniaturausgabe des verwandten Gemüsekürbis und auch unter den Namen *Zucchetti* und *Courgette* bekannt.
Zucchini haben ihren Ursprung in den warmen Zonen. Im 15. Jahrhundert wurden sie von Mexiko nach Europa gebracht und zuerst in Italien kultiviert. Die gurkenähnlichen Zucchini sind hellgrün bis dunkelgrün, manchmal auch gelb gestreift und haben eine längliche, sechskantige Form. Sie werden etwa 10 bis 15 cm lang und weisen ein festes, weißes Fruchtfleisch mit winzigen Kernen auf. Der Geschmack ist zart und zurückhaltend.

ANBAU UND SAISON: Zucchini werden vor allem in Nordafrika, im Orient und in Italien angebaut, aber in den letzten Jahren auch bei uns in verstärktem Maße. Zucchini sind heute ganzjährig im Handel; unsere Hauptimporte kommen aus Italien. Während der Sommermonate und im frühen Herbst kann man auf deutsche Ware zurückgreifen.

EINKAUF: Wählen Sie Früchte mit einer frischgrünen Schale und von gleichmäßiger Form. Zucchini, die sich weich anfühlen oder Flecken zeigen, sind meist überlagert und haben wenig Geschmack.

CHILI/PEPERONI

ZUBEREITUNG: Zucchini haben eine milde Schale, die man fast immer mitessen kann. Auch die weichen, kaum wahrnehmbaren Kerne brauchen nicht entfernt zu werden. Vor der Zubereitung Zucchini nur waschen und den Blüten- und Stielansatz entfernen. Zucchini kann man dann im Ganzen in Salzwasser ca. 10–15 Minuten kochen und anschließend in Scheiben oder Würfel schneiden, kurz in Butter oder Olivenöl schwenken und mit Gewürzen verfeinert als Gemüse servieren oder als Salat in einem Dressing anrichten. Als Gemüse können sie aber auch gleich in Scheiben geschnitten und in Butter oder Öl in der Pfanne gebraten werden. Auch zum Füllen eignen sich Zucchini. Sie schmecken vor allem zusammen Tomaten, Auberginen, Fenchel und vielem mehr. Als Gewürze eignen sich Knoblauch, Zitronensaft, provençalische Kräuter und Dill.

NÄHRWERTE: Zucchini haben einen hohen Vitamin C-Gehalt. Sie sind sehr wasserhaltig und kalorienarm. 100 g Zucchini enthalten nur 7 Kalorien/29 Joule.

Gurken

HERKUNFT: Die Heimat der Gurke – bot. *Cucumis sativus* – liegt in Südostasien, wo sie schon vor 4000 Jahren angebaut wurde. Schnell gelangte sie nach Ägypten, zu den Griechen und Römern der Antike, wo man sie überall gleichermaßen als Gemüse mit Heilwirkung schätzte. Als Gurkenfans der Antike gelten Tiberius und Maecenas (der Urvater aller Kunstförderer). Erst im 16. Jahrhundert wurde die Gurke im übrigen Europa populär.
Es gibt viele Sorten und zahlreiche Formen von Gurken. Zu den Hauptgruppen gehören die *Salat-* oder *Schlangengurke,* die *Schmorgurke* und die *Einlegegurke.*

ANBAU UND SAISON: Gurken werden in fast allen Ländern der Erde, größtenteils in Gewächshäusern, angebaut. Eines der Hauptanbauländer ist Ungarn. Unsere Hauptimporte kommen aus Holland, Italien und Belgien.
Frische Salatgurken gibt es ganzjährig. Haupterntezeit für Freilandgurken ist im August und September. In den Wintermonaten sind fast ausschließlich Treibhausgurken im Handel. Saison für Einlege- und Schmorgurken ist in den Monaten August bis Oktober.

EINKAUF: Salatgurken werden immer stückweise, Schmor- und Einlegegur-

ken meist nach Gewicht berechnet. Wählen Sie Gurken mit einer straffen, grünen Schale, die bei Druck nicht nachgeben darf.

ZUBEREITUNG: Salat- oder Schlangengurke kann man nicht nur für erfrischende Salate, sondern auch für pikante Schmorgerichte oder gefüllt, überbacken, als Suppe, Eintopf, ja sogar für Bowlen verwenden. Schmorgurken haben meist eine unauffällige grüne Schale mit weißen Längsstreifen und Tupfen, man verwendet sie wie die Salatgurke, kann sie aber auch sehr gut zum Einlegen, z. B. Zuckergurken, nehmen. Die bis zu 3 und 4 kg schweren Schälgurken mit der gelbgrünen Schale nimmt man weitgehend zum Einlegen von Senfgurkenstücken. Einlegegurken (8–15 cm kleine Junggurken) werden unzerkleinert oder in Scheiben geschnitten als Gewürzgurken, Essiggurken, Salzgurken, Cornichons und Dillgurken zubereitet.
Gurkengewürze sind Dill, Zitronenmelisse, Schnittlauch, Senfkörner und Fenchelsamen.

NÄHRWERTE: Gurken besitzen gute Anteile an Vitamin A sowie einige Minerale, darunter Phosphor, Kalzium

und etwas Eisen. Gurkensaft fördert die Durchblutung der Haut, hilft gegen Hautkrankheiten, Blasen- und Nierenleiden, Gicht und Rheuma, er ist gut für das Herz und verhindert Steinbildung. 100 g Gurken haben nur 7 Kalorien/29 Joule.

Gemüsekürbis

HERKUNFT: Gemüsekürbis – bot. *Cucurbita pepo* – gehört zur Familie der Kürbisgewächse. Seine Heimat ist in Mittel- und Südamerika, wo er bereits im Mittelalter angebaut wurde.
Von dieser großen Kürbisart gibt es sowohl länglich- als auch ovalgeformte Sorten mit furchiger, dunkelgrüner Schale; manche sind auch grün-weiß gestreift. Gemüsekürbis gehörte jahrelang zu den vielverwendeten Fruchtgemüsen, wurde allerdings in den letzten Jahren weitgehend von den zarter schmeckenden Zucchinis verdrängt, die in Wirklichkeit nur ganz jung geerntete Gemüsekürbisse sind.

SAISON: Gemüsekürbis wird aus heimischer Ernte in den Monaten Juli bis Oktober angeboten.

EINKAUF: Gemüsekürbis wird meist im

SCHMORGURKE

OKRA

Ganzen, gelegentlich auch geteilt, nach Gewicht verkauft. Wählen Sie feste Exemplare mit einer frischen Farbe, die möglichst nicht länger als 30 cm sind; sehr große Kürbisse haben meist ein weniger zartes, aromatisches Fruchtfleisch.

ZUBEREITUNG: Junge Gemüsekürbisse schmecken vor allem gefüllt und überbacken. Es ist jedoch ratsam, sie mit kräftiger schmeckenden Gemüsesorten wie Zwiebeln, Knoblauch und Tomaten zu kombinieren. Größere Gemüsekürbisse sollte man vor der Zubereitung von der etwas zähen Haut befreien, dann werden sie der Länge nach halbiert, entkernt und jede Hälfte in gleich große Stücke geschnitten. Diese kann man nun in Butter oder Öl zusammen mit anderen Gemüsesorten schmoren oder ca. 10 Minuten in ganz wenig Salzwasser weich kochen und dann in einer Butter-, Béchamel- oder Käsesauce mit Kräutern servieren. Gemüsekürbisse eignen sich auch für Gratins, Eintöpfe oder Suppen.

NÄHRWERTE: Gemüsekürbis ist sehr wasserhaltig; neben den Vitaminen B und C hat er noch einige Mineralien. 100 g enthalten 7 Kalorien/29 Joule.

Okra

HERKUNFT: Okra – bot. *Hibiscus esculentus* – gehört zur Familie der Malven, und ist auch unter den Namen *Gambo, Gumbo, Bamia, Gemüse-Eibisch, Griechenhorn* und *Ladyfingers* bekannt. Okra ist eines der ältesten Gemüse der Welt; es kommt ursprünglich aus Afrika (präzise aus Abessinien), und wurde dort von den Bantu-Stämmen kultiviert. Negersklaven brachten diese Pflanzen mit auf die karibischen Inseln. Von dort aus kamen sie nach Amerika. Heute gehört es vor allem in den Balkanländern, im Orient und in Südamerika zur täglichen Küche.
Die jungen Okraschoten sind hellgrün bis weißlichgrün und werden ca. fingerlang (daher der in Amerika gebräuchliche Name »Ladyfingers«). Die Schoten sind schlank, sechseckig und manchmal mit einem leichten Flaum besetzt. Das Innere ist weiß, hat weiche kleine Kerne, die beim Kochen einen milchigen Schleim absondern. Der Geschmack ist neutral bis herbwürzig und sehr mild.

SAISON: Okra ist regelmäßig vom Herbst bis Anfang Mai erhältlich, manchmal auch in den übrigen Monaten, dann aber zu erhöhten Preisen.

Frische Okra kommen aus Kenia, Dosenware aus den Balkanländern und USA.

EINKAUF: Beim Kauf auf feste, grüne Schoten mit frischem Aussehen achten.

ZUBEREITUNG: Die Schoten gründlich waschen, die Spitze und den Stielansatz abschneiden, große oder sehr dicke Schoten halbieren oder in Stücke schneiden und in kochendem Salzwasser 5 Minuten kochen, sofern im Rezept nicht anders angegeben. Für Eintöpfe und Suppen schneidet man die Schoten in schmale Stücke; so sondern sie besonders viel Schleim ab und helfen, das Gericht zu binden und einzudicken. Wen die reichliche Schleimabsonderung stört, sollte die Schoten vor der Verwendung immer kurz abkochen und danach kalt abspülen.
Okra verträgt sich mit sehr vielen anderen Gemüsen, z.B. mit Tomaten, Paprika, Sellerie, Möhren und Zwiebeln, und mit Lammfleisch, Innereien und Fisch. Als Gewürze eignen sich Knoblauch, Chili, Zitronensaft und Curry.

NÄHRWERTE: Okra ist reich an Vitamin A und Mineralien, besonders Kalzium. 100 g enthalten 17 Kalorien/71 Joule.

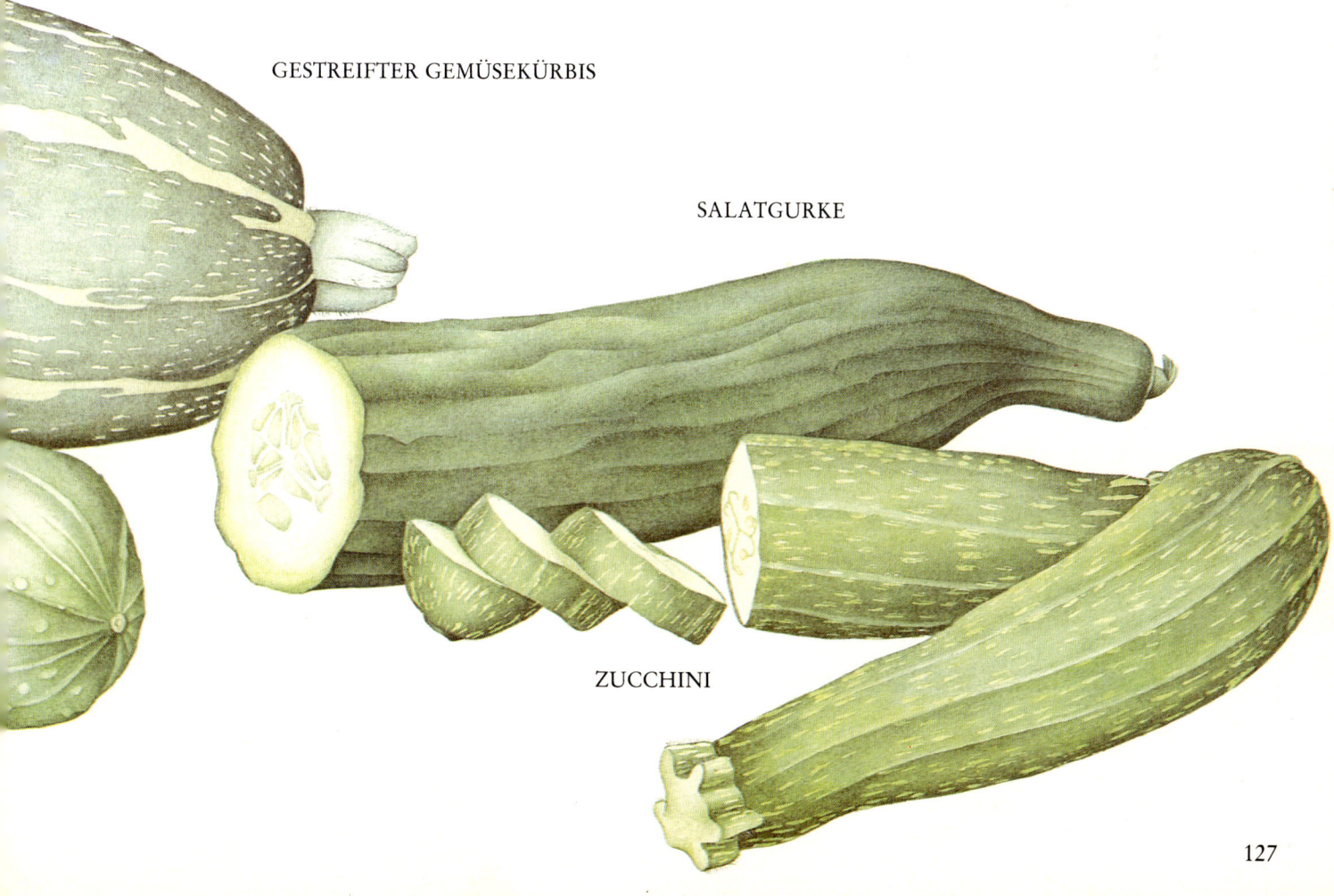

GESTREIFTER GEMÜSEKÜRBIS

SALATGURKE

ZUCCHINI

Paprikaschoten

HERKUNFT: Paprika – bot. *Capsicum annum* – gehört zu den Nachtschattengewächsen. Seine ursprüngliche Heimat liegt in Mittelamerika, von wo ihn Columbus und seine Leute nach Spanien mitbrachten. Auch im ostasiatischen Raum waren Paprikaschoten bekannt. Aber nach Ungarn, dem heutigen Hauptanbaugebiet, gelangte er erst im 16. Jahrhundert. Es gibt drei Hauptgruppen: *Gewürz-, Gemüse-* und *Tomatenpaprika* sowie eine Neuzüchtung namens *Lampion-Paprika*, die ebenfalls zum Gemüsepaprika zählt. Gewürzpaprika (bekannt als Chili oder Peperoni) finden Sie gesondert auf Seite 125 behandelt; Tomatenpaprika wird in den Anbauländern vorwiegend zu Paprikamark verarbeitet.

Gemüsepaprika gibt es in grün, gelb, orangefarben und tiefrot, die sogenannten Lampionschoten weisen meist eine hellgrün oder hellrot schimmernde Farbe auf.

Gemüsepaprika schmeckt niemals scharf, sondern würzig-mild und fruchtig, wobei grüne Schoten herber, dunkelrote am fruchtigsten schmecken.

ANBAU UND SAISON: Hauptanbauländer sind Ungarn, Spanien, Bulgarien, Italien, Nordafrika, Mittel- und Südamerika und Israel. Aus diesen Ländern stammen auch die Importe. Paprika ist inzwischen ganzjährig bei uns zu bekommen. Besonders reich und preisgünstig ist das Angebot in den Sommer- und Herbstmonaten.

EINKAUF: Achten Sie beim Einkauf auf glatte und glänzende Früchte; bereits runzelige oder angeschlagene Schoten lohnen den Kauf nicht.

ZUBEREITUNG: Die Früchte immer gut waschen und für Salate oder Gemüse halbieren, den Stielansatz und die weißen Scheidenwände sowie die scharfen weißen Kerne entfernen und je nach Verwendung in Streifen, Würfel oder grobe Stücke schneiden. Zum Füllen schneidet man einen Deckel ab, entfernt ebenfalls die Scheidewände und Kerne, spült sie aus und füllt sie z. B. mit gewürztem Hackfleisch, gegartem Reis oder einer Mischung aus beidem. Paprikaschoten lassen sich mit vielen anderen Gemüsesorten wie Tomaten, Zucchini, Auberginen usw. kombinieren.

Die Garzeiten liegen bei ca. 10 Minuten.

NÄHRWERTE: Paprikaschoten gelten geradezu als Vitaminbomben; sie sind tatsächlich das vitaminreichste Gemüse mit 340 mg Vitamin C auf 100 g. Sie enthalten somit das 10fache des Vitamin-C-Gehalts der dafür gerühmten Zitrone. Außerdem besitzen sie große Mengen an Vitamin P (dies fördert die Gefäßdurchblutung) und reichlich Vitamin B_1 und B_2. 100 g Paprikaschoten enthalten 22 Kalorien/92 Joule.

Kürbis

HERKUNFT: Kürbis – bot. *Cucurbita pepo* – gehört zu den Gurkengewächsen und ist in Mittelamerika, Mexiko und Westindien beheimatet.

Es gibt über 800 verschiedene Kürbissorten und immer mehr Neuzüchtungen werden auf den Märkten angeboten. Ob Riesenkürbis, Flaschen- oder Rundkürbis, Squash oder Kürbchen (Neuzüchtung aus den USA), sie alle können bis auf die Zier- oder Kalebassenkürbisse zugleich als Frucht und als Gemüse verwendet werden. Manche Kürbisse werden bis zu 50 kg schwer. Das rohe Kürbisfleisch ist hart und bekommt erst zubereitet einen pikanten Geschmack.

KÜRBIS

PAPRIKASCHOTEN

FLEISCHTOMATE

FLASCHEN-
ODER EIERTOMATE

KUGELTOMATE

COCKTAIL-TOMATEN

ANBAU UND SAISON: Kürbisse werden in der ganzen Welt angebaut, besonders aber in Rußland, Rumänien, Mittelamerika und den USA. Aus den Balkanländern beziehen wir auch unsere Importe. Erntezeit für Kürbisse sind die Monate September und Oktober.

EINKAUF: Die ganz kleinen Speisekürbisse werden stückweise, die großen aber pfundweise gehandelt; man kann sich je nach Bedarf eine dicke Scheibe, ein Viertel oder eine Hälfte kaufen.

ZUBEREITUNG: Kürbis wird grundsätzlich geschält und entkernt. Zum Einlegen wird das Fruchtfleisch in Würfel geschnitten und zusammen mit Essig oder Wein und Gewürzen wie Zimt, Nelken, Zucker, aufgekocht und anschließend luftdicht verschlossen. Kürbisfleisch kann aber auch als Gemüse zubereitet werden. Dazu schmort man es kurze Zeit in Butter, schmeckt das Gemüse süßsauer ab und serviert es als Beilage zu Wildgerichten oder würzigen Braten. Kleine Kürbisse kann man auch mit Hackfleisch, vorgegartem, gewürztem Reis oder Ragouts füllen und dann überbacken. Die Garzeit für Kürbisse beträgt je nach Sorte 15–30 Minuten, gefüllte Kürbisse benötigen zwischen 40 und 60 Minuten.

NÄHRWERTE: Kürbisse besitzen die Vitamine A und C, große Mengen Karotin, das hautfreundlich und schönheitsfördernd wirkt. 100 g Kürbisfleisch enthält 20 Kalorien/84 Joule.

Tomaten

HERKUNFT: Die Tomate – bot. *Lycopersicum esculentum* – ist ein typisches Nachtschattengewächs, das schon während der Fruchtreife welke Blätter bekommt, und das nach der Ernte abstirbt. Die Heimat der Tomate ist in Südamerika, genauer in Peru und Mexiko; sie wurde erst im 15. Jahrhundert von Cortez nach dessen Eroberung Mexikos nach Europa gebracht. Die ersten europäischen Tomaten waren kaum größer als Mirabellen; sie sahen ungefähr so aus wie die heute gezüchteten *Cocktailtomaten*, die aus den USA kommen.
Die hauptsächlichsten Sorten:
1. Die runde Tomate, auch *Kugeltomate* genannt, die meist sehr saftig, kernreich, aber nicht sehr aromatisch ist. Sie eignet sich für Suppen, zum Grillen und für Gemüse.
2. Die gerippte, krause, *Vierländer-* oder *Fleischtomate*, eine weit größere und fruchtigere Sorte, die man in den Mittelmeerländern anbaut und bevorzugt, heute aber auch bei uns immer mehr kultiviert. Fleischtomaten haben weniger Flüssigkeit und mehr festes Fleisch.
3. Die *Flaschen-, Birnen-* oder *Eiertomaten*, die hauptsächlich in Italien angebaut werden. Diese dunkelrote, längliche Sorte schmeckt im Rohzustand süß und mehlig.

ANBAU UND SAISON: Inzwischen gibt es kaum ein Land dieser Erde, das nicht Tomaten anbaut. Unsere Hauptimporte kommen aus Holland, Belgien, Italien, Marokko und Gran Canaria. Tomaten sind in unseren Breiten ganzjährig im Handel, vorwiegend aus Treibhauskultur, da sie dort gleichmäßiger reifen. Deutsche Freilandtomaten sind nur im August und September auf dem Markt.

EINKAUF: Tomaten werden nach Handelsklassen (Extra, I, II und III) verkauft. Achten Sie beim Kauf auf vollreife, feste Früchte, die keine Druckstellen aufweisen. Wenn immer möglich, greifen Sie zu bei Freilandtomaten; sie schmecken wesentlich aromatischer als vor allem die aus Holland und Belgien importierte Treibhausware.

ZUBEREITUNG: Tomaten enthalten das magenunfreundliche Solanin, das sich vor allem in den grünen Stellen und am Stielansatz konzentriert. Deshalb immer grüne Stellen und den Ansatz keilförmig herausschneiden. Wem die Schale zu hart ist, der kann die Früchte kreuzweise einritzen, sie dann mit heißem Wasser überbrühen und danach mühelos schälen. Tomaten sollten bis zum Gebrauch trocken und nicht zu kühl aufbewahrt werden.
Die Verwendungsmöglichkeiten von Tomaten sind fast unerschöpflich. Sie sind nicht nur hervorragende Solisten für Salate, Gemüse, Suppen und Saucen, sondern schmecken auch gefüllt, gebacken oder gegrillt. Als Kräuter eignen sich vor allem Basilikum, Rosmarin, Thymian oder Schnittlauch.

NÄHRWERTE: Tomaten besitzen reiche Anteile an Vitamin A und C sowie viele wichtige Mineralien, Spurenelemente und Fruchtsäuren. 100 g Tomaten enthalten nur 18 Kalorien/75 Joule.

ITALIENISCHE TOMATENSUPPE

750 g Eiertomaten
4 EL Olivenöl
2 Knoblauchzehen
1 Zwiebel
1 l Fleischbrühe
2 EL Langkornreis
1 Bund Basilikum (ersatzweise etwas getrocknetes Basilikum)
Salz
frisch gemahlener schwarzer Pfeffer

Die Tomaten mit kochend heißem Wasser überbrühen, enthäuten und grob zerkleinern. Das Öl in einem Topf erhitzen, die geschälten Knoblauchzehen darin goldbraun werden lassen und wieder herausnehmen. Nun die fein gewürfelte Zwiebel und das Tomatenfleisch ins Fett geben, ganz kurz durchschmoren und die Fleischbrühe angießen. Reis und das gehackte Basilikum (einige Blättchen zum Garnieren aufheben) einstreuen und die Suppe auf kleiner Flamme ca. 20 Minuten köcheln lassen. Die Suppe mit Salz und frisch gemahlenem Pfeffer abschmecken und auf Suppentassen verteilen. Mit je einem Basilikumblättchen garniert sofort servieren.
Dazu frisch geriebenen Parmesan und Stangenweißbrot oder Knoblauchbrot reichen.

GURKENSUPPE MIT SHRIMPS

1 Salatgurke oder 2 kleine Schmorgurken
1 EL Butter
1 Knoblauchzehe
½ Zwiebel
1 TL Mehl
1 l Hühnerbrühe
1 Bund Dill oder gemischte Kräuter
¹⁄₁₆ l trockener Weißwein
100 g Shrimps (aus der Dose)
Pfeffer
Salz
1 Prise Zucker

Salat- oder Schmorgurken schälen, der Länge nach halbieren, mit einem Löffel die Kerne herauskratzen, dann in Würfel schneiden. Die Butter in einem Topf zerlassen, geschälte Knoblauchzehe darin goldbraun werden lassen, wieder entfernen und nun die feingewürfelte Zwiebel und die Gurkenwürfel kurz im Fett anschmoren. Mehl über das Gemüse streuen, etwas durchschwitzen lassen und die Hühnerbrühe angießen. Einen Teil der vorher gehackten Kräuter dazugeben und die Suppe 20 Minuten köcheln lassen. Anschließend gut die Hälfte der Gurkenwürfel mit einem Schaumlöffel aus der Suppe fischen, mit dem Passierstab oder im Mixer pürieren und das Püree zum Binden zurück in die Suppe geben. Zum Schluß Weißwein angießen und die Shrimps einige Minuten in der Suppe ziehen lassen. Vorgewärmte Suppentassen bereit stellen, die mit den Gewürzen abgeschmeckte Suppe auf Tassen verteilen und mit den restlichen Kräutern bestreut servieren.

ENGLISCHE SQUASH-SUPPE

½ Squash (besonders eignen sich Butternut- oder Hubbard Squash)
Salz
½ l Fleisch- oder Hühnerbrühe
⅛ l Milch
1 EL Brandy
1 Prise frisch gemahlener Pfeffer
Ingwer, Muskat
⅛ l süße Sahne
1 EL Butter
Kresse oder dünn geschnittene Lauchringe zum Garnieren

Squash schälen und das Fruchtfleisch gleichmäßig würfeln. Einen Topf mit Salzwasser aufsetzen und die Squashwürfel ca. 30 Minuten darin kochen, dann abgießen, gut abtropfen lassen und mit dem Passierstab oder im Mixer fein pürieren. Püree in einen Topf geben, Fleischbrühe und Milch dazugießen und alles unter kräftigem Rühren aufkochen. In die heiße, aber nun nicht mehr kochende Suppe Brandy, Pfeffer und je eine Messerspitze Ingwer und Muskat geben, die süße Sahne angießen und die Butter einschwenken. Die Suppe in vorgewärmte Teller oder Tassen füllen und mit abgeschnittener Kresse oder ganz feinen Lauchringen garnieren.

RATATOUILLE

2 große Auberginen
3 Zucchini
1 rote und 1 grüne Paprikaschote
4–5 Tomaten
1 große Gemüsezwiebel
6 EL Olivenöl
2 Knoblauchzehen
1 Kräutersträußchen (je ein Zweig Thymian und Rosmarin, Lorbeerblatt)
Salz
frisch gemahlener Pfeffer
1 Bund Basilikum zum Garnieren

Auberginen, Zucchini, Paprikaschoten putzen und waschen. Dann in Scheiben bzw. die Schoten in Streifen schneiden. Die Tomaten heiß überbrühen, enthäuten und vierteln, die Zwiebel schälen und grob würfeln. Das Olivenöl in einer Kasserolle erhitzen und darin Zwiebelwürfel und die Auberginen- und Zucchinischeiben goldgelb anschmoren, Paprika und Tomaten untermengen, die Knoblauchzehen darüber zerquetschen und das Kräutersträußchen einlegen. Das Gemüse mit etwas Salz und Pfeffer würzen und zugedeckt auf kleiner Flamme ca. 20 Minuten garen (zwischendurch nur wenn nötig umrühren, aber darauf achten, daß das Gemüse nicht zerfällt).
Die Ratatouille mit Basilikumblättchen garnieren und heiß zu Baguette und einem kräftigen Landrotwein servieren. Bei hungrigen Essern eventuell kleine Lammkoteletts oder Spiegeleier dazu reichen.
Ratatouille schmeckt übrigens auch kalt. Außerdem wird sie in einigen Teilen Frankreichs auch mit Kürbisfleisch anstelle von Zucchini oder mit Fenchel statt Paprikaschoten zubereitet.

GAZPACHO

500 g Fleischtomaten
2 Knoblauchzehen
2 EL Tomatenmark
3 EL Olivenöl
2 EL Weißweinessig
½ TL Zucker
Salz
frisch gemahlener Pfeffer
1 Gurke
1 kleine Zwiebel
1 kleine grüne Paprikaschote
Croûtons zum Garnieren

Die Tomaten überbrühen, häuten und entkernen. Das Tomatenfleisch mit gut ½ Liter Wasser im Mixer zusammen mit den geschälten Knoblauchzehen, Tomatenmark, Öl, Essig, Salz und Pfeffer pürieren. Dann die Gurke schälen und die Hälfte davon in grobe Stücke geteilt dazugeben und alles weitere 30 Sekunden zu einer cremigen Masse vermixen. Die Suppe in eine Terrine füllen und in den Kühlschrank stellen.

Inzwischen die andere Gurkenhälfte in kleine Würfel schneiden, Zwiebel und Paprikaschote ebenfalls fein würfeln und auf 4 Suppentassen verteilen. Die gut gekühlte Gazpacho darüber gießen und mit Croûtons garniert servieren.

Italienische Tomatensuppe
Gurkensuppe mit Shrimps
Gazpacho mit Beilagen

TOMATEN MIT KRABBEN GEFÜLLT

8 kleine, möglichst gleich runde
Tomaten
3 hartgekochte Eier
100 g Krabben
1 EL Salatmayonnaise
1 EL fein gehackter Dill
⅛ l saure Sahne
Salz, Pfeffer
Dillzweiglein zum Garnieren

Die Tomaten waschen, abtrocknen und von jeder Tomate einen Deckel abschneiden; dann werden sie mit einem kleinen Löffelchen ausgehöhlt und für kurze Zeit zum Abtropfen umgedreht. Inzwischen die geschälten Eier würfeln und mit den Krabben vermischen. Die mit Mayonnaise und gehacktem Dill verrührte Sahne unterziehen. Die To-

maten innen salzen und pfeffern und dann mit der Eier-Krabben-Mischung füllen.
Mit kleinen Dillzweiglein garniert als Vorspeise servieren.

Marinierte Zucchini
Tomaten mit Krabben gefüllt
Peperonata

PEPERONATA

2 rote Paprikaschoten
2 gelbe Paprikaschoten
500 g Fleischtomaten
1 große Zwiebel
2 Knoblauchzehen
3 EL Olivenöl
25 g Butter
Salz
frisch gemahlener schwarzer Pfeffer

Paprikaschoten waschen, entkernen und in Streifen schneiden. Die Tomaten überbrühen, enthäuten, vierteln und dabei entkernen. Die geschälte Zwiebel in Scheiben schneiden, Knoblauch hak-ken. Das Öl und die Butter in einem Topf erhitzen, erst die Zwiebelscheiben darin anschmoren, dann Paprika und Knoblauch zufügen und bei milder Hitze 10 bis 15 Minuten schmoren; dabei gelegentlich umrühren. Nun Tomaten und die Gewürze zufügen und die Peperonate unter gelegentlichem Umrühren weitere 10 bis 15 Minuten köcheln lassen.

Die Menge ist für 8 Personen als Beilage gedacht. Sie können die Peperonata aber auch als leichtes Hauptgericht mit Weißbrot servieren, dann ist sie für 4 Personen ausreichend.

MARINIERTE ZUCCHINI

500 g Zucchini
3 EL Olivenöl
2 Knoblauchzehen
Salz, Pfeffer
1 Prise Zucker
1 Bund gehackte Petersilie
1 Messerspitze getrocknetes Oregano
Saft einer Zitrone

Die sorgfältig gewaschenen Zucchini (Blütenansätze entfernen) in nicht zu dünne Scheiben schneiden und in einer Kasserolle in heißem Öl leicht anbra-ten. Dann mit den durchgepreßten Knoblauchzehen, Salz, Pfeffer und Zucker würzen und weitere 7–9 Minuten dünsten. Anschließend die Kräuter darüber streuen, den Zitronensaft darüber träufeln und die Zucchini im Sud erkalten lassen. Vor dem Servieren nochmal durchmischen und eventuell mit Tomaten garniert anrichten.

Marinierte Zucchini (oder auch Auberginen) sind eine italienische Speziali-tät, die dort auf keinem Vorspeisenbuffet fehlen darf.

GEBACKENE AUBERGINEN

2–3 Auberginen (je nach Größe)
Saft einer Zitrone
Salz, Pfeffer
2 Knoblauchzehen
ca. 3 EL Mehl
Olivenöl zum Ausbacken
2–3 Fleischtomaten
Basilikum zum Garnieren

Die Auberginen werden gewaschen und in gleichmäßig dicke Scheiben geschnit-ten. Dann beträufelt man sie mit Zitro-nensaft, streut Salz darüber und läßt sie ca. ¼ Stunde stehen. Die Auberginen-hälften anschließend trockentupfen, pfeffern und mit zerquetschtem Knob-lauch einreiben. Nun werden sie in Mehl gewendet und im heißen Öl auf beiden Seiten goldgelb gebacken. Die entfetteten Auberginen auf einer gro-ßen vorgewärmten Platte dachziegelar-tig anrichten und mit Tomatenscheiben oder -vierteln und Basilikumblättern garnieren.

Gebackene Auberginen können heiß, aber auch kalt als Vorspeise oder als kleines Zwischengericht mit geröstetem Weißbrot serviert werden.

PAPRIKASCHOTEN MIT TOMATEN-EIER-FÜLLUNG

4 kleine grüne Paprikaschoten
4 Fleischtomaten
1 EL gehackter Dill oder Basilikum
Salz, Pfeffer
4 Eier
Paprika edelsüß
Öl für die Form

Die Paprikaschoten waschen, einen gro-ßen Deckel abschneiden und innen von den Kernen und Wänden befreien; innen ebenfalls ausspülen und abtropfen las-sen. Die Tomaten heiß überbrühen, die Haut abziehen und das Fruchtfleisch klein würfeln. Dann mit Dill oder Basili-kum und Salz und Pfeffer würzen und in die Paprikaschoten füllen. Auf die Tomaten je ein rohes Ei gleiten lassen, dieses leicht salzen und mit Paprikapul-ver bestreuen. Die Schoten in eine feuer-feste, gut geölte Form setzen und im vorgeheizten Backofen bei 220 Grad ca. 30 Minuten backen, bis die Eier gestockt und die Schoten weich sind.

Eine originelle Vorspeise oder ein leich-tes sommerliches Abendessen.

AUBERGINENSALAT

1 große oder 2 kleine Auberginen
ca. ½ l Fleischbrühe
Saft einer Zitrone
1 Knoblauchzehe
1–2 Sardellenfilets
4 EL Olivenöl
1 EL Rotweinessig
Salz, Pfeffer
300 g Fleischtomaten
½ grüne Paprikaschote
1 Minisalami
Basilikumblättchen zum Garnieren

Die Aubergine waschen, Blattkranz entfernen und dann in gleich dicke Scheiben schneiden (größere Scheiben halbieren und eventuell vierteln). Die Auberginen in Fleischbrühe mit Zitronensaft ca. 8 Minuten kochen. Die Brühe abgießen (eventuell anderweitig verwenden) und die Auberginenstücke gut abtropfen und etwas auskühlen lassen. Aus durchgepreßtem Knoblauch, feingehacktem Sardellenfilet, Öl, Essig und den Gewürzen eine Marinade bereiten, die Auberginen damit begießen und

zum Marinieren für 15 Minuten in den Kühlschrank stellen.
Inzwischen die Tomaten waschen und in Achtel schneiden, die entkerne halbe Paprikaschote in dünne Streifen und die enthäutete Salami in dünne Scheibchen. Diese Zutaten nun zu den Auberginen geben, den Salat gut durchmischen, nochmal etwas durchziehen lassen und mit Basilikumblättern garniert als Vorspeise oder als Bestandteil eines kalten Buffets reichen.

RUSTIKALE TOMATENPLATTE

800 g Fleischtomaten
Salz
frisch gemahlener schwarzer Pfeffer
2 rote Zwiebeln
¼ l saure Sahne
1 Bund Basilikum

Die Tomaten waschen, Stengelansätze herausschneiden und dann in dicke Scheiben schneiden; dies auf einer Platte anrichten. Die Scheiben mit Salz und Pfeffer bestreuen. Die geschälten Zwiebeln würfeln und gleichmäßig auf den Tomaten verteilen. Sahne und das gehackte Basilikum (ersatzweise getrocknetes Basilikum verwenden) verrühren und mit einem Teelöffel auf den einzelnen Tomatenscheiben verteilen. Mit ein paar aufbewahrten Basilikumblättchen garnieren.

OKRA-SALAT MIT VINAIGRETTE

300–400 g Okra
Salz
Saft ½ Zitrone
Vinaigrette
2 EL Olivenöl
1 Knoblauchzehe
1 Zwiebel
2 TL Zitronensaft
6 EL Weißwein
Salz, frisch gemahlener Pfeffer
½ TL Kräutersenf

Okra waschen, putzen und in Salzwasser mit Zitronensaft ca. 10 Minuten kochen.
Inzwischen für die Vinaigrette das Öl mit der durchgepreßten Knoblauchzehe, der feingewürfelten Zwiebel und den übrigen Zutaten verrühren. Die gut abgetropften und etwas abgekühlten Okra quer halbieren und mit der Vinaigrette vermischen. Bis zum Servieren noch 10 Minuten zugedeckt in den Kühlschrank stellen.

PAPRIKA-TOMATEN-SALAT

2 rote Paprikaschoten
4 Fleischtomaten
75 g schwarze Oliven
Marinade
1 Knoblauchzehe
4 EL Olivenöl
1 EL Zitronensaft
Salz
frisch gemahlener Pfeffer
1 EL gehacktes Basilikum

Paprikaschoten waschen, halbieren, die Kerne entfernen und in Streifen schneiden. Die Tomaten überbrühen, enthäuten und achteln. Paprika, Tomaten und Oliven in eine Schüssel geben.
Für die Marinade die feingehackte Knoblauchzehe mit allen übrigen Zutaten verrühren. Die Sauce über den Salat geben und gründlich durchmischen.

BUNTER PAPRIKASALAT

2 grüne Paprikaschoten
2 rote Paprikaschoten
1 Bund Frühlingszwiebeln
3 EL Rotweinessig
10 schwarze Oliven
4 EL Öl
Salz
schwarzer Pfeffer
1 Prise Zucker
1 EL gehackte Petersilie

Die Schoten halbieren, Stielansätze, weiße Innenrippen und Kerne entfernen und kurz kalt abspülen; abgetropft in Streifen oder grobe Würfel schneiden und diese in eine Salatschüssel geben. Die Frühlingszwiebeln ebenfalls putzen und waschen und sowohl die Zwiebelchen als auch das Grün in feine Ringe geschnitten in die Schüssel geben und die Oliven daruntermengen. Alle weiteren Zutaten gesondert zu einer Marinade aufschlagen und diese über die Salatzutaten gießen und alles kräftig vermengen. Den Salat einige Zeit durchziehen lassen und als Vorspeise oder als erfrischende Beilage zu kurzgebratenem Fleisch reichen.

Im Herbst, wenn alle Sorten Paprikaschoten angeboten werden, kann man eine rote Schote z.B. noch durch eine gelbe ersetzen. Dann wird der Salat noch bunter.

Bunter Paprikasalat
Rustikale Tomatenplatte
Okra-Salat mit Vinaigrette

FISCHFILET MIT PAPRIKAMUS

750–1000 g Fischfilet (Kabeljau,
Seelachs etc.)
2 EL Zitronensaft
Salz
weißer Pfeffer
2 EL Butter oder Margarine
4 rote Paprikaschoten
1 Knoblauchzehe
½ Zwiebel
1 Bund Petersilie
einige Butterflöckchen

Fischfilet in vier Portionen teilen, waschen, trockentupfen und mit Zitronensaft beträufelt einige Minuten durchziehen lassen. Anschließend mit Salz und Pfeffer von beiden Seiten bestreuen und in einer Pfanne in heißer Butter kurz beidseitig anbraten. Die Fischfilets in eine feuerfeste Form legen. Paprikaschoten vierteln, entkernen, kurz waschen und in Stücke geschnitten zusammen dem geschälten Knoblauch und der Zwiebel im Mixer oder mit dem Passierstab des Handrührers pürieren. Die gehackte Petersilie unterziehen, das Püree mit Salz abschmecken und dann gleichmäßig auf die Fischfilets streichen. Die Butterflöckchen darauf setzen und das Filet 15 Minuten im vorgeheizten Backofen bei 200 Grad überbacken.

Dazu passen Reis oder Butterkartoffeln und ein frischer grüner Salat.

SALAT NIÇOISE

1 Kopfsalat
2 hartgekochte Eier
4 Fleischtomaten
50 g Anchovisfilet (aus der Dose)
200 g Thunfisch (aus der Dose)
1 rote Paprikaschote
12 schwarze Oliven
Marinade
4 EL Olivenöl
1 EL Weinessig
1 gehackte Knoblauchzehe
½ TL Dijon-Senf
Salz, frisch gemahlener Pfeffer

Salat putzen, zerlegen, waschen und gut abtropfen lassen oder trockenschleudern und in eine hohe Salatschüssel geben. Eier und Tomaten vierteln und auf dem Salat anrichten, darüber das zerkleinerte Anchovisfilet und den gut abgetropften, in größere Stücke zerteilten Thunfisch geben; die in dünne Ringe geschnittene Paprikaschote und die Oliven darüber verteilen.

Alle Zutaten für die Marinade in einem Schraubglas kräftig schütteln. Die Marinade unmittelbar vor dem Servieren über den Salat gießen und alles vorsichtig vermischen.

PIKANTER GURKEN-KARTOFFEL-SALAT

750 g festkochende Kartoffeln
1 große Schlangengurke
Salz
100 g gekochter Schinken (in Streifen
geschnitten)
¼ l saure Sahne
1 TL Kräutersenf
weißer Pfeffer
½ gewürfelte Zwiebel
1 Bund Dill oder Schnittlauch

Die Kartoffeln in Wasser gar kochen, dann abgießen, kalt abschrecken und etwas abgekühlt schälen. Die Gurke möglichst ungeschält in feine Scheiben schneiden oder hobeln und mit Salz bestreut einige Minuten ziehen lassen. Nun die in Scheiben geschnittenen Kartoffeln und die Gurkenscheiben sowie die Schinkenstreifen in eine Salatschüssel geben. Sahne, Senf, Salz, Pfeffer, die Zwiebelwürfel und die gehackten Kräuter gut vermischen und die Sauce unter die Salatzutaten ziehen. Den Salat eventuell nochmal abschmecken.

Dies ist eine saftige Beilage zu Wiener Schnitzeln oder gebackenem Fisch.

ZUCCHINI-RADICCHIO-SALAT

250 g Zucchini
1 Knoblauchzehe
6 EL French Dressing
1 Radicchio
50 g entkernte schwarze Oliven
1 EL Pinienkerne

Die Zucchini waschen, in ganz feine Scheiben schneiden und zusammen mit der gehackten Knoblauchzehe in French Dressing ca. 30 Minuten marinieren lassen. Inzwischen den Radicchio putzen, waschen und die abgetropften Blätter in mundgerechte Stücke teilen. Kurz vor dem Servieren Radicchio, Oliven und die Pinienkerne gut mit den Zucchinischeiben vermischen.

Salat Niçoise
Zucchini-Radicchio-Salat
Pikanter Gurken-Kartoffel-Salat

SÜDAMERIKANISCHE CHAYOTE-KASSEROLLE

2 Chayote
Saft einer Zitrone
Salz
250 g gekochter Langkornreis
200 g pikante Knoblauchwurst
2–3 EL Semmelbrösel (in etwas Milch
eingeweicht)
100 g geriebener Käse (z. B. Emmentaler)
einige Butterflöckchen
Béchamelsauce
2 EL Butter oder Margarine
2 EL Mehl
ca. ¼ l Milch
Salz, Pfeffer

Die Chayote unter fließendem Wasser schälen, dann halbieren und in grobe Stücke schneiden. Einen halben Liter Wasser mit Zitronensaft und Salz aufsetzen und die Chayotestücke ca. 40 Minuten darin garen. Währenddessen die Béchamelsauce bereiten. Butter oder Margarine zerlaufen lassen, das Mehl darin unter Rühren hell anschwitzen und nun nach und nach die leicht erwärmte Milch zugeben; dabei ständig mit dem Schneebesen schlagen. Die Sauce etwa 10 Minuten schwach köcheln lassen und mit Salz und frisch gemahlenem Pfeffer abschmecken.

Die gegarten Chayote abgießen und abtropfen lassen. Eine feuerfeste Form bereitstellen und in diese abwechselnd Chayote, Reis und die enthäutete und in Scheibchen geschnittene Knoblauchwurst einschichten und jede Lage mit Béchamelsauce begießen. Zum Schluß die Semmelbrösel und den geriebenen Käse über den Auflauf geben, Butterflöckchen darauf setzen und im vorgeheizten Backofen ca. 15 Minuten überbacken, bis sich eine goldgelbe Kruste gebildet hat. In der Form auftragen. Reichen Sie dazu einen Salat der Saison und ein gut gekühltes Bier.

ZUCCHINI-SPIESSCHEN

2 Zucchini
200 g möglichst kleine frische
Champignons
Saft einer Zitrone
100 g durchwachsener Speck (in kleinen
Scheiben)
200 g gewürfelte Putenleber
frisch gemahlener Pfeffer
Paprikapulver
etwas getrocknetes Basilikum
Olivenöl, Salz

Zucchini und Champignons putzen, waschen und trocknen. Dann Zucchini in nicht zu dünne Scheiben schneiden und mit Zitronensaft beträufeln, ebenfalls die Champignons. Vier lange Holzspieße bereitlegen und darauf abwechselnd Zucchinischeiben, Champignons, Speckscheiben und Putenleberwürfel aufreihen, bis alle Zutaten verbraucht sind. Die Spieße mit Pfeffer, Paprikapulver und zerriebenem Basili-

kum bestreuen und mit reichlich Olivenöl beträufelt ca. 10 Minuten unter dem Grill von allen Seiten knusprig braten. Dann erst leicht salzen.
Reichen Sie getoastetes Brot und ein pikantes Tomatenrelish oder eine selbstbereitete Tomatensauce dazu.

Rechts: Ungarisches Paprikás;
Gefüllte Paprikaschoten
Unten: Zucchini-Spießchen

UNGARISCHES PAPRIKÁS

350 g Kalbfleisch
400 g Hühnerfleisch
2 EL Gänseschmalz
2 grüne Paprikaschoten
2 Zwiebeln
¼ l Fleischbrühe
Salz, Pfeffer
Paprikapulver (edelsüß)
⅛ l saure Sahne

Kalb- und Hühnerfleisch in gleichgroße Würfel schneiden und in einem Topf im erhitzten Schmalz von allen Seiten anbraten. Die Schoten putzen, entkernen und würfeln, ebenfalls die Zwiebeln. Beides zum Fleisch geben, kurz anschmoren lassen und nun die Fleischbrühe angießen. Die Gewürze unterrühren und das Paprikás in ca. 40 Minuten weich dünsten. Zwischendurch eventuell etwas heißes Wasser nachgießen.

Zum Schluß die saure Sahne unter das Fleisch mischen und sofort zu Reis oder Salzkartoffeln servieren.

GEFÜLLTE PAPRIKASCHOTEN

4–6 große oder 8 kleine Paprikaschoten
400 g gemischtes Hackfleisch
2 Eier
2 EL gehackte Petersilie
50 g Speckwürfel
1 gewürfelte Zwiebel
ca. 200 g gekochter Reis
Salz, Pfeffer
1 TL gemahlener Oregano
1 Messerspitze Muskat
½ l Fleischbrühe
1 EL Tomatenmark
1 TL Speisestärke
⅛ l saure oder süße Sahne

Von den Paprikaschoten einen Deckel abschneiden, mit einem spitzen Messer weiße Rippen und Kerne herausholen. Hackfleisch mit Eiern, Petersilie, ausgelassenen Speckwürfeln und der darin glasig gebratenen Zwiebel sowie mit gekochtem Reis, Salz, Pfeffer, Oregano und Muskat vermischen, und in die Paprikaschoten füllen. In eine feuerfeste große Form Fleischbrühe gießen, die gefüllten Schoten hineinsetzen, Form ins heiße Backrohr schieben und bei 220 Grad 45–50 Minuten garen; dabei die Schoten ab und zu mit Fleischbrühe

übergießen. Die fertigen Schoten auf einer Platte warmhalten.
Tomatenmark und Speisestärke vermischen, unter die Fleischbrühe rühren und die Sauce mit saurer oder süßer Sahne verfeinert getrennt reichen.

GRIECHISCHE MOUSSAKA

2 große Auberginen
5–6 Kartoffeln
reichlich Olivenöl
300 g durchgedrehtes Hackfleisch vom
Lamm oder Rind
Salz, Pfeffer, Paprika
1 EL Butter oder Margarine
1 knapper EL Mehl
¼ l Fleischbrühe
2 Eier
5 EL Milch oder süße Sahne
1 TL getrocknetes Oregano

Die Auberginen waschen, in nicht zu dicke Scheiben schneiden und mit Salz bestreut ca. 15 Minuten Wasser ziehen lassen. Inzwischen die Kartoffeln schälen, waschen und in sehr dünne Scheiben schneiden. Olivenöl erhitzen und die Kartoffelscheiben kurz darin anbraten, aus der Pfanne nehmen und beiseite stellen. Nun die Auberginenscheiben abtrocknen und ebenfalls ganz kurz auf beiden Seiten anbraten. Das Hackfleisch in einer Schüssel kräftig mit Salz, Pfeffer und Paprika verkneten. Die Butter oder Margarine in einem Topf schmelzen lassen, Mehl darüber stäuben, kurz anschwitzen und mit dem Schneebesen die Fleischbrühe einrühren und kurz aufkochen lassen. Eine feuerfeste Kasserolle bereit stellen und nun abwechselnd eine Lage Kartoffelscheiben, Hackteig, Auberginenscheiben einschichten. Dabei Kartoffeln und Auberginen mit etwas Salz bestreuen. Die letzte Lage sollten Kartoffeln oder Auberginen sein. Die Fleischbrühe darübergießen und die mit Sahne oder Milch und Oregano verquirlten Eier über die Moussaka geben. Das Gericht im vorgeheizten Ofen bei ca. 220 Grad 30–40 Minuten backen lassen.
Reichen Sie dazu einen geharzten griechischen Retsina.

GEFÜLLTE ZUCCHINI ÜBERBACKEN

2 große oder 4 kleine Zucchini
Salz
1 kleine Zwiebel
2 Tomaten
2 EL Olivenöl
400 g Hackfleisch
1 Ei
Salz, Pfeffer
Paprikapulver, Muskat
1 TL Oregano (zerrieben)
¼ l Fleischbrühe
100 g geriebener Käse
⅛ süße Sahne

Zucchini waschen, Blütenansätze entfernen und dann halbieren. Einen Topf mit reichlich Salzwasser aufsetzen und darin die Zucchini ca. 5 Minuten kochen. Inzwischen die Zwiebel würfeln, die Tomaten überbrühen, enthäuten und ebenfalls würfeln. Olivenöl in einer Pfanne erhitzen und die Zwiebel- und Tomatenwürfel darin sanft anschmoren. Nun die Zucchini abgießen, abtropfen lassen und mit einem Löffel etwas aushöhlen. Das ausgehöhlte Zucchinifleisch in eine Schüssel geben und mit Hackfleisch, der Zwiebel-Tomaten-Mischung, Ei und den Gewürzen zu einer Farce vermischen. Die Zucchini damit füllen und dann in eine feuerfeste Backform nebeneinander geben. Die Fleischbrühe um die Zucchini gießen und die Form für 15 Minuten bei 220 Grad in den vorgeheizten Backofen stellen. Nach dieser Zeit die Zucchini mit geriebenem Käse bestreuen und weitere 10 Minuten überbacken. Vor dem Servieren die Garflüssigkeit mit Sahne verfeinern.
Reichen Sie als Beilage Risotto oder schlichte Salzkartoffel.

GEFÜLLTE GURKEN IN TOMATENSAUCE

2 Salat- oder Schmorgurken
400–500 g Schweinemett
1 Ei
2 EL Semmelbrösel
1 Bund Petersilie oder Dill
2–3 EL Ketchup
je 1 Prise Muskat und Majoran
Salz, weißer Pfeffer
½ l Fleischbrühe
2 Döschen Tomatenmark
1 Prise Zucker
4 EL süße Sahne

Die Gurken sauber waschen und nur, wenn nötig, ganz dünn schälen. Anschließend halbieren, der Länge nach aufschneiden und mit einem Löffel aushöhlen. In einer Schüssel Schweinemett mit Ei, Semmelbröseln, gehackten Kräutern, Ketchup und den Gewürzen gut verkneten und diese Farce in die ausgehöhlten Gurkenhälften füllen. Die Gurken nebeneinander in eine feuerfeste Form geben und mit der Fleischbrühe umgießen. Die Form in den vorgeheizten Backofen stellen und die Gurken bei 200 Grad in ca. 40 Minuten garen. Anschließend die Brühe abgießen, mit Tomatenmark und Zucker verrühren, die Sauce kurz aufwallen lassen und mit der Sahne verfeinern.
Die Tomatensauce wieder um die Gurken gießen und das Gericht in der Form auftragen. Dazu paßt Kartoffelpüree oder Reis.

AUBERGINEN MIT KALBFLEISCH

350 g Kalbfleisch
2 mittelgroße Auberginen
2 Tomaten
3 EL Öl
1 Zwiebel
1 Knoblauchzehe
1 Bund Petersilie oder Basilikum
Saft einer halben Zitrone
Salz, Pfeffer, Paprika
⅛ l saure Sahne

Fleisch kurz abspülen, trockentupfen und gleichmäßig würfeln, gewaschene Auberginen ebenfalls würfeln. Die Tomaten enthäuten und dann vierteln. Das Öl einer Kasserolle erhitzen, zuerst das Kalbfleisch leicht darin bräunen, dann Auberginen- und Tomatenwürfel sowie die in Ringe geschnittene Zwiebel ca. 5–8 Minuten anschmoren. Durchgepreßten Knoblauch, gehackte Kräuter und Zitronensaft dazugeben, mit den Gewürzen abschmecken; eventuell einige Löffel heißes Wasser angießen. Nun alles 40 Minuten bei schwacher Hitze schmoren. Das Gericht mit Sahne verfeinern und mit Reis servieren.

Gefüllte Gurken in Tomatensauce
Griechische Moussaka
Gefüllte Zucchini überbacken

AUBERGINEN-ZUCCHINI-GRATIN

2 große Auberginen
Salz
3 Tomaten
1 Zucchini
1 Bund gemischte Kräuter
⅛ l süße Sahne
2 Eier
Pfeffer
1 EL Butter
1 Knoblauchzehe
2 EL Semmelbrösel

Die gut gewaschene Auberginen werden in große Würfel oder dicke Scheiben geschnitten, mit Salz überstreut und ca. 15 Minuten beiseite gestellt. Danach die trockengetupften Auberginen abwechselnd mit den in Scheiben geschnittenen Tomaten und Zucchini in eine Auflaufform schichten, und alles mit grobgehackten Kräutern bestreuen. Sahne, Eier, Salz und Pfeffer miteinander verschlagen und über das Gemüse verteilen. In einem Pfännchen die Butter erhitzen, die geschälte Knoblauchzehe darin goldbraun werden lassen und wieder herausnehmen. Semmelbrösel nun in der Knoblauchbutter schwenken und als letzte Schicht über die Zucchini geben. Den Gratin im vorgeheizten Backrohr ca. 40 Minuten backen und dann sofort mit Stangenweißbrot und Rotwein servieren.

GEFÜLLTE AUBERGINEN

2 Auberginen
½ l Fleischbrühe
50 g durchwachsener Speck
250 g gegartes Hühnerfleisch
(in Würfeln)
30 g Butter
1 feingewürfelte Zwiebel
Salz, weißer Pfeffer
4 Scheiben Gouda-Käse
2–3 EL Weißwein
1 TL Speisestärke

Die Auberginen waschen, Stengelansatz enfernen, dann halbieren, etwas aushöhlen und ca. 10 Minuten in einer feuerfesten Form in der Fleischbrühe garen. In der Zwischenzeit das ausgehöhlte Auberginenfleisch in kleine Würfel hacken, ebenso Speck und Hühnerfleisch. In einer Pfanne erst die Butter erhitzen und die Zwiebelwürfel darin glasig dünsten, dann Speck, Hühnerfleisch und Auberginenfleisch mit anbraten. Diese Mischung noch mit etwas Salz und Pfeffer würzen und in die Auberginenhälften füllen. Mit Goudascheiben abdecken. Die gefüllten Auberginen in die Form mit der Fleischbrühe setzen und im vorgeheizten Backofen überbacken, bis der Gouda zu fließen beginnt. Den Auberginenfond mit in Weißwein angerührter Speisestärke binden. Mit Reis oder Weißbrot servieren.

Auberginen-Zucchini-Gratin
Zucchini-Auflauf
Pissaladière

PISSALADIÈRE

Französischer Zwiebelkuchen

250 g Mehl
½ TL Salz
10 g frische Hefe
1 Ei
1 EL Keimöl
Belag
500 g Zwiebeln
4 große Fleischtomaten
2 Knoblauchzehen
4 EL Olivenöl
Salz
frisch gemahlener schwarzer Pfeffer
50 g Anchovisfilet
20 entsteinte schwarze Oliven

Mehl und Salz in eine Schüssel sieben, in die Mitte eine Vertiefung drücken und die mit einem Eßlöffel warmem Wasser verrührte Hefe hineingeben. Den Vorteig zugedeckt ca. 15 Minuten gehen lassen. Anschließend mit Mehl, Ei, Öl und 3–4 Eßlöffeln warmem Wasser zu einem geschmeidigen Hefeteig verkneten. Den Teig kräftig schlagen, bis er sich vom Schüsselrand löst und Blasen wirft, dann zu einer Kugel formen, leicht mit Mehl bestäuben und zugedeckt an einem warmen Ort 2 Stunden gehen lassen, bis er sich verdoppelt hat.

Inzwischen den Belag vorbereiten. Die geschälten Zwiebeln in Scheiben schneiden, Tomaten überbrühen, enthäuten und ebenfalls in Scheiben schneiden, den Knoblauch schälen und hacken. Das Olivenöl in einer Pfanne erhitzen, erst die Zwiebeln 5 Minuten darin anschmoren, dann Tomaten und Knoblauch zufügen, mit Salz und Pfeffer würzen und zugedeckt weitere 5 Minuten bei schwacher Hitze schmoren lassen.

Den Hefeteig ausrollen und damit eine runde Backform (28-cm-Durchmesser) auskleiden. Den Belag darauf verteilen, obenauf das in Streifen geschnittene Anchovisfilet und die Oliven diagonal anordnen.

Den Kuchen nochmal 5–10 Minuten gehen lassen und dann im vorgeheizten Ofen bei 200 Grad 15–20 Minuten backen.

Sofort in Stücke geschnitten servieren.

ZUCCHINI-AUFLAUF

500 g Zucchini
2 EL Butter
30 g durchwachsene Speckwürfel
100 g gekochter Schinken
100 g Schweizer Emmentaler
2 Eier
4 EL Milch oder süße Sahne
Salz, Pfeffer
etwas Paprikapulver
1 EL gehackte Petersilie

Zucchini waschen, Blütenansätze entfernen und in Scheiben geschnitten in der heißen Butter vier bis fünf Minuten goldgelb anbraten. Die Zucchini in eine Auflaufform geben. Nun die Speckwürfel im verbliebenen Bratfett knusprig anbraten. Schinken und Käse in kleine Scheibchen teilen und diese über den Zucchini verteilen, ebenfalls die Speckwürfel. Die Eier mit Milch oder Sahne und den Gewürzen verquirlen, die Petersilie unterziehen und die Masse über die Zucchini gießen. Die Auflaufform in den vorgeheizten Backofen stellen und das Gemüse bei 220 Grad ca. 20 Minuten backen; der Eierguß sollte eine goldgelbe Kruste haben. Servieren Sie dazu gebratene Kalbskoteletts. Wenn Sie die Menge erhöhen, ist dieser Auflauf auch eine komplette Mahlzeit.

AUBERGINEN KALABRISCHE ART

2 mittelgroße Auberginen
eine mittlere Tasse Weißbrotrinden
3 EL Olivenöl
1 EL entkernte Oliven
2 Sardellenfilets
1 Zwiebel
1 EL Kapern
2 Tomaten
100 g Bel Paese

Die geputzten und gewaschenen Auberginen halbieren, etwas Fruchtfleisch mit einem Löffel herauslösen und dieses würfeln. Die zerkleinerten Brotrinden mit dem vorher erhitzten Olivenöl beträufeln, etwas einziehen lassen und nun mit dem Auberginenfleisch, den halbierten Oliven, dem zerkleinerten Sardellenfilets, der gehackten Zwiebel, Kapern und den enthäuteten, zerkleinerten Tomaten gut vermischen. Die

Füllung in die Auberginen geben, diese dann in eine eingeölte feuerfeste Form setzen und mit Käsestreifen belegt bei 220 Grad ca. 40 Minuten im Ofen bakken, bis der Käse geschmolzen und die Auberginen gar sind.
Dazu einen Salat der Saison und einen italienischen Rotwein reichen.

TEUFELS-SPAGHETTI

400–500 g Spaghetti
Salz
4 EL Olivenöl
2 rote Paprikaschoten
1 kleine Dose Tomaten
1 EL schwarze Oliven
1 gewässertes Sardellenfilet
1 Bund gehacktes Basilikum
1 Knoblauchzehe
1 grüne Peperoni
1 EL Butter

Die Spaghetti in reichlich Salzwasser »al dente« kochen. Inzwischen das Öl in einer Pfanne erhitzen, darin die geputzten, in Streifen geschnittenen Paprikaschoten kurz anschmoren. Die zerkleinerten Tomaten mit etwas Saft, die Oliven, das zerkleinerte Sardellenfilet und die Hälfte des Basilikums zugeben, dann die Knoblauchzehe darüberpressen und die Sauce ca. 8–10 Minuten bei kleiner Hitze köcheln lassen; in den letzten 2 Minuten die in sehr feine Ringe geschnittene Peperoni zufügen. Die Sauce je nach Geschmack mit Salz und einer Prise Zucker abschmecken.

Die inzwischen gegarten Spaghetti abgießen, gut abtropfen lassen und mit der Butter vermischen. Unter die Sauce das restliche Basilikum rühren und diese separat zu den Spaghetti reichen.

PAPRIKA-EIER-PFANNE

3–4 grüne Paprikaschoten
4 Tomaten
1 Zwiebel
4 EL Öl
1 kleine Dose Maiskörner
100 g gekochter Schinken
Salz, Cayennepfeffer
3–4 EL süße Sahne
4 hartgekochte Eier
Petersilie zum Garnieren

Paprikaschoten entkernen, waschen und in Streifen oder Würfel schneiden, die Tomaten enthäuten und würfeln. Die in Ringe geschnittene Zwiebel kurz in heißem Öl glasig werden lassen, Paprika und Tomaten zugeben und auf kleiner Flamme 5–7 Minuten dünsten. Anschließend die abgetropften Maiskörner und den in Würfel geschnittenen Schinken untermischen, mit den Gewürzen abschmecken, Sahne und die in grobe Würfel geteilten Eier dazugeben und das Gericht nochmal kurz erhitzen. Die Paprika-Eier-Pfanne mit Petersilie garniert sofort servieren.

GEFÜLLTE TOMATEN

8 große, möglichst runde Fleischtomaten
Salz, Pfeffer
100 g junger Gouda
100 g gekochter Schinken
1 Zwiebel
1 EL gehacktes Basilikum
einige Butterflöckchen

Tomaten waschen, Stengelansätze entfernen, dann abtrocknen und einen Deckel abschneiden. Anschließend mit einem Löffel aushöhlen und innen mit Salz und Pfeffer bestreuen. Käse, Schinken und Zwiebel fein würfeln, mit dem Basilikum vermischen und die Füllung in die Tomaten geben; in eine gefettete feuerfeste Form setzen, mit Butterflöckchen belegen und ca. 15 Minuten im vorgeheizten Ofen bei 220 Grad backen.

Zucchini-Omeletts für Zwei
Gefüllte Tomaten
Teufels-Spaghetti

ZUCCHINI-OMELETTS FÜR ZWEI

2 mittelgroße Zucchini
etwas Zitronensaft
1 EL Öl
1 feingehackte Zwiebel
50 g gewürfelter Frühstücksspeck
Salz, etwas Paprikapulver
4 Eier
2 EL süße Sahne
1 EL geriebener Parmesankäse
1 EL gehackte Petersilie
Pfeffer

Zucchini waschen, abtrocknen und in Scheiben schneiden; mit Zitronensaft beträufelt ein paar Minuten stehen lassen. Inzwischen das Öl in einer Pfanne erhitzen, die Zwiebel- und Speckwürfel darin anbraten, dann die Zucchinischeiben (vorher trockentupfen) darin glasig anbraten und mit Salz und Paprika würzen. Eier, Sahne, Parmesan und Petersilie kräftig miteinander verquirlen und mit Salz und Pfeffer würzen.

Die Zucchini mit dem Bratfett auf zwei Pfannen verteilen, heiß werden lassen und nun je die Hälfte der verquirlten Eier darüber füllen und bei milder Hitze backen, bis die Eiermasse stockt.
Die fertigen Omeletts sofort auf vorgewärmte Teller gleiten lassen und z.B. mit Tomatensalat servieren.

GEMÜSEKÜRBIS MIT MINZE

1 Gemüsekürbis (ca. 1 kg)
Salz
40 g Butter
frisch gemahlener schwarzer Pfeffer
4 EL Orangensaft
2 EL gehackte Minze

Den Kürbis mit einem scharfen Messer dick abschälen, dann in ca. 2 cm dicke Scheiben schneiden und diese dann in Stücke, wobei die Kerne und das weiche Innere entfernt werden. Die Kürbisstücke mit Salz bestreuen. Sobald sie Wasser gezogen haben, mit Küchenkrepp trockentupfen. Die Butter in einer Kasserolle schmelzen, darin die Kürbisstücke anbraten und zugedeckt etwa 8 Minuten dünsten; dabei 2- bis 3mal umrühren. Danach das noch knackige Gemüse mit Salz, Pfeffer und Orangensaft würzen und mit der Minze bestreut sofort servieren.
Gemüsekürbis paßt als Beilage zu gebratenem Hähnchen, Kalbsschnitzeln oder gegrillten Lammkoteletts.

SQUASH IN DILLBUTTER

1000 g Squash (z. B. Butternut)
2 Zwiebeln
5 EL Butter
1 Bund Dill
Salz
frisch gemahlener Pfeffer

Squash waschen, schälen und entkernt in Würfel schneiden. Die Butter in einem Topf schmelzen lassen und darin die feingehackten Zwiebeln glasig werden lassen. Squashfleisch dazugeben, mit den Zwiebeln vermischen und bei kleiner Flamme ca. 15 Minuten dünsten. Vor dem Servieren den gehackten Dill darüberstreuen, mit Salz und Pfeffer abschmecken und das heiße Gemüse z. B. zu Spare Ribs reichen.

AUBERGINEN BONNE FEMME

5 EL Olivenöl
3 mittelgroße Auberginen
1 große Zwiebel
2 Knoblauchzehen
250 g Tomaten
Salz, Pfeffer
1 knapper TL Oregano
1 Bund Basilikum
50 g geriebener Parmesan
1 EL Butter

Olivenöl in einer Pfanne erhitzen, die gewaschenen, geviertelten und in ca. 2 cm dicke Scheiben geschnittenen Auberginen darin zusammen mit der grob gewürfelten Zwiebel und den geschälten, halbierten Knoblauchzehen 7–8 Minuten anbraten. Knoblauch herausnehmen, die gewaschenen, geviertelten Tomaten zu den Auberginen geben. Kräftig salzen und pfeffern, zerriebenen Oregano und gehacktes Basilikum unterziehen. Alles zusammen in eine flache, feuerfeste Form füllen, dick mit Parmesankäse überstreuen, mit Butterflöckchen besetzen und ca. 20 Minuten in der heißen Röhre überbacken.
Als Vorspeise oder Beilage zu Lammfleisch reichen.

Squash in Dillbutter
Kürbisgemüse in Dillsahne
Auberginen Bonne Femme

KÜRBISGEMÜSE IN DILLSAHNE

750–1000 g Kürbisfleisch
Zitronensaft
2 EL Öl
50 g durchwachsener Speck
1 Messerspitze Zwiebelsalz
1 Prise Oregano
1 Prise Zucker nach Geschmack
⅛ l Fleischbrühe
1 Bund Dill
⅛ l saure Sahne
frisch gemahlener Pfeffer

Kürbis schälen, entkernen und in Würfel geschnitten mit Zitronensaft beträufeln. Das Öl in einem Topf erhitzen und den gewürfelten Speck darin leicht anbraten, dann den Kürbis ins Fett geben, kurz anschmoren, mit Salz, Oregano und eventuell mit einer Prise Zucker würzen und nun die Brühe angießen.

Das Gemüse auf kleiner Flamme 15–20 Minuten köcheln lassen. Vor dem Servieren Dill und Sahne unterziehen und mit Pfeffer abschmecken.
Dieses Gemüse ist eine sehr delikate Beilage zu gekochtem Tafelspitz oder zu gebratenen Truthahnkeulen.

ROTER PAPRIKAREIS

250 g Langkornreis
ca. ½ l Fleischbrühe
Salz
1 Zwiebel
3–4 rote Paprikaschoten
1 EL Butter
1 TL Paprikapulver edelsüß

Reis in einem Sieb waschen und dann in der Fleischbrühe mit etwas Salz bei kleiner Flamme in ca. 20 Minuten ausquellen lassen. Während der Reis gart, die geschälte, zerkleinerte Zwiebel und die geputzten und in Stücke geschnittenen Paprikaschoten im Mixer oder mit dem Passierstab pürieren. Sobald der Reis

gar, aber schön körnig ist, das Paprikapüree, die Butter sowie das Paprikapulver daruntermischen und den Paprikareis in kalt ausgespülte Tassen oder in eine Ringform geben und auf eine Platte stürzen.
Servieren Sie dazu ein Gulasch oder Hühnerfrikassee.

PARMESAN-TOMATEN

8 runde Tomaten
Salz
frisch gemahlener Pfeffer
40 g frisch geriebener Parmesankäse
1 EL gehackte Basilikumblätter
Butterflöckchen zum Belegen

Die Tomaten waschen, von ihren Stengelansätzen befreien, dann abtrocknen und ziemlich tief kreuzweise einschneiden. Diese Einschnitte mit Salz und Pfeffer bestreuen und mit Parmesan und Basilikum füllen. Die Tomaten auf den mit Alufolie ausgelegten Grillrost geben und mit Butterflöckchen belegt für 4–5 Minuten unter den heiß-

ßen Grill schieben oder im vorgeheizten Backofen bei ca. 220 Grad 15 Minuten backen, bis der Käse goldbraun wird.
Parmesantomaten als Beilage zu gegrilltem Fleisch oder als Bestandteil einer Gemüseplatte reichen.

AUBERGINEN ARABISCHE ART

2 große Auberginen
Salz
Saft von zwei Zitronen
2 EL Butter
3 Knoblauchzehen
2 Gemüsezwiebeln
1 Bund gehackte Petersilie
je 1 Messerspitze Harissa (ersatzweise
Cayennepfeffer) und Zimt
Olivenöl zum Beträufeln

Die Auberginen waschen, Stielansatz entfernen und in Scheiben schneiden. Auberginenscheiben salzen und mit Zitronensaft beträufelt ca. 15 Minuten stehen lassen. Inzwischen die Butter erhitzen, die geschälten, halbierten Knoblauchzehen darin goldbraun werden lassen, dann aber entfernen. Die Auberginenscheiben abtropfen lassen und schuppenförmig in einer feuerfesten Form anordnen. Die Scheiben mit der heißen Knoblauchbutter tränken, dann die gleichmäßig gewürfelten Zwiebel und Petersilie darüber streuen, ebenfalls die Gewürze. Zum Schluß mit reichlich Olivenöl beträufeln. Die Form mit Alufolie abdecken und ins auf 220 Grad vorgeheizte Backrohr schieben. Nach 25 Minuten die Folie abnehmen und die Auberginen noch weitere 15 Minuten backen lassen (Garprobe machen).

PROVENÇALISCHE TOMATEN

2 entrindete Brötchen (oder die entsprechende Menge Weißbrot)
¼ l lauwarme Milch
4 Fleischtomaten
2 EL Olivenöl
3 Knoblauchzehen
2 EL gehackte Kräuter (z. B. frisches
Basilikum und Oregano)
Salz
frisch gemahlener schwarzer Pfeffer

Die Brötchen in feine Würfel schneiden und mit der Milch übergossen einige Minuten ziehen lassen. Inzwischen die Tomaten waschen, Stengelansätze herausschneiden und in dicke Scheiben schneiden. Die Brötchenwürfel gut ausdrücken. Tomatenscheiben in einer feuerfesten Form schuppenartig anordnen und die Brotwürfel gleichmäßig darüber verteilen. Das Olivenöl heiß werden lassen und darin die in Scheibchen geschnittenen Knoblauchzehen leicht bräunen. Im Knoblauchöl kurz die Kräuter durchschwenken und diese Mischung dann gleichmäßig über die Tomatenscheiben und Brötchenwürfel verteilen. Alles leicht salzen und pfeffern und 20 Minuten bei 200 Grad im Backofen überbacken.
Als Vorspeise oder Beilage geeignet.

KREOLISCHER OKRA-REIS

250 g Langkornreis
2 EL Öl
½ l Fleischbrühe
½ TL Salz
2 Chilischoten
1 rote Paprikaschote
250 g Okra
1 Markknochen vom Kalb

Reis waschen und abtropfen lassen. Das Öl in einem Topf erhitzen und darin den Reis zwei Minuten anrösten. Dann die Fleischbrühe angießen, salzen und die in sehr feine Streifen geschnittenen Chilis und die gewürfelte Paprikaschote unterheben. Den Topf schließen und nach weiteren 5 Minuten Kochzeit die geputzten, gewaschenen Okra und das aus dem Knochen herausgelöste und feingewürfelte Mark unter den Reis heben. Den Topf wieder schließen und alles bei geringer Hitze in ca. 15 Minuten fertig garen. Dabei darauf achten, daß der Reis schön körnig bleibt.
Als Beilage zu Fleischspießchen oder gebratener Leber reichen.

CHAYOTE-GEMÜSE

2 Chayote
½ l Fleischbrühe
1 EL Butter
1 EL Mehl
2 EL Tomatenmark
⅛ l süße Sahne
1 Prise Cayennepfeffer

Die Chayoten unter fließendem Wasser schälen, den Kern entfernen und die Früchte halbieren oder vierteln. In Fleischbrühe ca. 45–50 Minuten kochen. Aus Butter und Mehl eine Schwitze herstellen, die Hälfte der Chayoten-Fleischbrühe angießen, dabei mit einem Schneebesen kräftig rühren. Tomatenmark und Sahne unterziehen, mit einer Prise Cayennepfeffer würzen, eventuell etwas salzen. Die abgegossenen Chayotestücke in der Sauce erhitzen und das Gemüse dann sofort, z. B. zu Frikadellen, servieren.

SCHNELLES ZUCCHINI-GEMÜSE

500 g Zucchini
1 große Zwiebel
4 EL Olivenöl
1 Knoblauchzehe
4 Tomaten
1 TL Tomatenmark
Salz
frisch gemahlener Pfeffer
1 Bund gehackter Dill

Zucchini waschen, in dünne Scheiben schneiden, die geschälte Zwiebel würfeln. Das Öl in einer großen Pfanne erhitzen, erst die Zwiebel kurz anschmoren, dann Zucchini dazugeben und unter gelegentlichem Umrühren 8–10 Minuten schmoren. Dann die gehackte Knoblauchzehe und die enthäuteten, entkernten Tomaten sowie das Tomatenmark und die Gewürze unterrühren und alles zugedeckt weitere 5 Minuten schmoren lassen. Das Gemüse in eine vorgewärmte Schüssel füllen und mit Dill bestreut sofort servieren.

Auberginen Arabische Art
Schnelles Zucchini-Gemüse
Kreolischer Okra-Reis

PAPRIKAGEMÜSE

750 g Paprikaschoten (rote, grüne und gelbe)
3 Tomaten
2 EL Öl
50 g durchwachsener Speck
1 Knoblauchzehe
3–4 EL Fleischbrühe
Salz
Pfeffer
1 Bund Basilikum oder Dill
1–2 EL süße Sahne

Paprikaschoten waschen, aufschneiden, Kerne und Rippen entfernen und grob würfeln. Die Tomaten heiß überbrühen, abschrecken, enthäuten und achteln. Das Öl in einer Kasserolle erhitzen und darin den gewürfelten Speck anbraten, Paprika und Tomaten beifügen, die Knoblauchzehe über das Gemüse pressen und alles unter Rühren 5 Minuten schmoren. Dann Fleischbrühe, die Gewürze und gehackten Kräuter dazugeben und das Gemüse weitere 3–4 Minuten auf kleiner Flamme dünsten.

Das Gemüse mit Sahne abrunden und z.B. zu poschiertem Fischfilet reichen.

SÜSS-SAURES GURKENGEMÜSE

2 Schmor- oder 1 Salatgurke
4 Tomaten
1 kleine Stange Staudensellerie
1 Zwiebel
4 EL Olivenöl
¼ l Fleischbrühe
Salz, Pfeffer
Paprikapulver edelsüß
1 Messerspitze Rosmarin
1 EL gehackter Dill
1 Prise Zucker
Saft einer halben Zitrone
2–3 EL süße Sahne
einige Dillzweiglein zum Garnieren

Die Gurken schälen und grob würfeln, dabei die Kerne entfernen. Tomaten mit heißem Wasser überbrühen, enthäuten und in Achtel teilen. Sellerie waschen und in Stücke schneiden, die geschälte Zwiebel fein hacken. Das Olivenöl in einem Topf erhitzen und zuerst die Zwiebel leicht andünsten, nun die Gurkenwürfel zugeben, glasig werden lassen, Tomatenviertel und Selleriestücke untermengen und ca. 5 Minuten schmoren lassen; dann die Fleischbrühe angießen. Die Gewürze und Kräuter unterrühren und alles bei schwacher Hitze

unter gelegentlichem Umrühren ca. 15 Minuten dünsten. Zum Schluß das Gemüse mit Zucker und Zitronensaft süßsauer abschmecken und die Sahne unterziehen.
Das Gemüse mit Dillzweiglein garniert zu Frikadellen oder gebratenem Fisch servieren.

CHUTNEY VON GRÜNEN TOMATEN

1000 g grüne Tomaten
2 grüne Paprikaschoten
1 große Zwiebel
ca. ½ l Weißweinessig
250 g Farinzucker
1 TL Curry
1 EL Senf
1 TL gemahlener Ingwer
1 TL Allspice-Gewürz (ersatzweise eine Mischung aus Nelkenpulver, Zimt und Piment)
½ TL grob gemahlener Pfeffer
1 Prise Chilipulver

Tomaten und Paprikaschoten waschen, putzen und in Würfel schneiden, ebenfalls die geschälte Zwiebel. Das Gemüse in ein Gefäß geben und mit Essig bedeckt über Nacht kühlstellen. Am nächsten Tag die Gemüsemischung in einem hohen Topf mit dem Essig erhitzen, den Zucker zufügen und dabei solange rühren, bis er sich völlig aufgelöst hat. Nun alle Gewürze unterrühren und alles bei kleiner Flamme ca. 7 Minuten köcheln lassen. Sobald sich alle Ingredienzien gut miteinander verbun-

den haben, das Chutney sofort in heiß ausgespülte Gläser füllen und mit Einmachfolie oder Twist-off-Deckeln verschließen.
Chutney von grünen Tomaten schmeckt hervorragend zu kaltem Braten oder Grilladen. Sofern Sie das Chutney musiger wünschen, können Sie die Gemüsemischung gleich mit Essig und Zucker ca. 50 Minuten unter ständigem Rühren bei kleiner Hitze köcheln und die Gewürze während der letzten fünf Minuten dazugeben.

EINGELEGTE SENFGURKEN

3 Schäl- oder Schmorgurken (die ca. 1 kg ergeben)
4–5 EL Salz
½ l Rotweinessig
5 EL Zucker
4 Lorbeerblätter
1 EL Pfefferkörner
100 g Senfkörner
einige Dillblüten
1 Prise Koriander

Gewaschene Gurken schälen und halbieren, von den Kernen befreien und in grobe Stücke schneiden, in einen Steinguttopf füllen und mit Salz bestreut über Nacht stehen lassen. Rotweinessig mit Zucker, Lorbeerblättern, Pfefferkörnern, Senfkörnern, Dillblüten und Koriander erhitzen und abkühlen lassen. Die gut abgetropften Gurkenstücke in einen sauber gereinigten

Steinguttopf oder in Gläser füllen, mit dem Sud und den Gewürzen übergießen und sofort mit Klarsichtfolie verschließen. Den Senfgurkensud nach 3–4 Tagen noch einmal abgießen und aufkochen und noch heiß über die Gurkenstücke gießen. Gläser oder Topf erneut sorgfältig verschließen.

PIKANTES OKRA-GEMÜSE

300 g Okra
2 Lorbeerblätter
⅛ l trockener Weißwein
1 kleine Dose geschälte Tomaten
Salz, Pfeffer
1 Prise Zucker
1 Prise Ingwer
1 EL Butter
1 EL gehackte Petersilie

Die vorher geputzten und gewaschenen Okras mit den Lorbeerblättern ca. 8 Minuten in Weißwein dünsten. Die Dosentomaten mit etwas Saft dazugeben und mit Salz, Pfeffer, Zucker und Ingwer würzen. Weitere 5 Minuten auf kleiner Flamme dünsten, dann die Butter einschwenken und die Petersilie unter das Gemüse ziehen. Vor dem Servieren die Lorbeerblätter ent-

fernen und das Gemüse sofort anrichten.
Dieses schnell zubereitete Gemüse zu Kalbfleisch oder auf der Pfanne gebratenem Fisch reichen.

Chutney von Grünen Tomaten
Eingelegte Senfgurken
Würzige Dillgurken

WÜRZIGE DILLGURKEN

2 mittelgroße Salatgurken
4 EL Weinessig
5 EL Öl
1 TL Salz
½ TL Dillsamen
1 Messerspitze Zwiebelsalz
1 TL Pfefferkörner
1 EL Zucker
2 Knoblauchzehen

Gurken sehr dünn schälen, in Scheiben schneiden und in eine große Schüssel geben. Essig, Öl, Gewürze, Zucker und die geschälten, halbierten Knoblauchzehen miteinander vermischen, alles über die Gurkenscheiben gießen, die Schüssel abdecken und über Nacht in den Kühlschrank stellen. Vor dem Auftragen mit Löffeln noch einmal gut durchmischen.

Die Dillgurken können Sie auch in Gläser mit Schraubdeckel füllen und im Kühlschrank aufbewahren. So halten sie sich ohne weiteres 3–4 Tage.

Sprossen- und Stengelgemüse

Viele Sprossen- und Stengelgemüse verleiten zur hohen Schule
der Kochkunst. Jeder Gourmet weiß zarten Spargel, aromatisch-
geschmorten Staudensellerie und milde Artischocken zu schätzen.
Spargel ist die unbestrittene Königin dieser Gemüseart. Kochzeiten
dieser Sorten variieren stark, aber alle schmecken am besten „al dente".
Bambussprossen und Sojabohnenkeime brauchen höchstens zwei bis drei
Minuten bei starker Hitze, während sich Artischockenblätter erst nach dreißig bis
fünfundvierzig Minuten leicht lösen lassen. Alle Sprossen- und Stengelgemüse
sind ideale Vorspeisen – zum Beispiel in Form von Spargelcremesuppe,
Staudensellerie mit Dip oder mariniertem Fenchel. Zu den leckeren
Hauptgerichten zählen Bambussprossen mit Broccoli oder fritierter
Fenchel und als Salat ragt hervor Spargel französischer Art.

Artischocke

HERKUNFT: Die Artischocke – bot. *Cynara scolymus* – ist eine veredelte Distel und gehört zur Familie der Korbblütler. Ihre Heimat liegt in Kleinasien. Schon in der Antike wurde sie in vielen Ländern des Mittelmeerraumes kultiviert. Ein Rezept der alten Römer hat sich bis heute erhalten: »Carciofi al tegame alla romana« (siehe Rezept »Artischocken alla romana« Seite 160). Heinrich VIII., Katharina von Medici und die Pompadour sollen sie leidenschaftlich gerne gegessen haben.
Die Artischocke ist eine zapfenartige Riesenknospe, etwa faustgroß, mit dachziegelartig übereinander steckenden Blütenblättern. Es gibt violette (frühe) und grüne Sorten; der Geschmack ist leicht herb. Artischocken kann man nur gekocht essen.

ANBAU UND SAISON: Artischocken werden nur in wärmeren Ländern angebaut. Die Blütenstengel werden bis zu 2 Metern hoch, geerntet werden die Blütenköpfe, solange sie noch geschlossen sind.
Die Hauptimporte kommen aus Italien, Frankreich, Ägypten, Israel und Marokko, und zwar in den Monaten Juni bis Oktober regelmäßig, vereinzelt auch in den Wintermonaten.

EINKAUF: Beim Einkauf auf geschlossene Knospen und enganliegende, fleischige Blätter achten. Angetrocknete Blattspitzen sind ein Zeichen für lange Lagerung; Artischocken werden pro Stück berechnet, das Gewicht schwankt zwischen 150 und 500 g. Die Größe sagt nichts über die Qualität aus.

ZUBEREITUNG: Die Artischocken waschen, den Stiel unter dem Blattansatz entfernen und die Schnittstelle sofort mit Zitronensaft beträufeln. Danach die äußeren Hüllblätter entfernen. Die Artischocken nun in reichlich Salzwasser, dem man Essig oder Zitronensaft beigibt, ca. 30–45 Minuten (je nach Größe und Sorte) kochen. Dabei einen Gartest machen: Sobald sich ein Fruchtblatt leicht herausziehen läßt, ist die Artischocke gar. Die Artischocke hat sich während des Kochens geöffnet und nun kann man mit einem spitzen Messer das ungenießbare Heu aus dem Inneren kratzen.
Am besten schmecken Artischocken als Vorspeise z.B. mit einer Vinaigrette oder Hollandaise. Den fleischigen Boden ißt man zum Schluß mit Messer und Gabel.
Artischocken lassen sich auch füllen, ganz junge, zarte kann man auch in reichlich Olivenöl braten und als Gemüse servieren.
Noch ein Tip: Artischocken nie in Aluminiumtöpfen kochen, da sie sich sonst schwarz verfärben.

NÄHRWERTE: Artischocken enthalten viel Vitamin A und B$_1$, reichlich Kalzium, etwas Eiweiß und Kohlenhydrate sowie den leberfreundlichen Bitterstoff Cynarin. 100 g Artischockenfleisch hat 61 Kalorien/255 Joule.

Spargel

HERKUNFT: Spargel – bot. *Asparagus officinalis* – gehört zu den Liliengewächsen. Seine Heimat liegt im Orient. Von den alten Ägyptern wurde er als Kult- und Heilpflanze verehrt, von den Römern der Antike bereits kultiviert. Seit dem 15. Jahrhundert wird dieses feine Gemüse auch bei uns kultiviert.
Weißer Spargel gilt als der edelste und zarteste, er wird, noch bevor die Sonne aufgeht, gestochen, sobald seine Köpfe das Erdreich aufbrechen. Er schmeckt mild und wird in Deutschland als das feinste aller Gemüse angesehen. Der *Französische Spargel* mit seinen bläulich-violetten Spitzen ist kräftiger und etwas herber im Geschmack; er wird geerntet, wenn seine Köpfe bereits mehrere Zentimeter aus dem Erdwall ragen.
Grüner Spargel ist würzig, ohne streng zu schmecken; seine Stangen werden nicht unter der Erde gestochen, sondern wachsen zu ihrer vollen Länge überirdisch.

ANBAU UND SAISON: Die größten Spargelanbauflächen befinden sich in Baden-Württemberg (Schwetzinger Spargel!), in Franken, in der Braunschweiger Gegend, in Hessen und Rheinland-Pfalz. Weißen Spargel gibt es von Mitte Mai bis Ende Juni, Französischen etwas länger. Beinahe ganzjährig liefern Italien und Frankreich Grünen Spargel.

EINKAUF: Die sehr teure Güteklasse Extra, bestehend aus gleichmäßig langen und dicken Stangen mit festen, weißen Köpfen, benötigt man nur für ein exquisites Spargelessen; für feine Gemüse und Salate genügt Güteklasse I mit geschlossenen Köpfen und weißen, nicht ganz gleichmäßigen Stangen. Auch Güteklasse II eignet sich noch für Gerichte, wo es auf gleichmäßige Exemplare nicht so ankommt. Für Suppen, Mischgemüse etc. tut es auch Bruchspargel. Die Frische ist an den Schnittenden zu erkennen, die saftig und nicht holzig oder brüchig aussehen dürfen.

ZUBEREITUNG: Weißen und Französischen Spargel von den Köpfen zum Stielende hin, im ersten Drittel dünn, dann ziemlich dick schälen, damit er nicht fasrig oder bitter schmeckt, Grünen Spargel nur sehr dünn im unteren Drittel schälen, von allen drei Sorten die holzigen Stielenden ca. 1 cm lang abschneiden. Die Spargelschalen können als Fond für aromatische Suppen und Saucen mit etwas Zitronensaft und Wasser gekocht werden. Die geschälten Spargelstangen werden in Salzwasser, das mit einem Stich Butter angereichert ist, gegart, und zwar zwischen 20–30 Minuten bei weißem oder Französischem Spargel (je nach Stangendicke) und ca. 15–20 Minuten bei Grünem Spargel. Gedünstet, mit heißer Butter und feingehackter Petersilie oder Dill serviert, ist Spargel ein bekannter und begehrter Begleiter zu feinen Braten, zu Steaks, zu Schinken und Fisch. Aber auch als Salat – dann im Sud erkalten lassen – mit pikanten, würzigen oder milden Saucen und als Suppe erfreut er sich großer Beliebtheit.

NÄHRWERTE: Spargel besitzt hohe Anteile an C- und B-Vitaminen, reichlich Kalium und die harntreibende Aspara-

BOHNENKEIME

BAMBUSSPROSSEN

ginsäure. 100 g Spargel enthalten nur 14 Kalorien/58 Joule.

Bambussprossen

HERKUNFT: Bambus – bot. *Bambusa vulgaris* – gehört zur Familie der Gräser und ist in Asien beheimatet. Frische Bambussprossen gibt es fast nur auf ostasiatischen Märkten zu kaufen, wo er auch als *Chinesischer Spargel* bekannt ist.
Bambussprossen besitzen ein feines, würziges Aroma. Sie schmecken ein wenig nach Sellerie, nur viel milder.

EINKAUF: Konservierte Bambussprossen werden entweder im Ganzen oder in dünnen Streifen in Dosen angeboten. Sie sind bereits gekocht und brauchen vor der Weiterverwendung nur noch abgespült und kurz erhitzt werden.

ZUBEREITUNG: Frische Bambussprossen müssen geschält, in feine Streifen geschnitten und ca. 10 Minuten in Salzwasser gekocht werden; man kann sie auch 3–5 Minuten bei kräftiger Hitze in der Pfanne braten. Dosenware kann sofort verwendet werden.
Bambussprossen eignen sich für chinesische Pfannengerichte mit Fleisch, Fisch, Geflügel und anderen Gemüsen. Man kann sie auch als Gemüsebeilage reichen. Ideale Gewürze sind Sojasauce, Ingwer, Curry und Chilipulver.

NÄHRWERTE: Bambussprossen besitzen einige wasserlösliche Vitamine und Mineralien. Sie sind sehr kalorienarm und daher für jede Diät gut geeignet. Bambussprossen haben nur 9 Kalorien/40 Joule auf 100 g.

Bohnenkeime

HERKUNFT: Bohnenkeime – bot. *Phaseolus auveus* – sind die jungen Keime der bekannten Soja- oder Mungbohne. Bohnenkeime, auch *Sojasprossen* oder *Lunja* genannt, werden in China und im fernen Osten schon seit uralten Zeiten als Gemüse oder Salat gegessen.
Die Sprossen werden 2,5–5 cm lang und haben eine grünlich-gelbe Farbe.

SAISON: Frische Bohnenkeime sind das ganze Jahr über erhältlich, müssen allerdings wegen ihrer leichten Verderblichkeit schnell verbraucht werden. Man kann sich die Keime auch leicht selbst aus Mung-Bohnen ziehen.

EINKAUF: Wählen Sie Bohnenkeime mit frischem, knackigem Aussehen. Meistens werden sie bereits aussortiert und abgepackt angeboten.

ZUBEREITUNG: Bohnenkeime vor dem Gebrauch gründlich waschen und abgetropft in Öl braten und als Gemüsebeilage servieren oder zusammen mit anderen Gemüsen und Fleisch, Fisch oder Geflügel schmoren. Auch als Salat-Ingredienz sind sie sehr schmackhaft. Wegen ihrer schnellen Verderblichkeit sollten Bohnenkeime nicht länger als 2–3 Tage im Kühlschrank aufbewahrt werden.

NÄHRWERTE: Bohnenkeime sind sehr stark proteinhaltig, außerdem haben sie einige B-Vitamine aufzuweisen.
100 g enthalten nur 9 Kalorien/40 Joule.

Kardy

HERKUNFT: Kardy – bot. *Cynara cardunculus L.* – gehört zur Familie der Korbblütler. Sie wird auch *Kardone*, *Karde*, *Cardy* oder *Spanische Artischocke* genannt. Kardy ist ein Distelgewächs und kommt aus Südeuropa und Nordafrika. Die Kardy-Pflanze wird

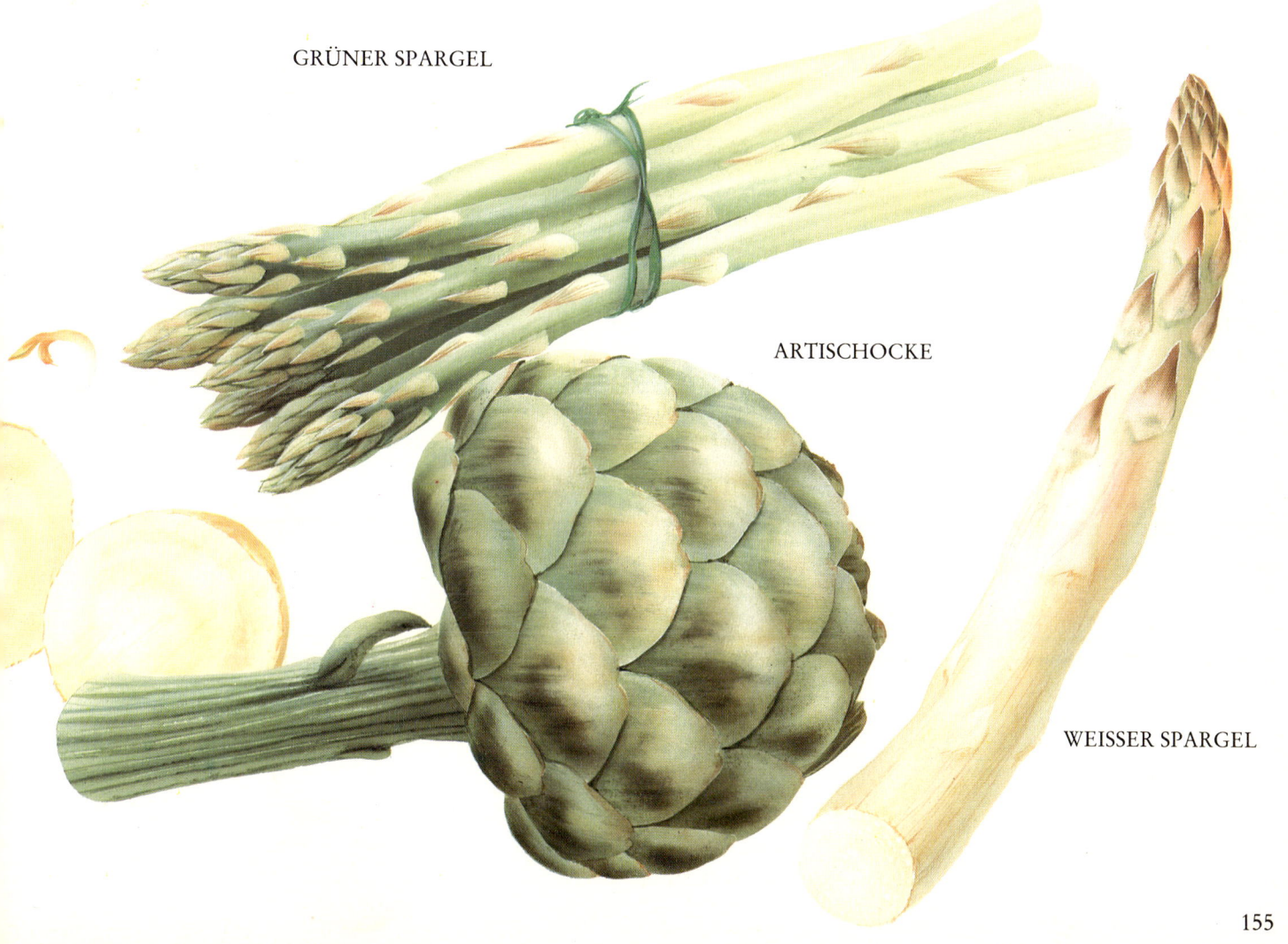

GRÜNER SPARGEL

ARTISCHOCKE

WEISSER SPARGEL

bis zu 1,50 m hoch; sie hat gerippte, fleischige Stiele von silbergrauer Farbe und große, graugrüne geschlitzte Blätter. Der Geschmack ist würzig, nußartig und leicht bitter. Eine Kardystaude wiegt von 750 g bis zu 3 kg.

ANBAU UND SAISON: Kardy wird in Italien, Spanien, Frankreich und in einigen südamerikanischen Ländern angebaut. Vereinzelt erhalten wir von dort zwischen September bis Dezember Importe.

ZUBEREITUNG: Die Kardystaude teilen und die Stengel putzen, dabei das Blattgrün abschneiden und hohle Enden und stachelige Ränder entfernen (eventuell Fäden wie bei Rhabarber abziehen). Die Stiele in ca. 6 cm lange Stücke schneiden und sofort in Essigwasser legen, damit sie sich nicht verfärben. Die Kardystücke dann in Salzwasser ca. 20 Minuten kochen, bis sich die fasrige Haut abziehen läßt. Danach die Stücke ganz fertig garen. Kardy kann man wie Fenchel oder Stangensellerie als Gemüse oder mit Käse gratiniert anrichten. Auch als Salat in einer Essig-Öl-Marinade schmeckt Kardy sehr gut.

NÄHRWERTE: Kardy enthält wie die Artischocke den Bitterstoff Cynarin, der die Verdauung und die Gallensekretion anregt.

Stangensellerie

HERKUNFT: Stangensellerie – bot. *Apium graveolens* – ist auch unter den Bezeichnungen *Bleich-, Stauden-, Stiel-* oder *Stengelsellerie* bekannt. Er ist der zartere Verwandte unseres Knollensellerie. Wilder Sellerie wurde schon in der Antike als Würz- und Gemüsepflanze verwendet.
Stangensellerie hat fleischige, gerippte Stangen von weißlicher bis hellgrüner Farbe. Am Ende der Stangen befinden sich blaßgelbe bis zartgrüne Blätter. Die Stangen sind durch das Wurzelende verbunden. Stangensellerie hat einen sehr erfrischenden, feinen Geschmack. Das Wurzelende schmeckt bitter und sollte daher entfernt werden. Das Gewicht pro Staude liegt zwischen 300 bis 1200 g, die Länge beträgt bis zu 35 cm.

ANBAU UND SAISON: Stangensellerie wird durch Anbaumethoden bleichgehalten. Die Hauptanbauländer sind Belgien, Spanien, Italien, Israel und die Küstengebiete des Mittelmeeres. Stangensellerie ist von September bis April auf dem Markt erhältlich.

EINKAUF: Beim Einkauf unbedingt auf zartes, frisches Blattgrün und hellgrüne Stangen achten.

ZUBEREITUNG: Stangensellerie gründlich waschen, Wurzelende entfernen, helles Blattgrün dranlassen, dunkles entfernen, da es manchmal etwas streng schmeckt. Roh, mit einem Dip, ist Stangensellerie die ideale Vorspeise. Stangensellerie läßt sich aber auch in vielen Salatvariationen, als Gemüse gekocht, gefüllt und überbacken verwenden.
Die Garzeit für Stangensellerie beträgt ca. 7–10 Minuten.

NÄHRWERT: Diese Sellerieart hat die Vitamine A, B und C sowie Kalzium und Phosphor. 100 g enthalten 21 Kalorien/90 Joule.

Palmito

HERKUNFT: Palmito (der Name kommt aus dem Spanischen) ist das zarte, wohlschmeckende Mark aus den Palmwedeln und Sprossen einer in Brasilien wildwachsenden Palmenart, die zur Familie der *Palmae* gehört. Die Brasilianer schneiden das Mark aus der Rinde, entfernen die harten Ränder, dann schneiden sie das Mark in gleich lange Stücke und konservieren es. Palmito, das auch unter dem Namen *Palmherzen, Palmenmark* oder *Palmetto* bekannt ist, ähnelt im Geschmack weißem Spargel.

EINKAUF: In Deutschland wird Palmito ausschließlich in Dosen oder Gläsern konserviert angeboten. Wählen Sie in jedem Fall nur Ware von eingeführten Markenfirmen.

ZUBEREITUNG: Eingelegte Palmitos sind bereits gekocht; man braucht sie nur noch abspülen und je nach Verwendung kurz erhitzen. Für Salate werden die Palmitostangen in kleinere Stücke geteilt und dann in einer Vinaigrette oder in einer anderen pikanten Sauce serviert. Man kann die Stangen auch in gekochte Schinken- oder Lachsschei-

STANGENSELLERIE

KARDY

PALMITO

ben wickeln und als dekorative Vorspeise servieren. Auch als Gemüsebeigabe schmecken Palmitos sehr delikat.

NÄHRWERTE: Palmitos sind reich an Vitaminen und Mineralien. Sie enthalten 14 Kalorien/60 Joule.

Fenchel

HERKUNFT: Fenchel – bot. *Foeniculum vulgare* – ist in Vorderasien beheimatet. Die alten Ägypter verehrten ihn als Heilpflanze, die Römer der Antike benutzten ihn als Kult- und Salatpflanze und die Griechen für mythische und medizinische Zwecke. Bereits im Mittelalter wurde Fenchel in Südeuropa als Gemüsepflanze kultiviert. Bei uns bekam er nur als Gewürz und heilsamer Tee Bedeutung, hat er sich aber im letzten Jahrzehnt als Gemüse den Markt erobert. Die Fenchelknolle ist faustgroß und hat gerippte, fleischige Blätter von weißer Farbe, mit röhrenartigen, hellgrünen Stielen und intensiv grünen, gefiederten Blättern. Der Geschmack ist knackig, frisch, sehr würzig, leicht süßlich, stark nach Anis schmeckend.

ANBAU UND SAISON: Fenchel wird in allen Mittelmeerländern angebaut, besonders aber in Italien. Bei uns ist er fast das ganze Jahr erhältlich, lediglich in den Sommermonaten muß man nach ihm suchen.

EINKAUF: Nur weiße, möglichst makellose Knollen wählen. Die Stengel sollen knackig und das Blattwerk von leuchtendgrüner Farbe sein. Eine Knolle wiegt ca. 150–300 g.

ZUBEREITUNG: Die Fenchelknollen gründlich waschen. Dabei eventuell angetrocknete Blätter und braune Stellen entfernen. Die Stengel dicht über der Knolle kürzen und das Blattgrün abschneiden, fein hacken und später über das fertige Gericht mischen. Die geschnittenen Knollen gleich mit Zitronensaft beträufeln, damit die weiße Farbe erhalten bleibt. Fenchel kann man fein geschnitten oder geraspelt als Salat, kombiniert mit Tomaten, Paprika, Orangen und vielem mehr servieren. Er schmeckt wunderbar als Gemüse. Dazu wird er in Scheiben oder Viertel geschnitten und in in Salzwasser gekocht oder in Butter ca. 10–20 Minuten gedünstet. Anschließend kann man ihn mit Käse gratinieren oder in einer Holländischen Sauce oder Mornay servieren. Fenchel verträgt sich gut mit Tomaten, Zucchini und Auberginen. Fen-

KOHLRABI

FENCHEL

chelgemüse ist die ideale Beilage zu Fischgerichten aller Art.

NÄHRWERTE: Fenchel enthält viel Vitamin G, Kalzium und Phosphor, außerdem Eisen, Kalium und Vitamin E. 100 g haben 50 Kalorien/210 Joule.

Kohlrabi

HERKUNFT: Kohlrabi – bot. *Brassica oleracea* var. *gongylodes* – gehört zur Familie der Kreuzblütler und stammt vermutlich aus Nordeuropa. Sie ist eine durch Mutation entstandene Kohlart. Es gibt zwei Sorten: die weißgrünen Treibhaus-Kohlrabi und die rot- oder bläulich-violetten Freiland-Kohlrabi.

ANBAU UND SAISON: Bei Kohlrabi gibt es die Früh-, Sommer- und Herbstkultur. Deshalb erhält man frische Kohlrabi fast das ganze Jahr; in den Wintermonaten und im Frühling handelt es sich meist um Treibhausware, die etwas zarter im Geschmack ist als die Freilandkultur.

EINKAUF: Beim Einkauf sollte man auf frisches Blattgrün und nicht zu große Knollen achten, da diese gerne holzig sind. Eine Kohlrabiknolle wiegt ca. 200–300 g; sie werden meistens stückweise verkauft.

ZUBEREITUNG: Die Stiele und Blätter entfernen, die jungen Blätter jedoch mit verwenden, und die Kohlrabi von der Wurzelseite her dick, zum Blattschopf hin dünn schälen. Die Knolle dann in feine Scheiben, Streifen oder grobe Schnitze schneiden und in Butter dünsten oder in Fleischbrühe garen. Als Gemüse werden Kohlrabi in einer hellen Sauce oder mit Sahne verfeinert angerichtet. Man verwendet sie jedoch auch für Eintöpfe, Suppen oder gefüllt mit Hackfleisch und mit Käse überbakken. Die Garzeit für Kohlrabi beträgt ca. 25–30 Minuten. Ganz junge Kohlrabi sollten unbedingt als Rohkost verwendet werden.

NÄHRWERTE: Kohlrabi enthalten viel Kalzium und Phosphor, hohe Anteile an Vitamin A und C. Sie sind leicht verdaulich und werden deshalb gerne als Kranken-, Schon- oder Diätkost gereicht. 100 g enthalten 18 Kalorien/75 Joule.

SPARGELCREMESUPPE

500 g Brechspargel
½ l Hühnerbrühe
1 EL Butter
2 TL Mehl
¼ l Weißwein
Salz
1 Prise Cayennepfeffer
2–3 EL süße Sahne
1 EL feingehackter Schnittlauch

Spargel schälen, waschen und in gleich große, etwa 2–3 cm lange Stücke schneiden. Die Spargelstücke in der Hühnerbrühe ca. 20 Minuten auf kleiner Flamme garen. In einem zweiten Topf die Butter schmelzen, das Mehl einrühren, etwas anschwitzen lassen, dann die ganze Garbrühe vom Spargel angießen und mit dem Schneebesen schlagen, damit keine Klümpchen entstehen. Weißwein angießen und die Suppe einmal kurz aufkochen und mit Salz und Cayennepfeffer würzen. Nun die Spargelstücke darin erhitzen und zum Schluß die Sahne unterziehen. Die Suppe mit Schnittlauch bestreut sofort servieren.

ARTISCHOCKEN-VORSPEISE

4 Artischocken
Saft einer Zitrone
Salz
3–4 EL Weißweinessig
2 EL Olivenöl
Sauce
100 g Butter
Saft einer Zitrone
6 EL Artischocken-Kochsud
¼ l süße Sahne
3 Eigelb
2 EL sehr feingehackte Petersilie

Die Stiele der gewaschenen Artischocken mit einem scharfen Messer abschneiden, die Schnittflächen sofort mit Zitronensaft beträufeln. In einem großen Topf gut einen Liter Wasser mit Salz, Essig und Öl erhitzen, die Artischocken hineinsetzen und zugedeckt ca. 30–45 Minuten (je nach Größe) garen. Die Artischocken abgießen, abtropfen lassen und mit einem Löffel oder spitzen Messer das Heu entfernen, dann warmhalten.
Für die Sauce die Butter in einem Topf bei schwacher Hitze schmelzen (nicht braun werden lassen). Anschließend Zitronensaft, Artischockensud und die Sahne unter die Butter ziehen, die Sauce einmal kurz aufwallen lassen, dann vom Herd nehmen und über einem heißen Wasserbad die vorher verquirlten Eigelb mit dem Schneebesen unterziehen. Die Sauce dabei cremig schlagen und im Wasserbad heiß halten. Vor dem Servieren die Petersilie unterrühren und die Sauce je nach Geschmack mit je einer Prise Salz und Muskat abschmecken.
Die Artischocken auf vier Teller verteilen, die Sauce entweder separat reichen oder die Artischocken damit umgießen.

SELLERIESTANGEN MIT KÄSEFÜLLUNG

1 Staude Stangensellerie
Saft einer halben Zitrone
2 Päckchen Frischkäse (z. B. Gervais)
Salz, Pfeffer
2 EL Grand Marnier
2 EL grobgehackte Walnüsse

Die Selleriestaude in einzelne Stangen zerlegen; das Blattgrün daranlassen. Die Stangen sehr gründlich waschen und mit Zitronensaft beträufeln. Frischkäse mit Salz, Pfeffer und Grand Marnier kräftig verrühren (möglichst mit den Rührstäben des Elektroquirls), dann in eine Spritztülle füllen und nun die Selleriestangen mit der Käsecreme füllen und mit den Nüssen bestreuen. Die gefüllten Stangen auf einer Servierplatte anrichten.

ITALIENISCHE FENCHEL-VORSPEISE

40 g Butter
3 Knoblauchzehen
100 g Champignons
2 Sardellenfilets
4 EL Weißwein
⅛ l süße Sahne
2 Eigelb
2 Fenchelknollen

Butter in einer Pfanne erhitzen, die geschälten, halbierten Knoblauchzehen darin goldbraun werden lassen und wieder herausnehmen. Feinblättrig geschnittene Champignons zugeben und kurz in der Knoblauchbutter bei kleiner Flamme anbraten; die Butter darf nicht allzu dunkel werden. Nun die Sardellenfilets in sehr feine Streifen schneiden, in die Butter geben, Weißwein angießen, kurz aufkochen lassen, die Sahne auffüllen und mit Eigelb legieren. Die Fenchelknollen waschen und in Streifen schneiden. Dann auf einer Platte anrichten und die Sauce getrennt zum Dippen reichen.

KARDY-VORSPEISE

1 Kardystaude (ca. 800 g)
Salz
Zitronensaft
frisch gemahlener Pfeffer
etwas Mehl
2 Eier
ca. ⅛ l Olivenöl
50–75 g frisch geriebener Parmesankäse

Die Kardystaude teilen, Blätter entfernen und eventuell vorhandene Fäden abziehen (wie bei Rhabarber); die Stiele waschen und in Salzwasser mit Zitronensaft ca. 15–20 Minuten kochen. Anschließend abtropfen lassen, in wenig Mehl und in den mit Salz und Pfeffer verquirlten Eiern wenden und auf Alufolie legen. Die Stiele mit reichlich Öl übergießen, mit Parmesan bestreuen und unter dem vorgeheizten Grill 8–10 Minuten garen.

Spargelcremesuppe
Kardy-Vorspeise
Italienische Fenchel-Vorspeise

ARTISCHOCKEN ALLA ROMANA

4 Artischocken
Salz
Zitronensaft
Olivenöl
2–3 Scheiben entrindetes Weißbrot
2 Knoblauchzehen
1 EL guter Weißweinessig
1 EL frische Minze

Die vorbereiteten Artischocken je nach Größe zwischen 35–45 Minuten in reichlich Wasser mit Salz, Zitronensaft und einem Schuß Öl garen. Dann mit einem Schaumlöffel aus der Brühe heben, abtropfen lassen und mit einem Löffel das Heu entfernen. Das Weißbrot zerkrümeln, mit den durchgepreßten Knoblauchzehen, etwas Essig, Salz und gehackter Minze mischen. Diese Masse in die Artischocken füllen. Die Artischocken nun in eine feuerfeste Form setzen, mit etwas Kochsud umgießen und mit reichlich Olivenöl beträufelt im vorgeheizten Backofen bei 220 Grad ca. 10 Minuten backen.
Dazu serviert man Käsewürfel (möglichst einen italienischen Käse, z. B. Bel Paese, Pecorino), eingelegte Oliven, hauchdünn geschnittene Salami und einen trockenen Orvieto.

STANGENSELLERIE MIT DIP

1 Staude Stangensellerie
Saft einer Zitrone
1 Beutel Mayonnaise oder 1 Becher
Crème fraîche
50 g geriebene Haselnüsse
30 g grob gehackte Haselnüsse
Salatblätter zum Garnieren

Die Selleriestaude in einzelne Stangen teilen (Blätter nicht entfernen), diese gründlich waschen und abgetropft in ein hohes Glas stellen.

Aus Zitronensaft, Mayonnaise oder Crème fraîche und den Nüssen einen cremigen Dip herstellen. Eine Glasschale mit Salatblättern auslegen, den Dip daraufüllen und zu den Selleriestangen reichen. Bei Tisch stippt nun jeder mit einer Selleriestange in die Tunke.

AVOCADO-KÄSE-DIP

2 Avocados
100 g Gorgonzola oder Bavaria-blue-Käse
1 Eigelb
¼ l saure Sahne
1 Prise Salz
1 Messerspitze Curry

Avocados schälen, entkernen und zusammen mit dem Käse pürieren, Eigelb und saure Sahne unterrühren, mit Salz und wenig Curry abschmecken.

Den Käse-Avocado-Dip kalt zu warmen Artischocken oder Selleriestangen servieren.

SCHNELLE TOMATEN-MAYONNAISE

2 EL Mayonnaise (gut gehäuft)
1 EL Tomatenmark
2 EL French Dressing (Fertigprodukt)
6 EL süße Sahne
Salz
frisch gemahlener schwarzer Pfeffer
1 Spritzer Tabasco

Mayonnaise, Tomatenmark, French Dressing, Sahne und die Gewürze gut miteinander verrühren.

Diese schnelle Sauce können Sie zu gekochten Artischocken servieren, zu Stangensellerie oder zu einem Fleischfondue.

SPANISCHE KNOBLAUCHSAUCE

4 Knoblauchzehen
1 TL Salz
ca. ⅛ l gutes Olivenöl
4 Eigelb
1 EL gehackte Petersilie
1 Prise Cayennepfeffer

Knoblauch schälen, halbieren und mit dem Salz zerdrücken. Das Knoblauchpüree mit Olivenöl und Eigelb unter kräftigem Schlagen zu einer cremigen Mayonnaise aufschlagen, dann die Petersilie unterziehen und mit Cayennepfeffer abschmecken.

Servieren Sie diese würzige Sauce zu warmen Artischocken.

Artischocken mit
verschiedenen Saucen
Spargel französische Art

SPARGEL FRANZÖSISCHE ART

1000 g Spargel
Salz
Zitronensaft
1 TL Butter
2 EL Mayonnaise
1 TL Dijonsenf
einige Estragonblättchen
⅛ l süße Sahne
1 Bund gehackte Petersilie

Den geputzten, geschälten Spargel in einem Sud aus Wasser, Salz, Zitronensaft und Butter in ca. 25 Minuten (je nach Stärke) kochen und im Sud erkalten lassen.
Inzwischen die Mayonnaise mit Senf, feingehacktem Estragon verrühren und die vorher steif geschlagene Sahne unterziehen. Den Spargel aus dem Sud nehmen und abgetropft auf einer Platte, mit Petersilie garniert, anrichten. Die Sauce getrennt dazu reichen.

Servieren Sie dazu rohen Schinken oder einen feinen Kalbsbraten und junge Kartoffeln.

PALMITO-FRÜHLINGSSALAT

1 kleine Dose Palmitos
1 Bund Radieschen
2 hartgekochte Eier
1 EL Oliven (mit Paprika gefüllt)
4 EL Öl
Saft von 1 Zitrone
Salz, Pfeffer
1 Prise Zucker
1 Bund Schnittlauch

Die gut abgetropften Palmitos in ca. 2 cm große Stücke schneiden und in eine Schüssel geben. Radieschen ganz lassen, feine Kerben einschneiden und zusammen mit den geachtelten Eiern und den in feine Scheiben geschnittenen Oliven zu dem Palmitos legen. Aus Öl, Zitronensaft und Gewürzen eine Marinade mischen, den in feine Röllchen gehackten Schnittlauch hineingeben

und die Marinade einige Minuten im Kühlschrank durchziehen lassen. Dann über den Palmitosalat gießen, alle Zutaten gut miteinander vermengen, sofort auftragen.

Noch pikanter schmeckt dieser Salat, wenn Sie die Schüssel vorher mit einer frischen Knoblauchzehe ausreiben.

ARTISCHOCKENHERZEN MIT DILLBUTTER

1 Glas Artischockenherzen
75 g Butter
1 Eigelb
1 TL Tomatenmark
Salz
1 Hauch Cayennepfeffer
1–2 Zweiglein Dill

Die Artischockenherzen über einem Sieb gut abtropfen lassen. Butter, Eigelb und Tomatenmark mit wenig Salz und Cayennepfeffer verrühren, die feingehackten Dillspitzen unterziehen und die cremige Butter auf die Artischockenherzen streichen.

Als Vorspeise mit geröstetem Weißbrot und je einer Scheibe Lachs reichen.

BAMBUSSPROSSEN-SALAT

½ Dose Bambussprossen
100 g Krabben
2 EL Ananaswürfel
1 grüne Paprikaschote
1 EL gehackte Petersilie
3 EL Öl
2 EL Weißwein
1 EL Sojasauce
1 Prise Ingwer
Salz, Pfeffer
Zucker

In einer Schüssel die abgetropften, in feine Streifen geschnittenen Bambussprossen, Krabben, grob gehackte Ananaswürfel und Paprikawürfel sowie feingehackte Petersilie mischen. Aus Öl, Weißwein, Sojasauce und den Gewürzen eine Marinade rühren, über die zerkleinerten Zutaten gießen, kräftig durchmischen und für 30–60 Minuten abgedeckt in den Kühlschrank stellen. Vor dem Servieren noch einmal gut durchrühren.

GEFÜLLTE ARTISCHOCKENBÖDEN

1 Dose Artischockenböden
2 kleine Portionen Frischkäse (z. B. Gervais)
1 Knoblauchzehe
1 Eigelb
6 EL süße Sahne
Salz, weißer Pfeffer
Paprika edelsüß
2 EL gehackte Petersilie oder Dill
2 EL eingelegter Tomatenpaprika

Die Artischockenböden über einem Sieb abtropfen lassen. Frischkäse mit der durchgepreßten Knoblauchzehe, Eigelb, Sahne und den Gewürzen und Kräutern zu einer pikanten Creme verrühren und diese mit einem Spritzbeutel

auf die Artischockenböden füllen. Die Artischockenböden z. B. auf grünen Salatblättern anrichten, mit Paprikastückchen umlegen und als Partyhappen oder als Vorspeise mit Knoblauchbrot und einem leichten Landrotwein servieren.

Palmito-Frühlingssalat
Bambussprossen-Salat
Gefüllte Artischockenböden

ARTISCHOCKEN TOSCANA

4–6 kleine Artischocken
Saft 1 Zitrone
Salz, Pfeffer
4 EL Olivenöl
4 Eier
2 Bund gehackte Petersilie
2 EL frisch geriebener Parmesankäse

Für dieses Rezept benötigt man ganz junge, kleine Artischocken, wie sie leider bisher nur sehr selten auf unseren Märkten zu haben sind.

Die Artischocken gründlich waschen, Stiele können, müssen aber nicht entfernt werden. Die Früchte halbieren, mit Zitronensaft beträufeln und mit Salz und wenig Pfeffer bestreuen. Das Olivenöl in einer Pfanne sehr heiß wer-

den lassen und die Artischocken rasch von allen Seiten anbraten. Dann kommen sie in eine feuerfeste Form und werden mit den mit Petersilie verquirlten Eiern übergossen. Parmesan gleichmäßig darüber streuen und die Artischocken bei 220 Grad im vorgeheizten Backrohr ca. 15 Minuten überbacken. Als Vorspeise reichen oder als delikate Beilage zu Kalbsteaks.

STANGENSELLERIE-SALAT »SPEZIAL«

1 Staude Stangensellerie
1 Apfel
1 rote Paprikaschote
1 EL Mandarinorangen (aus der Dose)
Marinade
3 EL Salatmayonnaise
2 EL Mandarinensaft
Salz
1 Prise Cayennepfeffer

Stangensellerie, Apfel und Paprikaschote gründlich waschen und putzen, den Sellerie in gleich große Stücke, den Apfel entkernt, aber mit Schale in Würfel schneiden, die Schote in Ringe oder Streifen. Alles in einer Salatschüssel mit den abgetropften Mandarinorangen mischen. Aus den Marinadenzutaten eine cremige Sauce aufschlagen und diese

mit dem Salat vermischen. Die Schüssel zugedeckt für kurze Zeit in den Kühlschrank stellen.
»Spezial-Salat« portionsweise in Dessertgläser füllen und eventuell mit ausgezackten Gurkenrädchen garniert als Vorspeise servieren.

PALMITO-SALAT MIT DILL-MAYONNAISE

1 Dose Palmitos
2 hartgekochte Eier
1 EL Mayonnaise
4–5 EL saure Sahne
1 Prise Cayennepfeffer
1 Bund gehackter Dill

Die Palmitos gut abtropfen lassen und in ca. 2 cm lange Stücke schneiden. Die Eier schälen und fein würfeln. Aus Mayonnaise, Sahne, einer Prise Cayenne und dem sehr fein gehackten Dill eine Sauce bereiten. Diese über die mit

den Eiwürfeln vermischten Palmitos gießen und alles gut vermischen. Den Salat einige Minuten durchziehen lassen und als appetitanregende Vorspeise reichen.

WALDORFSALAT MIT STANGENSELLERIE

4 Stangen Staudensellerie
3 Äpfel (z. B. Boskop)
4 EL Mayonnaise
2 EL süße Sahne
25 g Walnußkerne
einige Salatblätter
1 EL gehackter Schnittlauch

Die Selleriestangen putzen, waschen und in Sücke schneiden, die Äpfel vierteln, entkernen und ungeschält würfeln. Mayonnaise mit der Sahne in einer Schüssel verrühren, Sellerie, Apfelwürfel und die grob gehackten Nüsse dazugeben und alles gut vermischen.

Den Waldorfsalat auf Salatblättern anrichten und mit Schnittlauch bestreut servieren.

Rechts: *Spargelsalat »Gourmet«; Fenchelsalat Milano*
Unten: *Waldorfsalat mit Stangensellerie; Palmito-Salat mit Dill-Mayonnaise*

SPARGELSALAT »GOURMET«

750 g weißer Spargel
Salz
Zitronensaft
1 TL Butter
Marinade
6 EL Spargelsud
1 EL Kräuteressig
1 EL Orangensaft
1 Spritzer Wodka
Salz, Cayennepfeffer
2 EL gehackter Schnittlauch

Den gut geschälten, gewaschenen Spargel in Wasser mit Salz, Zitronensaft und Butter ca. 20 Minuten (je nach Stärke) garen und im Sud erkalten lassen. Für die Marinade Spargelsud und alle weiteren Zutaten mit dem Schneebesen kräftig verquirlen. Den Spargel abkühlen lassen und mit der Marinade übergossen bis zum Servieren mindestens eine Stunde durchziehen lassen.
Dieser Spargelsalat eignet sich als Vor-

speise oder festliche Beilage zu Kalbsmedaillons.
Die würzige, kalorienarme Marinade eignet sich auch für andere Gemüsesalate, wie z. B. Fenchel oder Sellerie.

FENCHELSALAT MILANO

2 Fenchelknollen
Zitronensaft
1 Apfel, 1 Orange
50 g roher Schinken
100 g Muscheln oder Krabben (aus dem Glas)
4 EL Olivenöl
1 Eigelb
1 Knoblauchzehe
Salz, Pfeffer

Die Fenchelknollen waschen, putzen und in dünne Streifen oder Ringe schneiden, die Röhren und das gefiederte Blattgrün zum Teil mitverwendet. Dann sofort mit Zitronensaft beträufeln. Den Fenchel in einer Schüssel mit Apfel- und Orangenstücken, dem feingeschnittenen Schinken und den abgetropften Muscheln oder Krabben vermengen. Aus Olivenöl, Eidotter, aus-

gepreßter Knoblauchzehe, Salz und Pfeffer eine pikante Sauce rühren, diese über den Fenchelsalat gießen und alles kräftig vermischen. Den Salat gut ½ Stunde abgedeckt im Kühlschrank durchziehen lassen.
Als Vorspeise oder als Beilage zu Fisch servieren.

SOJA-OMELETT

200 g Sojakeime
1 EL Butter oder Öl
100 g frische Champignons
Saft einer Zitrone
1 Zwiebel
6–8 Eier
1 Bund Petersilie oder andere Kräuter
Salz, Pfeffer
etwas Paprika edelsüß
Öl zum Ausbacken

Die frischen Sojasprossen in einen Topf geben, viel Wasser darübergießen und warten, bis die Spelzen an die Oberfläche steigen, so daß sie abgenommen werden können. In einer Pfanne die Butter oder das Öl erhitzen und die abgetropften Sojakeime sowie die in Scheiben geschnittenen und mit Zitronensaft beträufelten Champignons und die feingewürfelte Zwiebel darin anbraten und ca. fünf Minuten bei schwacher Hitze dünsten.

Währenddessen die Eier mit gehackten Kräutern, Salz, Pfeffer und Paprika verquirlen. In einer Pfanne Öl erhitzen und nacheinander vier Omeletts bak-

ken. Dazu gibt man je ein Viertel der Sojakeim-Champignon-Mischung und die entsprechende Portion Eiermischung in das Fett und läßt alles bei mittlerer Hitze stocken. Die jeweils fertigen Omeletts auf einer Platte warmhalten.

Frische Sojakeime schmecken übrigens auch sehr gut, wenn man sie zusammen mit geschnetzeltem Fleisch oder Rinderhackfleisch, gewürzt mit Sojasauce, schmort. Wenn Sie keine frischen Sprossen bekommen, greifen Sie ruhig zu Dosenware, die nur noch erwärmt werden muß.

GRIECHISCHER FENCHELSALAT

1 Fenchelknolle
Zitronensaft
300 g Tomaten
150 g roher Schinken
1 EL schwarze Oliven
1 kleine Zwiebel
Salz
Pfeffer
½ TL Oregano
4 EL Olivenöl

Die gewaschene, geputzte Fenchelknolle in Streifen, die Fenchelröhren in Ringe schneiden, in eine Schüssel geben und sofort mit Zitronensaft beträufeln. Dann mit geachtelten Tomaten, zerpflücktem Schinken, Oliven und der in feine Ringe geschnittenen Zwiebel vermischen. Salz, Pfeffer und Oregano über den Salat streuen, Olivenöl darübergießen, mit Salatlöffeln alles kräftig

durchmischen und sofort mit Fenchelgrün dekorieren servieren.

Griechischer Fenchelsalat schmeckt noch pikanter, wenn man die Schüssel vorher mit einer halbierten Knoblauchzehe ausreibt.

ÜBERBACKENE SPARGEL-SCHINKEN-ROLLEN

1 kg Stangenspargel
Salz, 1 Prise Zucker
1 TL Butter
300 g gekochter Schinken (in dicken Scheiben)
50 g geriebener Käse
Butterflöckchen zum Gratinieren
Sauce
40 g Butter
1 EL Mehl
¼ l Spargelsud
1 Eigelb
Salz, weißer Pfeffer
Muskat
Petersilie zum Garnieren

Die Spargelstangen von den Spitzen zu den Stielenden hin schälen, holzige Enden dabei abschneiden. ½ Liter Wasser mit Salz, Zucker und Butter aufkochen, die Spargelstangen hineingeben und ca. 10 Minuten kochen (sie dürfen nicht zu weich werden, da sie beim Überbacken noch nachgaren). In der Zwischenzeit für die Sauce die Butter in einem Topf schmelzen lassen, das Mehl einrühren und eine helle Schwitze bereiten. Den heißen Spargelsud angießen und einmal aufkochen lassen. Die Sauce vom Herd nehmen, mit dem Eigelb legieren und mit den Gewürzen abrunden. Nun den

gut abgetropften Spargel (ca. vier bis fünf Stangen pro Portion) auf dem Schinken verteilen und aufrollen. Die Rollen in eine gefettete, feuerfeste Form geben, mit der Sauce übergießen, den Käse darüber streuen und einige Butterflöckchen obenauf geben. Die Form in den vorgeheizten Backofen stellen und das Gericht bei 200 Grad ca. 20 Minuten überbacken. Die Rollen mit gehackter Petersilie garniert anrichten. Reichen Sie dazu warmes Stangenweißbrot und einen trockenen Weißwein.

SELLERIE-SALAT »FLAVIA«

1 Knoblauchzehe
1 Staude Stangensellerie
1 kleines Glas Artischockenherzen
1 EL schwarze Oliven
1 EL gehackte Petersilie
Marinade
3 EL Olivenöl
1 EL Zitronensaft
1 Spritzer Tabasco
½ TL Kräutersenf
1 Messerspitze Oregano
Salz

Mit der geschälten, halbierten Knoblauchzehe eine Salatschüssel kräftig ausreiben. Die Selleriestaude gut putzen, gründlich waschen und die Stangen in Streifchen schneiden. Sellerie, abgetropfte Artischockenherzen, Oliven und Petersilie in der Salatschüssel vermischen. Aus allen Zutaten für die Marinade eine pikante Sauce aufschlagen und diese über die Salatzutaten gießen und alles gut vermengen. Die Schüssel mit Folie abdecken und für mindestens

½ Stunde in den Kühlschrank stellen. Kurz vor dem Servieren den Salat nochmal kräftig durchmischen.
Flavia-Salat ist eine erfrischende Beilage zu Grillgerichten oder für ein kaltes Buffet geeignet. Dann sollte man ihn noch zusätzlich mit Eivierteln und Tomaten dekorieren.

Griechischer Fenchelsalat
Sellerie-Salat »Flavia«
Überbackene Spargel-Schinken-Rollen

ÜBERBACKENER STANGENSELLERIE

1 Staude Stangensellerie
½ l Fleischbrühe
150 g Tatar
1 Eigelb
je 50 g durchwachsener Speck und gekochter Schinken
2 EL Semmelbrösel
ca. 4 EL Tomatenketchup
⅛ l süße Sahne
Cayennepfeffer
einige Butterflöckchen
Petersiliensträußchen zum Garnieren

Stangensellerie waschen, einmal teilen, dabei die Spitzen und Wurzelenden wegschneiden, die Knolle aber nicht beschädigen. Die beiden Staudenhälften ca. 10 Minuten in kochender Fleischbrühe dünsten. Inzwischen Tatar, Eigelb, gewürfelten Speck und Schinken, Semmelbrösel und das sehr fein gehackte Selleriegrün zu einem Teig vermischen und diesen in die inzwischen gegarten, abgetropften Selleriehälften füllen. Aus Ketchup, Sahne, einer Prise Cayenne eine Sauce rühren. Die Selleriehälften in eine feuerfeste Form setzen, mit der Sauce übergießen, mit Butterflöckchen belegen und 15–20 Minuten bei 200 Grad im Ofen überbacken und dann sofort mit Petersilie garniert anrichten.
Mit körnig gekochtem Reis oder Stangenweißbrot servieren.

CHINATOPF MIT BAMBUSSPROSSEN

300 g Schweinefilet
1 kleiner Chinakohl
3–4 EL Erdnußöl
Salz, weißer Pfeffer
1 EL grob gehackte Haselnüsse
1 Dose Bambussprossen
3 EL Sojasauce
1 TL Curry
1 Prise Chilipulver
Zucker

Schweinefilet säubern, abtupfen und in sehr feine Scheiben schneiden, den Chinakohl putzen, waschen und in Streifen schneiden. Das Öl sehr heiß werden lassen und darin das Fleisch schnell rundherum anbraten, mit Salz und Pfeffer würzen und nun den Kohl dazugeben und mitbraten. Haselnüsse einstreuen und etwa 2 Eßlöffel der Bambussprossenbrühe zufügen und alles ca.

6–10 Minuten bei kleiner Flamme durchschmoren. Zum Schluß die zerkleinerten Bambussprossen mit erhitzen, alles mit Sojasauce, Curry, Chili und Zucker abschmecken, noch ein paar Minuten schwach köcheln lassen und dann sofort zu körnig gekochtem Reis servieren.

FESTLICHER SPARGELTOAST

500 g frisch gegarter Spargel (ersatzweise Dosenware)
4 Scheiben Kastenweißbrot
Butter zum Bestreichen
4 Scheiben gekochter Schinken
4 Scheiben junger Goudakäse
2 Tomaten
Salz
Pfeffer
Olivenöl
einige Blättchen frisches Basilikum (oder eine Prise getrocknetes)

Spargel im Sud erkalten lassen, dann gut abgetropft halbieren. Die Brotscheiben knusprig toasten und mit Butter bestreichen. Nun die Schinkenscheiben darauflegen, darüber die Spargelstücke und die Käsescheiben. Auf jeden Toast Tomatenscheiben anrichten, mit Salz und Pfeffer würzen, mit etwas Öl beträufeln und für einige Zeit unter den vorgeheizten Grill schieben, bis der Käse zu schmelzen beginnt. Die Toasts mit Basilikum garniert servieren.

Spargeltoast ist ein schnell zubereiteter Imbiß, wenn überraschend Gäste kommen.

SÜDLICHER FENCHELTOPF

2 Fenchelknollen
2 EL Butter
3 Knoblauchzehen
200 g frische Champignons oder Egerlinge
250 g Tomaten
¼ l Fleischbrühe
300–400 g Fischfilet (z. B. Kabeljau)
Salz, Pfeffer
1 EL Tomatenmark
1 TL Kräutersenf
1 EL süße Sahne
1 EL gehacktes Fenchelgrün

Die Fenchelknollen putzen, waschen, die Stiele entfernen und das junge Fenchelgrün beiseite legen. Die Knollen vierteln oder in grobe Stücke schneiden. Butter in einem Topf erhitzen, die geschälten, halbierten Knoblauchzehen kurz darin bräunen, dann herausnehmen und nun die blättrig geschnittenen Pilze, die gehäuteten, zerkleinerten Tomaten und die Fenchelstücke zugeben und in der Knoblauchbutter erhitzen, aber nicht bräunen. Die Fleischbrühe angießen und das gewürfelte Fischfilet untermengen. Alles mit Salz und Pfeffer würzen und den Fencheltopf bei ganz

milder Hitze in ca. 15 Minuten garen. Zum Schluß die mit Tomatenmark und Senf verrührte Sahne unter das Gericht ziehen und mit Fenchelgrün bestreut servieren.

Überbackener Stangensellerie
Chinatopf mit Bambussprossen
Südlicher Fencheltopf
Festlicher Spargeltoast

FENCHELGEMÜSE MIT KÄSESAUCE

3 mittelgroße Fenchelknollen
Saft einer Zitrone
¼ l Fleischbrühe
Salz, Pfeffer
1 Prise Zucker
1 Prise Koriander
150 g gekochter Schinken
125 g geriebener Emmentaler oder Parmesan
⅛ l süße Sahne
20 g Butter

Die gewaschenen, von Stielen und Blattgrün befreiten Fenchelknollen in grobe Stücke oder Streifen schneiden und mit Zitronensaft beträufeln. Fenchelgrün feinhacken und beiseite stellen. Die Fenchelstreifen in einer feuerfesten Kasserolle in der Fleischbrühe und den Gewürzen ca. 15 Minuten bei geringer Hitze dünsten.
Danach den gewürfelten Schinken und den Käse dazugeben und die Sahne unterziehen. Alles kurz aufwallen lassen, dabei kräftig rühren, damit sich der Käse auflöst. Das Gemüse mit dem Fenchelgrün bestreuen, die Butter in Flöckchen darauf verteilen und die Kasserolle für 2–3 Minuten unter den vorgeheizten Grill stellen.
Das Gericht mit Stangenweißbrot und einem leichten Weißwein servieren.

ARTISCHOCKEN MIT KRABBEN GEFÜLLT

4 Artischocken
1 EL Zitronensaft
Salz
3 EL Essig
1 EL Zitronensaft
1 EL Butter
1 knapper EL Mehl
⅛ l Artischockensud
100 g Krabben
1 kleine Dose Spargelspitzen
1 Eigelb
2 EL süße Sahne
Salz
etwas weißer Pfeffer
1 EL gehackter Dill

Die gewaschenen, entstielten Artischocken putzen, die Schnittflächen mit Zitronensaft einreiben und in reichlich Wasser mit Salz und Essig kochen. In einem Topf die Butter schmelzen, das Mehl einrühren und leicht anschwitzen lassen. Nun den Kochsud mit dem Schneebesen in die Mehlschwitze rühren, die Sauce einmal aufwallen lassen, dann Krabben und Spargelspitzen beifügen und die Sauce mit dem in Sahne angerührten Eigelb legieren und binden. Alles mit Salz und Pfeffer abschmecken und den gehackten Dill unterziehen. Die gegarten, vom Heu befreiten Artischocken mit der Krabben-Spargel-Creme füllen und sofort servieren.
Mit frischem Baguette ist dies eine festliche Vorspeise.

Rechts: *Ländliche Spargelplatte;
Gefüllte Kohlrabi*
Unten: *Artischocken mit Krabben gefüllt;
Fenchelgemüse mit Käsesauce*

GEFÜLLTE KOHLRABI

8 kleine Kohlrabi
Salz
2 Scheiben Weißbrot
1 Schuß Bier
250 g durchgedrehte Leber
150 g gekochter Schinken
Pfeffer
1 Prise Muskat
1 Prise Majoran
Sauce
1 EL Butter oder Margarine
1 EL Mehl
¼ l Fleischbrühe
2 TL Senf
1 Prise Zucker
⅛ l süße Sahne

Kohlrabi schälen, waschen und ca. 10 Minuten in Salzwasser kochen, herausnehmen, abtropfen und etwas abkühlen lassen. Von den Kohlrabi einen ca. 1 cm dicken Deckel abschneiden und die Knollen aushöhlen. Weißbrot mit etwas Bier übergießen, einweichen und ausdrücken. Mit durchgedrehter Leber und feingewiegtem Schinken sowie mit Salz, Pfeffer und einer kräftigen Prise Muskat und Majoran vermischen. Diese Farce in die Kohlrabi füllen, den abgeschnittenen Deckel aufsetzen und die Knollen in eine feuerfeste Form geben.
Für die Sauce die Butter in einem Topf

schmelzen, das Mehl hell darin anschwitzen, die Fleischbrühe auffüllen und mit dem Schneebesen kräftig durchschlagen, dann Senf, etwas Salz, eine Prise Zucker und Sahne zugeben, die Sauce aufwallen lassen und über die Kohlrabi gießen. Die Form mit Alufolie verschlossen in den vorgewärmten Backofen geben und die Kohlrabi ca. 40 Minuten bei 200 Grad garen.

LÄNDLICHE SPARGELPLATTE

1 kg weißer oder grüner Stangenspargel
Salz
1 EL Butter
1 TL Zitronensaft
Schinken-Rührei
200 g Bauernschinken
2 EL Öl
8 Eier
4 EL süße Sahne
1 Messerspitze Paprika (edelsüß)
Salz
1 Bund gehackte Petersilie

Den Spargel schälen, die holzigen Teile abschneiden und in Salzwasser mit Butter und Zitronensaft ca. 20 Minuten garen. Die Stangen dann aus dem Sud nehmen, gut abtropfen lassen und auf einer großen Platte angerichtet warmhalten.
Für das Schinken-Rührei zuerst den gewürfelten Schinken in Öl in einer großen Pfanne anbraten. Die Eier mit Sahne, Paprika, Salz und Petersilie verquirlen und die Masse über den Schinken

gießen und zu einem geschmeidigen Rührei stocken lassen. Das fertige Schinken-Rührei als einen opulenten Berg über die Spargelstangen türmen und gleich servieren.

KOHLRABI IN SAHNESAUCE

4–5 Kohlrabi
1 EL Butter
½ Zwiebel
Salz
1 Prise Cayennepfeffer
1 Messerspitze Zucker
¼ l süße Sahne
1 Bund Petersilie

Kohlrabi schälen, waschen und in feine Scheibchen schneiden. In einem Topf Butter zerlassen, die gewürfelte Zwiebel darin anbraten, Kohlrabi zugeben und im heißen Fett ca. 4–5 Minuten dünsten. ⅛ Liter Wasser angießen, mit Salz, Cayennepfeffer und etwas Zucker würzen und das Gemüse auf kleiner Flamme ca. 20 Minuten garen. Zum Schluß die Sahne und feingehackte Petersilie unterziehen.

Kohlrabi-Gemüse schmeckt als Beilage zu gebratenen Koteletts, zu Bratwurst oder Hackbraten.

SELLERIE-MAIS-GEMÜSE

½ Staude Stangensellerie
2 EL Pflanzenöl
3 Tomaten
⅛ l Fleischbrühe
1 kleine Dose Maiskörner
Salz, Pfeffer
1 Messerspitze Chilipulver
1 EL gehackte Petersilie

Den gut gewaschenen Stangensellerie in gleichmäßige Stücke schneiden und 7–8 Minuten in heißem Pflanzenöl an-braten. Die gewürfelten Tomaten zuge-ben, Fleischbrühe angießen und das Gemüse ca. 8 Minuten bei kleiner Hitze schmoren. Abgetropfte Maiskörner, Gewürze und Petersilie zufügen, alles gut durchrühren, nochmal aufkochen lassen und – wer es scharf mag – mit einem Hauch Cayennepfeffer würzen. Dieses Gemüse eignet sich als Beilage zu allen Bratenarten oder ist zusammen mit gebackenen Kartoffeln ein leichtes vegetarisches Hauptgericht.

GRATINIERTE KOHLRABI

5–6 junge Kohlrabi
1 Bund gehackte Petersilie
100 g gewürfelter Camembert
50 g Schinkenstreifen
1 EL Butter
¼ l Milch
Salz
Muskat

Kohlrabi schälen und in feine Scheiben oder Stücke schneiden, dann in einer feuerfesten Kasserolle mit Petersilie, Camembert und Schinken vermischen und mit der geschmolzenen Butter be-träufeln. Das Gemüse mit Salz und Muskat würzen, die erwärmte Milch darüber gießen und im vorgeheizten Ofen bei 220 Grad ca. 30 Minuten über-backen, bis die Kohlrabi gar sind.
Dieser Kohlrabi-Gratin ist fast schon eine Hauptmahlzeit, paßt aber auch als Beilage (dann für 6 Personen), z.B. zu kurzgebratenem Fleisch oder zu Brat-würstchen.

ÜBERBACKENER FENCHEL

2 große Fenchelknollen
50 g Butter
gut ⅛ l Fleischbrühe
1 EL Zitronensaft
Salz
frisch gemahlener schwarzer Pfeffer
2 EL geriebener Parmesankäse

Überbackener Fenchel
Sellerie-Mais-Gemüse
Bambussprossen-Broccoli-Gemüse
Gratinierte Kohlrabi

Die geputzten, gewaschenen Fenchel-knollen der Länge nach vierteln. Die Butter in einer schweren Pfanne schmelzen lassen und darin die Fenchel-viertel unter vorsichtigem Wenden an-schmoren, bis sie rundum mit Butter überzogen sind.
Die Fenchelviertel nun in eine ofen-feste Form geben, mit der Brühe und dem Zitronensaft übergießen, mit Salz und Pfeffer bestreuen und zugedeckt im vorgeheizten Ofen bei 180 Grad 35–40 Minuten backen. Danach den Fenchel mit Parmesan bestreuen und offen unter dem Grill goldbraun überbacken.

BAMBUSSPROSSEN-BROCCOLI-GEMÜSE

500 g Broccoli
1 Zwiebel
½ Dose Bambussprossen
3–4 EL Öl
Salz, Cayennepfeffer
1 Prise Glutamat
1 Prise Zimt
2 Eigelb
2 EL süße Sahne
1 Spritzer Tabasco

Broccoli putzen, waschen und in Rös-chen teilen, die Stiele schälen und grob würfeln. Die Zwiebeln fein würfeln, Bambussprossen abtropfen lassen und in schmale Streifen schneiden. Das Öl erhitzen und darin Broccoli, Zwiebel und Bambussprossen anbraten, etwas Bambussprossenbrühe aus der Dose an-gießen und das Gemüse mit Salz, Pfef-fer, Glutamat und Zimt würzen und bei kleiner Flamme ca. 15 Minuten dün-sten. Eigelb mit der Sahne und etwas Tabasco verquirlen und unter das heiße, nicht mehr kochende Gemüse ziehen. Dies ist eine außergewöhnliche Beilage zu feinen Kalbfleisch- oder Fischge-richten.

FENCHEL IN WEINSAUCE

2–3 große Fenchelknollen
4 EL Olivenöl
2 Knoblauchzehen
3 Tomaten
¼ l Fleischbrühe
¼ l Weißwein
1 Lorbeerblatt
3 Pfefferkörner
Salz, Zucker
1 Messerspitze Paprikapulver
2 EL gehackte Petersilie
1 TL Speisestärke

Fenchelknollen von den Stielen befreien und nach gründlichem Putzen und Waschen in Viertel schneiden. Olivenöl erhitzen, die Knoblauchzehen darin goldgelb braten, dann herausnehmen. Fenchelviertel und Tomatenachtel sowie Lorbeerblatt und Pfefferkörner zugeben, mit Salz und Zucker würzen. Nun die Brühe und den Wein angießen. Das Fenchel-Tomaten-Gemüse 15–20 Minuten auf kleiner Flamme dünsten. Mit Paprika abschmecken, grobgehackte

Petersilie darüberstreuen und die Weinsauce mit der in wenig Wasser angerührten Speisestärke binden. Alles unter Rühren noch 1–2 Minuten kochen. Fenchelgemüse in Weinsauce paßt gut zu Fischgerichten.

GRATINIERTER STANGENSELLERIE

1 Staude Stangensellerie
50 g Butter
Salz
frisch gemahlener Pfeffer
100 g geriebener Pecorino- oder Parmesankäse

Das Blattgrün von den Stangen schneiden und sehr fein hacken. Die Selleriestaude teilen, die Stangen waschen und in ca. 4–6 cm lange Stücke teilen. Diese in der Butter ca. 15 Minuten dünsten und mit Salz und Pfeffer würzen. Danach den Sellerie in eine feuerfeste Form

füllen, mit dem Selleriegrün und dem Käse bestreuen und bei starker Oberhitze im Backofen oder unter dem Grill ca. 10 Minuten gratinieren.
Gratinierten Sellerie können Sie als Beilage zu Fischgerichten oder zu Kalbsbraten reichen.

GEBACKENE FENCHELSCHEIBEN

2 Fenchelknollen
Saft 1 Zitrone
2 EL Mehl
2 Eier
Salz, Muskat
50 g Semmelbrösel
Öl zum Ausbacken
Sauce
2 EL Mayonnaise
⅛ l saure Sahne
1 Prise Salz
1 Prise Currypulver

Die gereinigten, gründlich gewaschenen Fenchelknollen von den Stielen und dem Blattgrün befreien und der Länge nach in ½ cm dicke Scheiben schneiden. Sofort mit etwas Zitronensaft beträufeln. Die Fenchelscheiben erst in Mehl, danach in mit Salz und etwas Muskat verschlagenen Eiern und zuletzt in den Semmelbröseln wälzen. Von beiden Seiten in einer Pfanne mit erhitztem Öl goldbraun backen.
Für die Sauce die Mayonnaise mit der

Sahne verrühren und mit Salz und Curry würzen. Die gebackenen Fenchelscheiben sofort servieren; die Sauce getrennt dazu reichen.
Gebackene Fenchelscheiben kann man als Vorspeise, als Zwischenimbiß oder mit Schinken oder Käse kombiniert als kleines Abendessen servieren.

SPARGEL MIT SAHNESAUCE

750–1000 g Spargel
20 g Butter
½ TL Salz
1 TL Zucker
Sauce
⅛ l Spargelsud
30 g Butter
1 TL Speisestärke
2 Eigelb
⅛ l süße Sahne
1 EL Zitronensaft
1 Prise Muskat
Salz

Spargelstangen von den Köpfen her schälen, holzige Enden entfernen, waschen und in einer Mischung aus Wasser, Butter, Salz und Zucker bei schwacher Hitze ca. 25 Minuten kochen.
Für die Sauce Spargelsud, Butter und die in wenig Wasser angerührte Speisestärke unter ständigem Rühren zum Kochen bringen. Topf vom Herd nehmen und die mit Eigelb verquirlte Sahne unterziehen. Mit Zitronensaft, Muskat und Salz abschmecken. Den gegarten Spargel abtropfen lassen und mit der Sahnesauce übergießen oder die Sauce getrennt dazu reichen.
Als Beilage zu Filetsteaks oder rohem Schinken reichen.

Noch gehaltvoller wird die Sauce, wenn man den Spargelsud durch Milch ersetzt.

Spargel mit Sahnesauce
Gebackene Fenchelscheiben
Fenchel in Weinsauce
Gratinierter Stangensellerie

Pilze

Pilze scheinen wie von Zauberhand buchstäblich über Nacht zu
wachsen – unter Bäumen, auf Feldern und an ganz unvermuteten
Stellen, die nur dunkel und feucht sein müssen. Mit etwas Glück kann
man auch heute noch im Spätsommer und Herbst selbst Pilze sammeln,
aber der Markt wird ausreichend mit Zuchtpilzen versorgt. In großem
Umfang gezüchtet werden Champignons und Egerlinge – die kleinen sind ideal
zum Kochen, Braten und Rohessen, während sich die größeren hervorragend zum
Schmoren und Füllen eignen. Zu den leider raren, aber für die feine Küche
unentbehrlichen Sorten gehören Pfifferlinge, Steinpilze, Morcheln und die
kostbaren Trüffeln. Alle Arten gibt es frisch, getrocknet oder konserviert. Ihr exquisites Aroma rechtfertigt den oft sehr hohen Preis und
auch in kleinen Mengen geben diese Delikateßpilze einfacheren
Gerichten eine besondere Note.

Wald- und Zuchtpilze

HERKUNFT: Pilze gehören zu den Sporengewächsen und deshalb zu den ältesten Pflanzen der Welt. Früher, zur Zeit der großen Wälder und Wiesenflächen, waren Pilze weitverbreitet. Daß freiwachsende Pilze heute eine Rarität geworden sind, liegt am starken Rückgang von Wäldern und Wiesen, aber auch an Umweltschädigungen und profitgierigen oder unwissenden Pilzsammlern, die durch Übersammeln oder unsachgemäßes Ab- und Ausreißen der Pilze ihren Bestand dezimiert haben.

Pilze sind geschichts- und sagenträchtig. In vielen Märchen kommen sie vor, und in der Geschichte der römischen Kaiser spielen sie eine allbekannte Rolle: Kaiser Claudius wurde von seiner Gemahlin Agrippina mit giftigen Pilzen ermordet, und die Angst seiner Nachfolger vor Pilzen wurde sprichwörtlich. Es gibt mehr als 250 Arten eßbarer Pilze von unterschiedlichem Aussehen, Geschmack, Nährwert und Beschaffenheit. Man unterscheidet sie in Edel- und sonstige Speisepilze. Zu den Edelpilzen rechnet man die Steinpilze, Pfifferlinge, Wiesenchampignons, Zuchtchampignons, Austernpilze, Morcheln und Trüffeln. Unter den sonstigen Speisepilzen sind besonders bekannt und beliebt die Reizker, Maronenröhrlinge, Birkenpilze, Rotkappen, Hallimasch und Butterpilze.

ANBAU UND SAISON: Champignons und Egerlinge werden in klimageregelten Anzuchträumen kultiviert. Die Bundesrepublik kann einen Großteil des Frischpilzbedarfs ganzjährig selbst decken. Zusätzlich importieren wir aus den Beneluxländern, Frankreich und Polen. Frische Wald- und Wiesenpilze gibt es von Juni bis Anfang Oktober auf den Märkten zu kaufen, die meisten Sorten regelmäßig nur im Juli und August.

EINKAUF BZW. SAMMELN: Wald- und Wiesenpilze möglichst nur in kontrollierten Läden, an entsprechend ausgeschilderten Ständen und Märkten kaufen. Darauf achten, daß die Pilze frisch sind, d. h. sie müssen helle Schnitt- oder Bruchflächen und eine trockene Haut aufweisen. Angegangene oder gar feuchte Pilze lohnen den Kauf nicht. Sie haben sich oft schon zersetzt, bis man sie nachhause bringt.

Champignons und Egerlinge werden meist lose oder abgepackt angeboten. Die Größe der Pilze sagt nichts über ihre Güte aus. Wichtig ist, daß die Champignons weiße und geschlossene Köpfe haben.

PFIFFERLINGE

MORCHEL

WIESENCHAMPIGNON

Wer selbst Wald- und Wiesenpilze sammelt, sollte grundsätzlich ein Taschenmesser bei sich führen, damit er die Pilze am Stiel, kurz über dem Wald- oder Wiesenboden, abschneiden kann. Pilze sind druckempfindlich, weshalb man sie behutsam nebeneinander und übereinander schichtet; sie sind außerdem luftbedürftig und werden daher am besten in Flecht- oder Spankörbchen befördert. Plastiktüten eignen sich nicht, weil sich Pilze darin rasch zersetzen.

ZUBEREITUNG: Pilze immer so rasch wie möglich verarbeiten, da sie leicht verderben und stündlich an Aroma verlieren.

Beim Putzen von Pilzen entfernt man Waldboden, Sand und Tannennadeln; man schneidet sie durch, um sie auf Maden und Würmer zu prüfen. Bei den Schwammpilzen wie Steinpilz, Birkenpilz u. a. muß man nur alte, dunkelgrüne Schwämme ausschneiden. Die jungen, festen Schwämme können mitgegessen werden. – *Bei selbstgesammelten Pilzen immer prüfen, ob sie auch wirklich eßbar sind! Im Zweifelsfall nicht essen!*

Wichtig beim Zubereiten aller Pilze ist, daß man sie nicht ihres Eigengeschmacks beraubt. Deshalb äußerst sparsam mit Gewürzen umgehen! – Alle feinen Sorten schneidet man in Scheiben und dünstet sie mit Butter im eigenen Saft, gibt Salz und Petersilie zu, eventuell einen Hauch frischen Knoblauch. Reizker, Maronen und Pfifferlinge schmecken auch sehr gut mit Speck- und Zwiebelwürfeln gebraten, als Ragouts, Saucen, Suppen, kombiniert mit Fleisch oder Eiern.

Zuchtchampignons und Egerlinge müssen nach dem Putzen sofort mit Zitronensaft beträufelt werden, damit sie (auch beim Garen) ihre weiße Farbe behalten. Man kann sie roh, mariniert mit diversen Saucen, als Salat essen, was besonders Linienbewußten empfohlen sei oder in Butter mit viel Petersilie dünsten, als Gemüse, Suppe, Soufflè, für Eintöpfe, zahlreiche Gemüsekombinationen, als Sauce, Beilage, gefüllt, glaciert und für Pastetchen verwenden. Pilze benötigen je nach Sorte 12–25 Minuten zum Garen.

Der *Austernpilz* gilt als der König der Zuchtpilze. Er schmeckt weit aromatischer und viel feiner als der Champignon und es entsteht kaum Abfall. Dieser Pilz ist so zart und delikat, daß er nur wenige Minuten in Butter gedünstet wird und mit etwas Salz, Pfeffer und frischer Petersilie gewürzt ein schnelles und köstliches Pilzgericht abgibt.

Wichtig: Pilzgerichte darf man niemals aufwärmen (Vergiftungsgefahr!).

Pilze kann man am besten durch Dörren haltbar machen. Hierzu werden sie gründlich geputzt, in Scheiben oder Stücke geschnitten, dann auf Schnüre gezogen und bei trockener Witterung (auf keinen Fall direktem Sonnenlicht

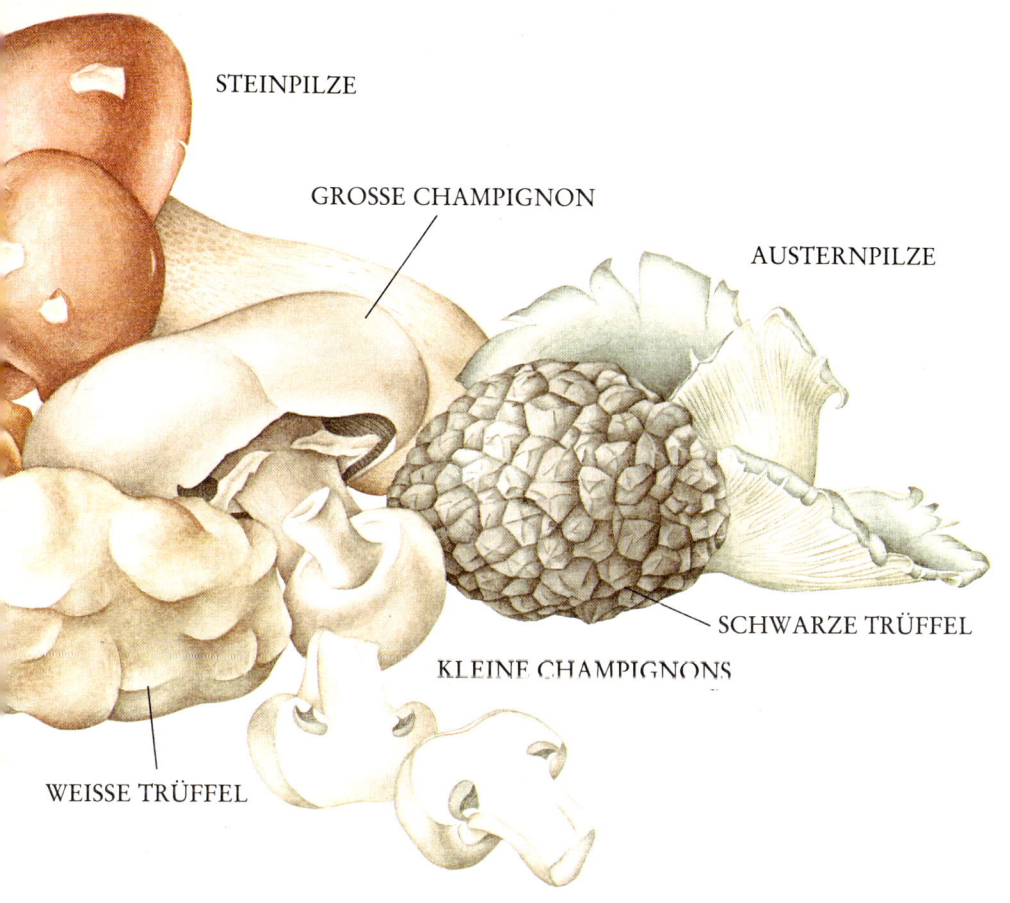

STEINPILZE

GROSSE CHAMPIGNON

AUSTERNPILZE

SCHWARZE TRÜFFEL

KLEINE CHAMPIGNONS

WEISSE TRÜFFEL

aussetzen) an einem luftigen Ort getrocknet. Nach vier bis sechs Tagen Dörrzeit werden sie im Backofen bei kleinster Stufe und offener Tür ca. 40–60 Minuten fertig getrocknet und dann in Gläser oder Dosen gefüllt und luftdicht verschlossen aufbewahrt. Getrocknete Pilze geben jedem Fleischgericht oder Saucen ein herrliches Pilzaroma.

NÄHRWERT: Pilze haben einen hohen Wasser- und Eiweißgehalt, weshalb sie sich auch so rasch zersetzen; sie haben kaum Vitamine (etwas C und D), aber viel wertvolle Minerale und Salze.
Alle Pilze gelten als kalorienarm: der Wert differiert zwischen 15–30 Kalorien/65–128 Joule pro 100 g.

Morcheln

HERKUNFT: Morcheln – bot. *Morchella esculenta* – gehören zur Gattung der Schlauchpilze. Dieser aromatische Pilz hat einen braunen, schwammähnlichen Hut, in dessen kleinen Löchern sich die Sporen bilden. Morcheln wachsen nur noch vereinzelt im Frühling und Frühsommer in Waldlichtungen. Man kann sie jedoch in Feinkostläden getrocknet und konserviert erhalten.

EINKAUF: Vorwiegend sind konservierte Chinesische Morcheln, die meist unter der Bezeichnung *Mu-err* in

Feinkostgeschäften und in den Exotikabteilungen der Kaufhäuser angeboten werden, im Handel. Chinesische Morcheln sind teuer, aber ergiebig, und man kann angebrochene Packungen über viele Monate aufbewahren, wenn man die getrockneten Pilze gutverschlossen und trocken lagert.

ZUBEREITUNG: Getrocknete Morcheln werden vor der Zubereitung ca. 45–60 Minuten in warmem Wasser eingeweicht. Sie schmecken besonders gut in Suppen, Eintöpfen, an Gemüse- und Fleischgerichten, an Saucen und an Reis. Zu vielen ostasiatischen Gerichten werden sie reichlich verwendet.

NÄHRWERT: Morcheln werden hauptsächlich wegen ihres köstlichen Aromas geschätzt. 100 g entsprechen etwa 12 Kalorien/51 Joule.

Trüffeln

HERKUNFT: Trüffeln sind Pilze, die nur unter der Erde (ca. 10 bis 30 cm, gelegentlich bis zu 100 cm tief) in Kalkböden zwischen Eichenwurzeln (sehr selten auch zwischen Ahornwurzeln) wachsen und nur mit Hilfe von spürsinnigen Schweinen oder dazu abgerichteten Hunden gefunden werden können. Trotz zahlreicher Versuche ist es noch nicht gelungen, Trüffeln zu züchten. Die bekanntesten und begehrtesten

Exemplare dieses Edelpilzes sind die schwarzen Trüffeln – bot. *Tuber melanosporum –*, auch Pérgord-Trüffeln genannt. Weiße Trüffeln – bot. *Tuber magnatum –*, auch Piemont-Trüffeln genannt, mit ihren meerrettichfarbenen Knollen sind extrem rar und deshalb ganz besonders teuer.

ANBAU: International begehrt und für den Handel interessant sind Trüffeln aus Frankreich (berühmteste Liefergegend ist das Périgord) und Italien, wo sie in der Gegend von Spoleto und Norcia gefunden werden.

EINKAUF: Frische Trüffeln werden nur selten und nur in exklusiven Feinkostläden gehandelt, beginnend mit 50-g-Portionen. Konservierte Trüffeln kann man in 25-g-, 50-g- oder 100-g-Gläsern und Dosen kaufen und zwar in folgenden Kategorien: brossées (gebürstet und als ganze Pilze), en morceaux (in Stücken oder Scheiben) pelées (geschält).

ZUBEREITUNG: Frische Trüffeln sollte man einige Stunden in kaltes Wasser legen, danach werden sie gründlich gewaschen, abgebürstet und hauchdünn geschält. Die Trüffelschalen kann man, mit etwas Salz zerstampft, als Würzmittel für feine Saucen, an Fleisch, Fisch oder Geflügel geben.
Weiße Trüffeln kann man roh über italienische Pastagerichte oder Eierspeisen hauchdünn hobeln. So kommt ihr Aroma am besten zur Geltung.
Ganze Trüffeln werden gerne in Kognak oder Armagnac mariniert oder mit Speck umwickelt und in Folie in noch heißer Holzkohlenasche gebacken oder kurz in Wein gesotten und in Blätter- oder Pastetenteig eingebacken. In Scheiben geschnittene Trüffeln reicht man als Trüffelrührei oder Trüffelomelett, in ausgefallenen Ragouts, an erlesenen Salaten. Für Pasteten und Suppen verwendet man meist konservierte Trüffeln, die in Gläsern oder Dosen angeboten werden. Als internationale Spezialität gelten »Trüffeln Walterspiel« und eine von Starkoch Paul Bocuse kreierte Trüffelsuppe, die in einer Terrine mit Blätterteighaube serviert wird.

NÄHRWERT: 100 g Trüffeln haben etwa 21 Kalorien/88 Joule.

179

CHAMPAGNER-TRÜFFELN

4–6 frische Trüffeln
¼ l trockener Champagner
2 Scheiben Blätterteig
4–6 Scheiben hauchdünner Speck
1 Eigelb

Die Trüffeln säubern, hauchdünn schälen (die Schalen z. B. für Saucen mit Salz zerdrückt in einem Schraubglas aufbewahren) und ca. 20 Minuten bei kleiner Flamme im Champagner dünsten. Inzwischen die aufgetauten Blätterteigscheiben hauchdünn ausrollen und mit einem Förmchen oder dem Teigrädchen Sterne ausstechen. Die gedünsteten, abgetropften Trüffeln mit je einer hauchdünnen Scheibe Speck umwickeln und die Blätterteigsterne so darum falten, daß die Zacken an einer Seite als Ver-

schluß zusammengreifen. Den Teig mit Eigelb (eventuell mit etwas Sahne verquirlen) bestreichen und die Champagner-Trüffeln auf einem mit kaltem Wasser abgespülten Backblech im vorgeheizten Backrohr bei 220 Grad ca. 20 Minuten goldgelb backen.
Champagner-Trüffeln sind eine extravagante Vorspeise für 4–6 Personen. Servieren Sie sie mit einem trockenen Champagner.

MORCHELSUPPE

2–3 EL getrocknete Morcheln
1 ½ EL Butter
2 EL gehackte Petersilie
¾ l kräftige Hühnerbrühe
1 knapper EL Langkornreis
1 Prise Cayennepfeffer

Die Morcheln mindestens 30 Minuten in lauwarmem Wasser einweichen. Die Butter in einem Topf schmelzen lassen und darin die Petersilie schwenken. Nun die Hühnerbrühe angießen und die Morcheln mit dem Einweichwasser und dem Reis dazugeben. Alles ca. 20 Minuten auf kleiner Flamme kochen, bis der Reis ausgequollen ist. Die Suppe mit einem Hauch Cayennepfeffer abschmecken und auf vier vorgewärmte Suppentassen verteilen. Sofort servieren.

Marinierte Champignons
Champagner-Trüffeln
Champignons-Spießchen

WALDPILZ-SUPPE

500–700 g frische Waldpilze (z. B. Maronen, Steinpilze o. ä.)
1 EL Butter
½ gewürfelte Zwiebel
1 Kästchen Kresse
½ Knoblauchzehe
knapp 1 l Fleischbrühe
2 Eigelb
2 EL süße Sahne
1 EL gehackte Petersilie

Die Pilze säubern, in Scheiben schneiden und in einem Topf in der heißen Butter zusammen mit der Zwiebel anbraten, dann geschnittene Kresse und durchgepreßten Knoblauch dazugeben, die Fleischbrühe angießen und die Suppe bei kleiner Flamme ca. 20 Minuten köcheln. Die Suppe vom Herd nehmen, Sahne und Eigelb einrühren und sofort mit Petersilie bestreut servieren.

CHAMPIGNONS-SPIESSCHEN

300–400 g gleichgroße Champignons
oder Egerlinge
Saft 1 Zitrone
4 EL Sherry
ca. 200 g Putenleber
frisch gemahlener Pfeffer
einige frische Salbeiblätter
100 g durchwachsene Speckstreifen
1 Zwiebel
Olivenöl zum Bestreichen
Salz

Champignons oder Egerlinge von den Stielen befreien (diese anderweitig verwenden) und die Köpfe säubern. Sofort mit Zitronensaft und Sherry beträufeln und einige Minuten marinieren lassen. Die Putenleber säubern und in gleich große Streifen oder Würfel schneiden, pfeffern und mit Salbeiblättern belegen (oder mit zerriebenem getrocknete Salbei bestreuen). Nun vier Holzspieße abwechselnd mit Pilzköpfen, Zwiebelringen, Speckstreifchen und Putenleber bestücken, diese mit reichlich Olivenöl beträufeln und unter dem Grill ca. 8 Minuten braten. Sofort mit wenig Salz bestreut servieren.
Reichen Sie dazu eine gute Fertigsauce und einen frischen Salat.

MARINIERTE CHAMPIGNONS

500 g Champignons
1 EL Butter
Saft ½ Zitrone
⅛ l Rotwein
2 Knoblauchzehen
Salz
1 Lorbeerblatt
frisch gemahlener Pfeffer
1 Prise Piment
gehackte Petersilie zum Garnieren

Die Champignons putzen, kurz waschen und im Ganzen in der geschmolzenen Butter schwenken. Nun mit Zitronensaft beträufeln, den Rotwein angießen, die mit Salz zerquetschten Knoblauchzehen und die Gewürze dazugeben und einmal aufkochen lassen.

Die Champignons mit Sud in eine Schüssel füllen (Lorbeerblatt entfernen) und im Kühlschrank ca. 2–3 Stunden durchziehen lassen.
Vor dem Servieren die Pilze mit Petersilie bestreuen und als Bestandteil eines Vorspeisenbuffets reichen.

GEBACKENE PILZE

700 g Steinpilze oder Maronen
1 Ei und 1 Eigelb
½ EL sehr feingehackte Petersilie
Salz, Pfeffer
2–3 EL feine Semmelbrösel
3 EL Butter
1 Knoblauchzehe

Die Pilze säubern und in große Scheiben schneiden. Ei, Eigelb, Petersilie sowie Salz und wenig Pfeffer verquirlen, die Pilzscheiben darin wenden und anschließend mit den Semmelbröseln panieren. Die Panade gut andrücken. Die Butter in einer Pfanne schmelzen lassen, zuerst die geschälte Knoblauchzehe kurz darin goldbraun braten, dann entfernen und nun die Pilzscheiben in der Butter bei milder Hitze auf beiden Seiten goldgelb backen. Anschließend auf Küchenkrepp entfetten und sofort z.B. mit einer Kräutermayonnaise als Vorspeise servieren oder als Beilage zu gegrilltem Fleisch oder Geflügel.

GEFÜLLTE CHAMPIGNONKÖPFE

750–1000 g große Champignons
Zitronensaft
1 kleines Glas gewürfelte Karotten
⅛ l Fleischbrühe
1 EL Butter
1 EL Mehl
Salz, Pfeffer
1 Prise Muskat
1 Prise Curry
100 g Krabben
200 g gekochter Schinken
1 rote Paprikaschote
100 g Butterkäse
100 g geriebener Parmesankäse
einige Butterflöckchen

Von den Champignons die Stiele entfernen, Köpfe und Stiele säubern und sofort mit Zitronensaft beträufeln. Die Köpfe mit der Höhlung nach oben in eine leicht gefettete, feuerfeste Form setzen, die Stiele sehr fein hacken und beiseite stellen. Karotten mit der Flüssigkeit und der Fleischbrühe in einen Topf geben und einige Minuten kochen. Anschließend abgießen und die Brühe auffangen. Nun die Butter in einem Topf erhitzen, das Mehl einrühren und die Brühe mit dem Schneebesen einschlagen. Die Sauce mit Salz, Pfeffer, Muskat und Curry würzen, dann die Karottenwürfel, Krabben, den gewürfelten Schinken und Käse sowie die in kleine Stücke geteilte Paprikaschote und die gehackten Pilzstiele in die Sauce geben und alles kurz aufkochen lassen; die Mischung sollte möglichst dickflüssig sein. Diese Farce in die Pilzköpfe füllen (verbleibende Farce zwischen die Pilze geben), mit Parmesan und Butterflöckchen bestreuen und im Backofen bei 220 Grad ca. 12 Minuten überbacken.

Gefüllte Champignonköpfe sind eine festliche Vorspeise oder ein bekömmliches, leichtes Abendessen.

SALAT AUS ROHEN CHAMPIGNONS

250–300 g Champignons
Zitronensaft
2 EL Cornichons
200 g Tomaten
4–5 EL Olivenöl
1 Knoblauchzehe
Salz
frisch gemahlener schwarzer Pfeffer
1 Prise Zucker
gehackte Petersilie

Die gut gesäuberten Champignons in sehr feine Scheiben schneiden oder hobeln und sofort in einer Schüssel mit Zitronensaft beträufeln, damit sie sich nicht verfärben. Dann die in feine Scheibchen geschnittenen Cornichons und die gewürfelten Tomaten unter die Pilze mischen. Olivenöl mit der durchgepreßten Knoblauchzehe, Salz, Pfeffer und Zucker verrühren und diese Marinade mit den Salatzutaten vermischen. Den Salat einige Zeit durchziehen lassen, eventuell mit Zitronensaft nachwürzen und mit Petersilie bestreut servieren.

Champignonsalat ist eine delikate Beilage zu gegrillten Lammkoteletts oder mit Baguette eine leichte Vorspeise.

PILZPFANNE

800–1000 g frische Pilze (z. B. Pfifferlinge, Steinpilze oder Maronen)
30 g Butter
75 g durchwachsene Speckwürfel
Salz
frisch gemahlener Pfeffer
2 EL gehackte Petersilie
⅛ l süße Sahne
1 Ei und 1 Eigelb

Die Pilze gründlich säubern und in Scheiben schneiden bzw. etwas zerkleinern. Die Butter in einer Pfanne schmelzen lassen, erst den Speck darin anbraten, dann die Pilze dazugeben und ca. 15 Minuten schmoren. Alles mit Salz und Pfeffer würzen und die Hälfte der Petersilie untermischen. Die Sahne mit Ei und Eigelb verquirlen und kurz vor dem Servieren unter die Pilze ziehen. Die Pilzpfanne mit der restlichen Petersilie bestreut sofort auftragen.

Servieren Sie dazu Butterkartoffeln oder knuspriges Weißbrot.

Salat aus rohen Champignons
Gefüllte Champignonköpfe
Pilzpfanne

PFIFFERLINGSRAGOUT

750–1000 g Pfifferlinge
1–½ EL Butter
50 g durchwachsene Speckwürfel
1 EL Mehl
⅛ l Fleischbrühe
4 EL trockener Weißwein
Salz
frisch gemahlener weißer Pfeffer
1 Bund gehackte Petersilie

Die Pfifferlinge gründlich putzen, kleine ganz lassen, größere Exemplare teilen. Die Butter in einem Topf schmelzen, erst die Speckwürfel kurz anbraten, dann die Pfifferlinge dazugeben, etwas anschmoren und mit Mehl bestäuben. Nun Fleischbrühe und Wein angießen, alles gut durchrühren und mit Salz und Pfeffer würzen. Das Ragout bei kleiner Hitze ca. 15 Minuten dünsten. Zum Schluß die Petersilie unterziehen und das Ragout z.B. in einem Reisring auftragen.

CHAMPIGNON-HÄHNCHEN

1 großes Brathähnchen oder eine
Poularde
Salz
Pfeffer
Paprikapulver
frischer Thymian
3 EL Olivenöl
400 g Champignons
Estragonblätter
½ Zwiebel
¼ l Hühnerbrühe
¼ l süße Sahne
1 Gläschen Cognac
Cayennepfeffer nach Belieben

Hähnchen oder Poularde waschen, trockentupfen und in vier Teile schneiden. Die Geflügelviertel mit Salz, Pfeffer und Paprika würzen, mit Thymianblättchen bestreuen und in einer Kasserolle im heißen Öl rundum goldbraun anbraten. Dann die geputzten, geviertelten Champignons, die feingehackte Zwiebel und die abgezupften Estragonblätter kurz mitschmoren und die Hühnerbrühe angießen. Das Hähnchen bei kleiner Flamme unter gelegentlichem Wenden zugedeckt ca. 40 Minuten schmoren. Während der letzten 10 Minuten die Sahne angießen und das fertige Gericht mit Cognac und eventuell einem Hauch Cayennepfeffer abschmecken.

Rechts: *Champignonhähnchen;
Renken mit Morchelrahm*
Unten: *Pfifferlingsragout;
Steinpilze in Kräutersauce*

STEINPILZE IN KRÄUTERSAUCE

800–1000 g Steinpilze (oder eine andere
aromatische Sorte wie Reizker, Hallimasch)
40 g Butter
1 Knoblauchzehe
1 Bund gehackte Petersilie
je ½ EL gehackter Kerbel und Basilikum
1 EL Mehl
1 EL trockener Weißwein
ca. ⅛ l saure Sahne oder Crème fraîche
Salz
frisch gemahlener weißer Pfeffer

Die Pilze sorgfältig putzen und in grobe
Stücke schneiden. Die Butter in einem
Topf schmelzen lassen, die geschälte
Knoblauchzehe kurz darin goldbraun
braten, dann herausnehmen und die Pilze in der Butter bei kleiner Flamme ca.
10 Minuten braten. Anschließend das
Mehl darüber streuen, gut die Hälfte
der Kräuter untermischen und den
Weißwein angießen; alles gut durchrühren und weitere 3–4 Minuten
schmoren lassen. Zum Schluß die Sahne
oder Crème fraîche unter die Pilze zie-

hen, mit Salz und Pfeffer würzen und
mit den restlichen Kräutern bestreut
servieren.
Reichen Sie dazu Baguette und einen
trockenen Weißwein.

RENKEN MIT MORCHELRAHM

2 EL getrocknete Morcheln
4 küchenfertige Renken (oder Forellen)
Saft 1 Zitrone
Salz
weißer Pfeffer
2 EL gehackte gemischte Kräuter (z. B.
Dill, Petersilie, Estragon)
2 Wacholderbeeren
2 schwarze Pfefferkörner
¼ l trockener Weißwein
1 TL Speisestärke
⅛ l süße Sahne
1 guter TL Butter

Die Morcheln ca. ½ Stunde in wenig
lauwarmem Wasser einweichen. Inzwischen die Renken waschen, abtrocknen, innen mit Zitronensaft beträufeln
und kurz danach innen mit Salz und
Pfeffer würzen und mit den Kräutern
füllen. Wacholderbeeren und Pfefferkörner im Mörser zerstoßen. In einer
Kasserolle ¼ Liter Wasser mit Weißwein, den zerstoßenen Wacholderbeeren, Pfefferkörnern und einem knappen
Teelöffel Salz aufkochen, dann die Renken und Morcheln mit dem Einweichwasser dazugeben und bei ganz milder

Hitze ca. 20 Minuten ziehen lassen. Die
gegarten Fische auf einer vorgewärmten
Platte warmhalten. In den Fischfond
nun die mit wenig Wasser angerührte
Speisestärke rühren, kurz durchko-
chen, dann mit dem Schneebesen die
Sahne und Butter einrühren, die Sauce
eventuell nachwürzen und sofort separat zu den Renken reichen.
Servieren Sie dazu Butterkartoffeln und
natürlich einen Weißwein.

CHAMPIGNONTOAST

400 g frische Champignons
Zitronensaft
1 EL Butter
Salz, Pfeffer
2 EL gehackte Petersilie
½ EL gehacktes Basilikum
2 EL süße Sahne
4 Scheiben Toastbrot oder Weißbrot
etwas Olivenöl
4 Scheiben junger Goudakäse

Champignons putzen, in Scheiben schneiden und mit Zitronensaft beträufeln. Die Butter in einer Pfanne erhitzen und die Pilze darin anbraten, mit Salz und Pfeffer würzen und die Kräuter untermischen. Alles bei kleiner Flamme ca. 5 Minuten schmoren, dann die Sahne angießen und einkochen lassen. Inzwischen die Brotscheiben in einer zweiten Pfanne in Öl auf beiden Seiten goldbraun rösten (oder im Toaster rösten) und mit den Champignons belegen. Die Käsescheiben darübergeben und unter dem vorgeheizten Grill kurz überbacken, bis der Käse zu schmelzen beginnt.

Champignon-Toast können Sie als Vorspeise oder als kleines Abendessen mit einem Salat reichen.

PILZE IN KNOBLAUCHRAHM

500–600 g Austernpilze oder Egerlinge
1 EL Butter
2 Knoblauchzehen
30 g durchwachsene Speckwürfel
Salz
frisch gemahlener weißer Pfeffer
2 EL gehackte Petersilie
⅛ l süße Sahne

Die Pilze ganz kurz waschen, putzen und in Stücke schneiden. Die Butter in einer Pfanne schmelzen lassen und darin die geschälten, halbierten Knoblauchzehen goldbraun braten, dann herausnehmen und die Speckwürfel und Pilze in der Knoblauchbutter ca. 8 Minuten braten; dabei mit Salz und Pfeffer würzen. Anschließend die Hälfte der Petersilie und die Sahne untermischen, weitere 2–3 Minuten auf kleiner Flamme köcheln lassen. Dann sofort mit der restlichen Petersilie bestreut z. B. zu gebratenen Kalbsschnitzeln oder Filetsteaks servieren.

PILZKASSEROLLE

1000 g frische gemischte Pilze (z. B. Birkenpilze, Maronen, Rotkappen)
2 EL Butter
1 Zwiebel
2 Tomaten
½ Salatgurke
Salz
frisch gemahlener weißer Pfeffer
1 EL Zitronensaft
1 EL gehackte Kräuter (z. B. Petersilie oder Dill)

Die Pilze gründlich säubern und in große Stücke oder Scheiben schneiden. Die Butter in einem Topf erhitzen, erst die gehackte Zwiebel kurz anschmoren, dann die Pilze dazugeben und im eigenen Saft ca. 20 Minuten dünsten. Inzwischen die Tomaten überbrühen, häuten und achteln, die geschälte Gurke würfeln. Beides zu den Pilzen geben, mit Salz, Pfeffer und Zitronensaft abschmecken und das Gericht noch wenige Minuten sanft durchschmoren. Vor dem Servieren die Kräuter unterziehen, das Pilzgericht in eine vorgewärmte Schüssel füllen und sofort, z. B. mit Kräuterreis, auftragen.

CHAMPIGNONS MIT TOMATEN

500 g frische Champignons oder Egerlinge
Zitronensaft
100 g kleine Schalotten
4 EL Olivenöl
4 Tomaten
2 Lorbeerblätter
1 EL Weißweinessig
½ Glas trockener Weißwein
Salz
frisch gemahlener weißer Pfeffer
1 Prise Paprika rosenscharf
50 g roher Schinken
1 EL gehackte Petersilie

Die Pilze gründlich säubern, größere halbieren und sofort mit Zitronensaft beträufeln. Die Schalotten schälen und im Ganzen in einem Topf im heißen Olivenöl goldbraun anbraten. Dann die geschälten, grobgewürfelten Tomaten und die Champignons anschmoren, Lorbeerblätter, Essig, Wein und die Gewürze zugeben und alles bei kleiner Hitze 15 Minuten schmoren; während der letzten Minuten den feingehackten Schinken und die Petersilie untermischen und das Gericht z. B. als leichtes Abendessen mit Stangenbrot reichen.

CHAMPIGNONSAUCE

250 g Champignons
Zitronensaft
2 EL Butter
Salz
frisch gemahlener weißer Pfeffer
gut ¼ l süße Sahne
1 Bund gehackte Petersilie

Champignons mit Tomaten
Champignonsauce
Pilze in Knoblauchrahm

Die Champignons gründlich säubern und in Scheiben schneiden; sofort mit Zitronensaft beträufeln. Die Butter in einer Pfanne schmelzen lassen, die Pilze darin kurz anbraten, mit Salz und Pfeffer würzen und ca. 5 Minuten unter Wenden schmoren. Nun die Sahne angießen und die Sauce unter gelegentlichem Umrühren bei milder Hitze 15–20 Minuten cremig einkochen. Champignonsauce paßt zu gegrillten Koteletts, Kalbsschnitzeln oder gebratenem Fischfilet.

Register

REGISTER

»Sicherlich eines der schönsten Bücher, das zum Thema Kräuter

augenblicklich auf dem Markt ist. Bestechend ist schon auf den ersten Blick die schöne graphische Aufmachung des Buches. Die Tips für den Kräuteranbau sind fundiert und auch für Laien leicht nachzuvollziehen. Aber auch für die Schönheitspflege und Krankheitsfälle gibt es eine Fülle von grundsoliden Ratschlägen. Einen großen Teil des Buches nimmt das Kochen mit Kräutern ein. Und die Rezepte sind auch für Diejenigen, die noch nicht soviel Küchen-Erfahrung haben, reizvoll und nicht schwierig. Ideal ist bei diesem Buch auch der Preis. «

Frankfurter Rundschau
vom 3. Juli 1982

Das Mosaik
Kräuterbuch

für Küche, Garten, Schönheit und Gesundheit

mit 275 Kochrezepten

Ausgezeichnet mit der Silbermedaille der Gastronomischen Akademie Deutschlands e.V.

224 Seiten mit 125 Farbfotos und 100 Farbillustrationen Großformat

Mosaik

Fotos Innenteil: Paul Williams
Rezeptausführungen:
Carol Bowen und Clare Ferguson
Stylist: Penny Markham
Redaktion: Heidrun Schaaf
Einbandfoto:
C. P. Fischer, Baldham bei München
Einbandgestaltung: Angelika Spichtinger